新しい教職教育講座　教職教育編 **1**

原 清治／春日井敏之／篠原正典／森田真樹 ［監修］

教育原論

山内清郎／原 清治／春日井敏之 ［編著］

ミネルヴァ書房

監修のことば

　現在，学校教育は大きな転換点，分岐点に立たされているようにみえます。
　見方・考え方の育成を重視する授業への転換，ICT 教育や特別支援教育の拡充，増加する児童生徒のいじめや不登校への適切な指導支援，チーム学校や社会に開かれた教育課程を実現する新しい学校像の模索など。切れ間なく提起される諸政策を一見すると，学校や教師にとって混迷の時代に突入しているようにも感じられます。

　しかし，それは見方を変えれば，教師や学校が築き上げてきた地道な教育実践を土台にしながら，これまでの取組みやボーダーを超え，新たな教育を生み出す可能性を大いに秘めたイノベーティブな時代の到来ともいえるのではないでしょうか。教師の進むべき方向性を見定める正確なマップやコンパスがあれば，学校や教師の新たな地平を拓くことは十分に可能です。

　『新しい教職教育講座』は，教師を目指す学生や若手教員を意識したテキストシリーズであり，主に小中学校を対象とした「教職教育編」全13巻と，小学校を対象とした「教科教育編」全10巻から構成されています。

　世の中に教育，学校，教師に関する膨大な情報が溢れる時代にあって，学生や若手教員が基礎的知識や最新情報を集め整理することは容易ではありません。そこで，本シリーズでは，2017（平成29）年に告示された新学習指導要領や，今後の教員養成で重要な役割を果たす教職課程コアカリキュラムにも対応した基礎的知識や最新事情を，平易な表現でコンパクトに整理することに心がけました。

　また，各巻は，13章程度の構成とし，大学の授業での活用のしやすさに配慮するとともに，学習者の主体的な学びを促す工夫も加えています。難解で複雑な内容をやさしく解説しながら，教職を学ぶ学習者には格好のシリーズとなっています。同時に，経験豊かな教員にとっても，理論と実践をつなげながら，自身の教育実践を問い直し意味づけていくための視点が多く含まれた読み応えのある内容となっています。

　本シリーズが，教育，学校，教職，そして子どもたちの未来と可能性を信じながら，学校の新たな地平を拓いていこうとする教師にとって，今後の方向性を見定めるマップやコンパスとしての役割を果たしていくことができれば幸いです。

監修　原　　清　治（佛教大学）

春日井敏之（立命館大学）

篠　原　正　典（佛教大学）

森　田　真　樹（立命館大学）

は じ め に

　選択的非注意（selective inattention）という言葉がある。「選択的」に「非注意」とは不思議な言葉だ。というのも選択的，つまり自分から何かを積極的に選んで，その対象について注意深くなることは普通にあっても，選択的に非注意（普通の言葉に言い換えると，ボーっと見ているけれども意識の面では見えていない状態といってもいいだろう）になるというのは，なかなか想定しづらいと思われるからである。

　だが，これは珍しい現象のことをいっているのではない。たとえば，観光名所の風景に電信柱が立ち並んでいても，観光客にはその電信柱の列は「見えず」に，経験としても，記憶の中にも電信柱の姿は残らないということ。あるいは戦時中の「善良な」市民には本当は身の回りでたくさん起こっていた残虐な暴力行為が「見えず」に，戦後も「善良な」市民でい続けられるというようなこと。それらの邪魔もの，非道な行為が，まるで自然の一部，風景の一部となってしまうような，このような心理的メカニズム（見ているけれど見えていないこと）は，誰にでも多少なりとも心当たりがあるのではないだろうか。

　そうした選択的非注意は，ある意味で人々が平穏で心穏やかな生活を送るために必須のメカニズムだ（そうでないと目に入るあらゆることに気が散ったり，関心がひかれたりする）。だが，ときに，たとえば台風で電信柱がなぎ倒され停電になったような状況では，今まで電信柱が「見えていない」ことによって成り立っていた「自然な風景」が中断され，いやおうなしに今まで気にしていなかった困りごと，問題が意識の背景から前景に浮上し，際立つことがある。そうすると，これまで意識しなかった，何不便ない日常がいかに複雑で精緻なシステムに支えられてきたものであるか，また多くの人々の智恵や努力によって支えられてきたものであるかを意識せざるを得ないことになる。

　大学の教職課程における「教育原論」「教育原理」の授業で学ぶ事柄は，こ

のように教育日常の自然な風景を支えている人々の智恵や努力，そしてそういうシステムによって成り立つ社会構造等であることが多い。それはまた，私たちに，見ているけれど見えていないことでもある。本巻『教育原論』の第Ⅰ部総論，第Ⅱ部思想（家）編では，何げなく普段日常的に使っている教育という言葉の背景や含意について論じられていたり，自明的存在にも思える学校，教室，時間割，試験等々の制度，あるいはより幅広く，子ども観，子どもと社会，教育と世界との関係といったものについて，それらのそもそもの概念の発案者や，それらの言葉がもつ独自の意味等について深く論じられている。第Ⅲ部（教育）現実編では，現代社会を生きる子どもと教師に関わって，いじめ・不登校問題，学力と人間形成，市民性育成教育，グローバルな時代と教師のあり方・教員養成といった課題の捉え方や取組みについて深く論じられている。

　「教育原論」「教育原理」の授業で学ぶ学生の中には，そうした細々とした先人の智恵や，複雑な社会システムのあり方を学ぶことがいったい何の役に立つのかと疑問に思う人たちも少なくない。確かに，学校現場での実践が平穏に進行している場合には，「教育原論」「教育原理」で学ぶようなことを一切知らないままであっても，何ら問題がないかもしれない。ただ，一度電信柱がなぎ倒され電線が途切れたときには，平穏な生活を取り戻すために，普段意識することのない電信柱や電線の仕組みについても知っておかなくてはならない。その意味では，本巻『教育原論』に記されている内容は，やはり知っておくべきことであり，非常に役立つことでもある。

　執筆者の先生方には，各大学での教育，研究環境の中でそれぞれにご事情があり，ご多忙の中で執筆いただきましたことに心より感謝申し上げます。

　また，ミネルヴァ書房の神谷透氏，大西光子氏には忍耐強く関わり続け，校正も細やかに精確に対応していただいたこと，この場でお礼を申し上げます。

編者　山内　清郎

原　　清治

春日井敏之

目　次

は じ め に

第 I 部　総　　論

第Ⅲ部　〔教育〕現実編

第Ⅰ部

総　　論

第1章　教育の思想を読むこと／学ぶことの意味

この章で学ぶこと

　教師にとって教育の思想を読むことにはいかなる意味があるのだろうか。そこで学ばれる思想や理念は，工場でのモノづくりの設計図のようにあらかじめ実践の外部から与えられ，教師を導くのではない。教師の実践を導く理念は，むしろ目の前の子どもたちと向き合う一つひとつの行為のただ中で，そのつどそのつどそこに生成している。また，教育の実践と教育について語られた言葉（思想や理論）との関係は，もともと循環していて切り離し得ない。思想を読むこと，学ぶことは，しばしば意識しないままに特定の教育観に囚われている私たちを，より柔軟で奥行きをもった教育現実へと開き，子どもたちとともに，同僚とともに，市民とともに，教育の物語を「紡ぎ合い」「織り上げる」契機となるのである。

1　教師の仕事と教育の思想

（1）「役に立たない」原理・原論？

　筆者が大学教員として駆け出しだった頃，非常勤講師として最初に担当したのが「教育原理（原論）」の授業だった。その授業準備をしているときに，たまたま目にした調査報告があった。それは現職の教員に，大学で履修した教職課程の授業の中で，現場に出てから役に立ったもの／立たなかったものは何かをアンケートしたものだった。「役に立たなかった」第1位が教育原理という結果を見て，いささかショックを受けつつ，半ば「なるほど」とも思ったことを鮮明に覚えている。自分の授業がそうだったら嫌だな，そうならない授業をしたいなと思ったものだが，しかし「そうならない」とはどういうことなのか，考えてみると，それほど簡単なことではない。

　本書も「教育原論」の教科書である。では，教職課程で学んでいる——本書をこれから読もうとしている——学生さんたちは，「原理」「原論」という言葉に何を予想したり期待したりするだろうか。教育という事柄や現象や営みの根本や根底にある「理」——理念，理想，理論，理屈——といったことだろうか。何かを学ぶとき，何かを行うときに，その根本や根底を知ることは確かに大切であるように思われる。にもかかわらず，それが教師にとって「役に立たない」と感じられるとしたら，それはどういう事態だろうか。逆に，それが「役に立つ」ことがあるとしたら，どういうことだろうか。

（2）教育の「理念」「思想」「歴史」？

　「教育原理（原論）」という科目を教職課程のカリキュラムに設定している立場（文部科学省）からは，この科目に何が期待されているのだろうか。2017年に初めてつくられた「教職課程コアカリキュラム」では，次のように謳われている。それは「教育の理念並びに教育に関する歴史及び思想」を学ぶ科目であり，その全体目標は「教育の基本的概念は何か，また，教育の理念にはどのようなものがあり，教育の歴史や思想において，それらがどのように現れてきたかについて学ぶとともに，これまでの教育及び学校の営みがどのように捉えられ，変遷してきたのかを理解する」こととされている。——多くの疑問を惹起する文章であるが，子細についてはいまはおく。要するに教育の「概念」「理念」「歴史」「思想」を学ぶということなのだが，それらを学ぶことが，教師の仕事にとっていかなる意味をもつのかが問題であろう。その意味次第で，それは「役に立つ」ことも「立たない」こともあるだろう。

　かつて筆者が学生として教職課程を履修した頃の「教育原理（原論）」というのは——筆者の受けた授業は必ずしもそうではなかったものの，大方の教科書を見る限り——「偉大な」教育家・教育思想家の思想を学ぶことが中心であった。たとえば「ルソー曰く，子どもは〇〇な存在である……」「ペスタロッチ曰く，教師は〇〇でなければならない……」「デューイ曰く，学校とは〇〇である……」等々。本書の構成もまた，全体の半分以上は，やはり歴史上

の様々な教育思想を学ぶ内容となっている。では，なぜそれらの思想を学ぶの
か。しばしばありそうなのは，それらの思想が教育の「あるべき姿」，すなわ
ち理念を教えているという考え方であろう。確かにルソーもペスタロッチも
デューイも，教育の理念を考えたかもしれない。しかし「偉大な」思想家が
言っているから，それが私たちの教育の実践を導く理念になる，という保証は
どこにあるだろうか。彼らが偉大だったとしたら，その理由の一端は，それぞ
れが生きていた歴史や社会の状況に即して深く考え抜いたからであろう。その
状況と私たちのそれとは，必ずしも同じではない。

　上述の「教職課程コアカリキュラム」では，「理念」と同時に「歴史」が掲
げられていた。「理念」には，時代を超えて普遍的なものというニュアンスも
あるが，それに対して「歴史」は，時代や状況の固有性をみることによってそ
れを相対化する。時代によって様々な理念が「変遷」してきたというわけであ
る（「コアカリキュラム」では，教育の「理念」が「歴史や思想において」「現れてき
た」という言い方がされている）。だとすると，その「様々な」理念は，いまを生
きる私たちにとって，どんな意味をもつのだろうか。

（3）「理念」は実践の出発点か

　近年，初等教育から高等教育に至るまで学校教育の現場でしばしば耳にする
──とくに教育行政によって強調される──言葉に「PDCA サイクル」とい
うものがある。Plan（計画）-Do（実践）-Check（評価）-Act（改善）というサ
イクルを繰り返して教育を改善していく，という考え方である。もともと経営
学において企業の生産管理や品質管理の手法として提唱されたこの言葉で教育
を捉えることの深刻で危険な問題性については後にあらためて論じるが，確か
に一見わかりやすい図式ではある。この図式で考えるならば，「理念」は Plan
の前提として最初に与えられており，それに基づいて Do，すなわち「実践」
が行われるということになるだろうか。比喩的にいえば，「頭」の指図に従っ
て「手」が仕事をする，という理解の仕方である。そして Check の際には，
当初の「理念」と「実践」がつくり出したものとのズレが測られ，次の Plan

を修正する Act が行われる，ということになる。

Plan の前提となるものが，工場での生産活動における製品の仕様書や設計図のようなものであったなら，このサイクルの捉え方は確かに有効かもしれない。しかし——そもそも人間の教育をモノの生産と同じに捉えてよいのか，という疑問はさておき——私たちが「教育原理（原論）」で学ぼうとしている「思想」や「理念」は，同じような意味で教育という営みの，その「実践」の出発点だろうか。それを導くものが何もない実践というのは考えづらいが，だとしてもそれは工場でのモノづくりの設計図のように，あらかじめ実践の外部から与えられるものなのだろうか。——それがこの章で考えてみたい問いである。

もう少し具体的に考えてみよう。たとえば，たいていの学校では，その学校の教育理念やモットーが掲げられている。毎年，年間の教育目標が決められている。各教科では，学習指導要領によって，子どもたちが学ぶべき事柄が示されている。単元の目標がある。教育実習で授業計画を立てるときには，必ず「本時のねらい」を書かねばならない。これらはいずれも教師の実践を導き，あるいは規定する（べき，とされる）ものである。その意味で，様々なレベルでの「理念」ということができる。しかし，実際の私たちの教育活動は，それらの様々な理念を一方的に実現しようとして，工場で設計図どおりに製品をつくるように行われているのだろうか。どうも違うのではないか。

教育という営みにおける「理念」は，PDCA サイクルが前提としているモノづくりの設計図のようなものとは違うのではないか。もしそうなら，では教育において「理念」と「実践」とはいかなる関係にあるのか。——以下，それを考える手がかりをいくつか提示してみたい。冒頭で述べたように，教育原理（原論）で学ぶ「思想」が教師にとって「役に立たない」というのは，そもそもこの「理念」と「実践」の関係が誤解されていた（いる）からであるように，筆者には思われる。その「誤解」を解かねば，せっかく本書で学ばれる「思想」も，結局は無意味になってしまう。

$\boxed{2}$　教育の現実と物語

（1）「臨床教育学」をめぐる議論

　「教育原理（原論）」において教育の「思想」を学ぶことの意味は何か。教師にとって，教育の思想を読むことにはいかなる意味があるのか。——それを考えるために，教育という営みにおける「理念」と「実践」の関係を考えてみたい。その手がかりとして最初に参照したいのが，臨床教育学の理論的基礎づけをめぐる議論である。

　「臨床教育学」という新しい学問分野が立ち上がって30年ほどたつ。そもそも現場や実践に即した，という意味での「臨床」という言葉があらためて「教育学」に冠せられねばならなかったということ自体が，教育学が提供してきた（あるいは提供すると期待されてきた）理念と教育実践との乖離をまさに象徴しているようなものである。1980年代末から90年代にかけて，当時，高度経済成長期以後の子どもと教育をめぐる危機的状況（たとえば不登校やいじめの増加）に教育学が有効な対応をなし得ていない，という反省が臨床教育学の出発点であった。教育に関する学問や理論が，子どもや教師の現実に届いていない状況といってもよいだろう。

　そのような状況に対して臨床心理学の河合隼雄は，教育研究における「理論」というのは本来，客観性・普遍性を志向するもので，それに対して「実践」は常に一回的・個別的であるから，そこには乖離が生じざるを得ないと考え，その乖離を臨床心理学がカウンセリングの場で培ってきた技法や態度によって埋めようとした。いわば臨床心理学の応用としての臨床教育学である。おそらく「臨床教育学」というタイトルの本で最も多く読まれたのは，この河合のもの（1995）であっただろう。

　それに対して教育哲学の皇紀夫は，教師やカウンセラーが子どもをめぐるある状況を教育「問題」として捉え，それを「解決」したり「治癒」したりしようとする際の前提そのものを問い直そうとした。和田修二と皇（1996）の主唱

した臨床教育学（学問的には「解釈学的な」という形容詞がつくことになるが，いまはそこに立ち入る必要はない）は，たとえばいじめや不登校といった教育問題に対して，それらの出来事を「問題」たらしめているコンテクスト——そもそも教育とは何か，また問題とは何か，についての日常的な理解——を問い直す契機として受け止める。たとえばある子どもが学校に来ないという事態は，「不登校」という問題として語られれば，解決されるべき「教育問題」になり，教師やカウンセラーは，子どもは学校に来るという「当たり前」を回復させようとすることになる。しかしそうではなく，それがその子にとって積極的な意味のある事態として，異なった筋立てで「語り直され」れば，それは問題ではなくなり，逆にそのことを「問題」とみなす教師やカウンセラーの教育観や子ども観のほうが問い直されることになるのである（そして，そのような「語り直し」が逆説的に，その子の学校への「復帰」を可能にすることもありうるだろう）。

（2）リクールのミメーシス論

　臨床教育学の理論的基礎づけに関するこの皇の議論が示唆しているのは，私たちが教育の「現実」とみなしているものは，実はそれを「語る」言葉と不可分なのだ，ということである。だとすると，言葉で語られる「理論」や「理念」と「実践」との関係も，河合のように単に乖離といって済まされるものではなくなる。その関係を，皇はフランスの哲学者 P. リクールの議論に依拠して論じている。『時間と物語』（原著1983-85，邦訳1987）という大著において，リクールは通常私たちが別々の事柄と考えている「歴史」と「フィクション」とが実は共通の原理的基盤にある，と主張する。その際の鍵になる概念が「ミメーシス」である。ミメーシスは「模倣」とか「再現」と訳される古代ギリシア語である。それは通常，フィクションとしての物語が現実を写すことを意味するが，リクールは，それが単なる受動的な模写ではなく，ある出来事を「筋立て」て「物語る」という能動的な営みであることを明らかにした上で，さらにそのミメーシスの対象は，フィクションにおいて描かれる行為のみならず，現実の実践的行為にまで拡張されるとする。そのことによって，私たちが通常，

素朴に前提としている現実とフィクション（虚構）との境界が踏み越えられ，両者の相互規定的な関係が明らかにされるのである。

　その関係は，リクールによれば「三重のミメーシス」である。上述のように拡張されたミメーシス概念は３つの過程に分節化される。リクールはそれを「実践的領域における先形象化」（ミメーシスⅠ），「テクストの統合形象化」（ミメーシスⅡ），「作品受容における再形象化」（ミメーシスⅢ）と呼ぶ。

　普通の意味でのフィクションの創作を意味するのはミメーシスⅡである。そこでは何かが物語られるわけであるが，その際，ミメーシス（模倣・再現）される行為や出来事は，語り手の視点から一つの全体へと統合される（すなわち統合形象化）。ということは，それはあるがままの再現ではなく，何らかの要素が選択されたり省略されたり強調されたりして，聞き手が理解可能な「物語」へと「筋立て」られる，ということを意味している。それゆえ，ミメーシスは能動的な営みであるといわれるのである。

　このミメーシスⅡの過程が，その前後で，私たちが通常「現実」と理解している領域に関わる過程とつながっているとみることが，リクールの考え方の重要な点である。

　リクールは，ミメーシスⅡにおいて語られる物語は，「行動の世界の先行理解の中に根づいて」いるという意味で，「行動の模倣である」と述べる。すなわち，フィクションの創作が，創作であるにもかかわらず模倣＝ミメーシスといわれるのは，そこで創作される物語の「筋立て」は常に，それに先立つ実践的な行為の領域における形象化（すなわちミメーシスⅠの先形象化）を前提としているからである。「先形象化」が意味するのは，人間の行為や出来事は，言葉によって明示的に理解される以前に「構造的，象徴的，時間的」に分節化され，行為する人間や出来事を受容する人間によって理解されている，という事実である。では，この実践的な行為における「形象（かたち）」はどこから来るのか。それを示すのがミメーシスⅢである。

　ミメーシスⅡにおいて筋立てられ，語られた行為や出来事（リクールはそれを「テクスト世界」と呼ぶ）は，実際の行動が展開する「読者の世界」と交叉し，

読書という行為の中で再度，筋立てられ，形象化される（すなわちミメーシスⅢの再形象化）。語られたもの，書かれたもの（テクスト）はそれ自身の世界に閉じているのではなく，読者の世界に作用し，それを変化させ，その意味で日常的世界に「現実化」するというのである。読者の側からいうならば，それは自らの日常的世界を規定する「物語」の枠組みを変化させる。そして，この「再形象化」によって変化した読者の世界の物語の枠組みが，今度はまた，読者の実践的な行動の理解（ミメーシスⅠの先形象化）を規定する。そのようにしてミメーシスⅢは再度，ミメーシスⅠとつながり，一連の過程は「循環」として捉えられるのである。

（3）思想と実践，物語と現実の「循環」

　このいささか理屈っぽい理論的図式を，私たちの問題にあてはめて考えてみよう。私たちが学ぶ教育思想は，著者によって「筋立て」られて語られたテクストである。その意味での「物語」である。それらの「筋立て」は決して無から考えられたものではなく，書き手の現実の日常的な教育の行為や出来事に由来するもの，リクールの意味でのミメーシスである（ミメーシスⅠ→Ⅱ）。私たちは読者としてそれらの教育思想を読む。すると，それらのテクストを「筋立て」ている枠組みと，私たちが自らの教育の行為や出来事を理解している枠組みとが交わり，私たちの教育理解が語り直される（ミメーシスⅡ→Ⅲ）。そして，そのようにして語り直された教育理解が，今度は私たちの現実の日常的な教育の行為や出来事の理解を方向づけ，私たちの教育現実そのものが変化するのである（ミメーシスⅢ→Ⅰ）。

　私たちの日常的な教育行為は，リクールの図式ではミメーシスⅠに相当する。ここで重要なのは，その行為は言葉によって理解される以前に，いつもあらかじめある形をもち，構造化され，方向づけられている，という考え方である。教師として私たちは，決して行き当たりばったりに行為しているわけではない。意識していなくとも，その行為は何らかの方向性や構造をもっている。その形がどこに由来するのかと考えるならば，それはこれまで私たちが読んだり聞い

たりした教育に関する言葉である。その言葉との出合いがミメーシスⅢである。そこで私たちが出合う言葉は，狭い意味での教育思想に限らない。ニュースや新聞記事かもしれない。小説やドラマの登場人物の台詞かもしれない。学校での出来事についての家族や友人との会話かもしれない。教職課程での授業内容かもしれない。その中で，「教育原理（原論）」の授業で学ぶべきとされる教育思想というのは，これまで多くの人々によって読まれ，その教育行為を方向づけてきたものである。だからこそ，学ぶ価値があるともいえるし，逆に，その影響力の大きさゆえに，無意識のうちに従うのではなく，学びを通じて意識的に対象化される必要がある，ともいえるだろう。

　いずれにしても，リクールのミメーシス論を参照することによって，私たちの日常的な教育の実践と教育について語られ，書かれたテクスト（思想や理論）との関係は，もともと循環していて切り離し得ないものである，ということが明らかになる。思想や理論など現場では役に立たない，無意味だ，という言い方がされることがあるが，それは，私たちの実践がいつもあらかじめこの循環に巻き込まれていることがみえていないだけである。好むと好まざるにかかわらず，広い意味での思想や理論に，私たちの教育実践は規定されているのである。だとすれば，問題はこの循環を意識化し，よりよい方向での反省を可能にすることであろう。教育思想を学ぶことの意義は，おそらくそこにある（さらにリクールの物語論は，教師が自らの実践について語ったり書いたりすること——これはミメーシスⅡに相当する——の意味も明らかにするものであるが，その点についてはあらためて後述する）。

［3］　実践のただ中で生成する理念

（1）PDCA サイクル批判

　教育という営みにおける「理念」と「実践」の関係を考える次の手がかりを紹介する前に，それと対照する意味で，上述の PDCA サイクルについて，あらためて考えてみたい。筆者は，PDCA サイクルという工場でのモノづくり

の論理で教育を捉えることには二重の問題があると考えている。一つは，人間をモノと同列に捉えることの，いわば倫理的な問題性である。仮に可能であったとしても，人間をモノと同じように，誰かの意図に基づいて「つくる」ことは許されるだろうか。また，この教育観は，「つくられる」側の子どもと同時に「つくる」側の教師をも冒瀆している。そこでは教師は，誰かに与えられた目的をできる限り精確に，効率的に遂行すべきエージェント（代行者）に過ぎないことになる。にもかかわらず，このような教育観が横行している背景には，グローバル化した経済競争に「勝つ」ために，人材供給装置としての機能を強化することが学校教育に求められているからであろう。しかし，本章で問題にしたいのは，この側面ではない。PDCA サイクルで教育を捉えるのは，倫理的に不適切である以前に，そもそも誤謬（ごびゅう）ではないかというのが，もう一つの，ここで考えたい問題なのである。

　私たちは日常の教育の営みにおいて，何らかの目的を意識して，そこから目的合理的に，技術的に，自らの行為を計画し遂行しているのだろうか。そのようにできること，すべき事柄も，教師の仕事の中にはあるかもしれない。しかし，それはおそらくごく一部に過ぎない。私たちは確かに何かよかれと思って子どもたちに働きかける。しかしそのとき，その「よかれ」は PDCA サイクルの起点となるような明確な目的として意識されているわけではないし，仮に意識されたとしても，それは子どもの生活と学校教育の全体を背景とした，おそろしく輻輳的・重層的なものであろう。また，私たちが働きかける子どもは，一人ひとり異なる性格や能力や，生育歴や家庭背景をもった，その意味で個性的な存在である。のみならず，彼らは人間である。人間である以上，その反応はモノづくりが前提できるような物理的法則性には従わない。（よい意味で）予測不能なブラックボックスである。PDCA の Plan を，そもそも原理的に裏切るのが人間なのである。——このように考えるならば，PDCA サイクルで教育を捉えてコントロールしようとする試みは，必然的に失敗せざるを得ないのである。

　にもかかわらず，それが横行しているのはなぜだろうか。上述のような社会

的・経済的・政治的な理由とともに，そこには私たちが教育を語る言葉の貧困
があるように思われる。出発点において何らかの目的や理念を目的合理的に実
現していく，という図式は単純で，確かにわかりやすい。しかし，上記のよう
に少し考えればわかるように，教師の仕事は PDCA で語られるよりも，はる
かに繊細かつ重層的で，マニュアルどおりにはいかない創造的で豊かな営みで
ある。それだけに，それを丁寧に言葉にすることは簡単ではない。どうしても，
単純でわかりやすい図式に則って教育が語られがちになる。憂慮すべきは，先
にリクールを参照しつつ述べたように，私たちの教育的行為や教育の現実は，
それを語る言葉と不可分である，ということである。PDCA のような単純化
された貧しい言葉で語られることにより，現実の教育もそれに合わせて切り詰
められることになる。では，私たちが教師として行っていることを，もっと繊
細に豊かに語る言葉はないのだろうか。ここではその一つの例を紹介してみた
い。

（2）木村素衞の「一打の鑿」

　昭和の初期から敗戦直後にかけて活躍した木村素衞という教育哲学者がいた。
西田幾多郎に学び，美的な色彩の濃い教育哲学を論じながら，縁あってとくに
信州（長野県）の教師たちに深く慕われたが，惜しくも敗戦の翌年に講演先の
上田で客死している。その主著と目される『表現愛』（1997，初版1939）という
著作（不思議なタイトルだが，その含意にはいまは深く立ち入ることはできない）で，
木村は芸術家の制作と教師の教育行為とを以下のように重ね合わせて論じてい
る。木村もその一員だった京都学派の哲学では，しばしば行為や実践（プラク
シス）と美的制作（ポイエシス）とは根源的に同一である，と説かれる。木村も
例外ではないが，ここではとりあえず芸術の話を教育のメタファー（隠喩）と
して理解してもらってもよいだろう。

　木村は次のように論じている。——彫刻家の鑿の一打一打を「背後から衝き
動かしてゐる」のは，潜在的にはすでに見られているが，いまだ顕現していな
い美のイデアである。しかし，その美のイデアはいまだ顕現していないがゆえ

に，彼は，次の一打が「如何なる方向へ進むことが最高に合目的的であるかを客観的に把握することは不可能」である。それゆえ，刻む者は「無限なる可能性の中に表現への衝動と躊躇との果しなき葛藤にさ迷ふことを運命づけられてゐる」。それを克服して次の一打を刻むのは，「試図性と冒険性」を伴う「表現的主体的意志」の跳躍である。主体の意志は「伝統的外からの限定を媒介として」それをなし遂げる。このとき，イデアは表現活動の彼方にあるのではなく，むしろ鑿の一打一打の行為に内在している。イデアは鑿の一打一打において「生まれ出で」，そのつど「形成的に実現」されているという（木村，1997，47〜59頁）。

　ここで「イデア」といわれているのは，まさに「理念」である。彫刻家の例であれば，作品において実現されるべき「形」である。その形は，彫刻家によってあらかじめ潜在的には見られているけれども，まだそこには現れていない。だから彫刻家は，その形を現そうとして制作する。それが，「イデアが鑿の一打一打を衝き動かす」ということの意味である。

　しかし，その形はいまだ具体的に姿を現してはいない。具体的に見られてはいない。だから，次の一打がどのように刻まれるべきなのか，彫刻家は「合目的的」に「客観的」に知ることはできない。彫刻でも粘土をこねるのでも，自分の体験を思い出してみればわかると思う。それは，設計図があって，それに従ってつくるのとは違う。完成像が掲げられていて，そこから逆算して手順が決まるわけではない。3Dプリンターでデータのとおりに素材が成形されるのと，彫刻家の制作は根本的に違うのである。

　何か，形をつくりたい，そういう衝動はある。けれども，どうしたらよいのかわからない。誰も，何も，それを教えてくれない。客観的にどうしたらよいのかわからない。その中で，でも，あえて次の一打を刻まなければならない。次の一こねを加えなければならない。そこには無限の可能性があるがゆえに葛藤や迷いが避けられない。それを克服するには，試してみるしかない。冒険するしかない。それが「試図性と冒険性」の意味である。あえて，跳ぶ。次の一打を刻むというのは，そういうことであるという。

　そのとき，その跳躍を支えるのが「伝統的外からの限定」である，と木村はいう。「伝統的外」というのは難しいいい方だが，彫刻家が向き合う素材は，単なる石や単なる粘土の固まりではなくて，すでに歴史性や文化的な意味を帯びたものである，という意味である。簡単な例でいうなら，河原に行って石を拾うと，石の形がそれぞれに私たちに語りかけてくる。真ん丸い石があったら，ボールのように投げたくなるかもしれない。手頃に平たい石があったら，水切りしてみたくなるかもしれない。私たちは何かを投げて遊ぶ歴史や文化の中に生きているから，たとえまったく人間の手が加わっていない自然物の石であっても，すでに何か意味をもったものとして私たちに語りかけてくる。木村はそれを「歴史的自然」ともいう。彫刻家にとっての大理石や粘土も同様である。それらを素材として形づくられてきた作品の歴史があるからこそ，それらは彫刻家の鑿の次の一打を「限定」する。限定することによって，彫刻家の跳躍を支える。

　作品において実現されるべき「形」＝イデア＝理念は，あらかじめどこかに存在しているのではなく，このような「外」なる素材の限定と，芸術家の「内」なる制作衝動とが切り結ぶ（そのことを木村は「弁証法」と称する）鑿の一打の瞬間に，そのつどそのつど生まれているというのである。自分自身の芸術的活動の体験を振り返ってみれば，木村がいっていることを理解できるのではないだろうか。そこには設計図があるわけではない。どうしたらよいのか，一瞬一瞬わからない。しかし，私たちはそれを乗り越えて，一打を刻む。刻むことができる。3Dプリンターの成形と芸術的制作との違いを，木村の議論は的確にいい当てているように思われる。

（3）教師の営みを導くもの

　さて，そこで問題となるのは，とりあえず芸術的制作をめぐるこの議論が，いかなる意味で教師の営みの機微を語っているのかである。教師にとって「鑿の一打」というのは何か。たとえば，授業中に立ち歩く子どもがいたとき，その子にどのように働きかけるのか。着席を促すのか，そのままにするのか。大

声で叱るのか，おだやかに言うのか。どのような言葉を発するのか。叱責や指示か，懐柔か，理由を尋ねるのか，あらためて集中できそうな課題を与えるのか。離れて声をかけるのか，近づいて語りかけるのか。そのときの自分の表情や声色や姿勢は厳しいのか，柔らかいのか。——そこには無数の可能性がある。どうしたらよいのか，マニュアルはない。判断基準が示されているわけでもない。けれどもたいてい私たちは立ち往生せずに，その子に何か働きかける。その子にとって，あるいは学級にとって，よかれと思って働きかける。常に意識して判断しているわけではないけれども，一瞬一瞬自らの行為を調整している。そこで働いているものは何か。一方では，その子が，そしてその子も含めた学級が，どのように育ってほしいのかという教師の願いがあるだろう。その子や学級にとっての「よかれ」＝理念である。それは，潜在的にはみられているけれど，いまだ実現されていない子どもたちの姿＝イデアである。教師の行為はそれに促される。衝き動かされる。けれども，何が最善の行為かは，ただちにはわからない。そのとき，他方で教師の行為を制約しつつ支えるのは，当の子どもたちである。子どもたちにはそれぞれ一人ひとり固有の性格や学びの経験や，生育歴や家庭環境がある。その教師との関係の積み重ねがある。学級としての関係性がある。あるいは，その教師がこれまでも他の子どもたちと関わってきた経験がある。これらは教師にとって，いわば木村の語る「歴史的」な「外」である（子どもたちの存在を「素材」になぞらえることにはもちろん問題もあり，木村の議論も単純ではないのだが，いまはそこに立ち入らずにシンプルに議論を進めたい）。「外」である子どもたちは，その「歴史性」のゆえに，決して教師の思いどおりにはならない。けれども，そのことがむしろ教師の行為を支え，一瞬一瞬子どもたちに働きかけることを可能にしている。——このように考えるならば，教師の営みは彫刻家のそれと同じであり，それを導く理念は，あらかじめどこかに備わっていたり与えられていたりするのではなく，目の前の子どもたちと向き合う一つひとつの行為＝「鑿の一打」のただ中で，そのつどそのつどそこに生成しているということに，私たちは気づくことができるのである。

（4）　省察的実践と技術的合理性

　以上のような木村素衞の議論は，芸術的制作の分析に仮託して，PDCA サイクルのような単純な語り方ではいい当てられない，教師の営みの繊細な豊かさを明らかにしてくれている。前節で一瞥した物語論の前提に立つならば，どちらかが正解でどちらかが間違っているということではないだろう。PDCA で語れば，教師の実践はそのように単純に切り詰められていく。木村のように語れば，教師の実践は繊細な奥行きをもったものとして立ち上がってくる。これと同様の対比は，近年，教育学の世界でもしばしば引き合いに出される D. A. ショーン（2007）の「省察的実践」という概念にもみることができる。

　ショーンは，「専門家」の活動に対する私たちの社会で支配的な見方は，それを科学的な理論と技術を厳密に適用する道具的な問題解決であるとした「技術的合理性」のモデルだとする。その典型は医学や法律，ビジネスや工学であるという（医者や法律家の仕事が本当にそれでよいのかは疑問だが……）。それに対して，教育や社会福祉，都市計画といった仕事は往々にして「マイナーな」専門性とみなされがちである。しかしショーンは，技術的合理性モデルは専門家が直面する状況の複雑性を削ぎ落とすことによって成り立っているに過ぎない，と喝破する。それが有効なのは，特定の目的が合意され，問題の枠組みが明らかに確定しているときだけだという。ところが人間にとって切実な関心の多くは，それぞれ固有で，不確実・不安定で，多様な価値が葛藤している状況の中にある。教育や社会福祉，都市計画といった領域の専門家は，あえてそのような「低地のぬかるみ」の中で，容易に言葉で語ることのできない基準やルールに従って判断し，行為している。それを可能にしているものをショーンは「行為の中の省察」と呼び，教師をはじめとして，「技術的合理性」モデルよりもはるかに複雑な実践に従事している専門家たちのことを「省察的実践家」と称するのである（ショーン，2007，21〜75頁）。

　ショーンが分析する省察的実践においても，その目的は，技術的合理性モデルのようにあらかじめ外部から与えられているわけではない。むしろ，状況の中から解決すべき事柄に「名前を与え」，その文脈に「枠組みを与える」こと

から，省察的実践家の営みは始まるとされる。木村の「イデア」と同様に，実践を導くものはそのつど，実践の「いま，ここ」で生成するものとされているのである。——「省察的実践家」や「行為の中の省察」の概念は近年よく知られるようになっているものの，それを明らかにしようとするショーンの議論は，実はそれほどわかりやすいものではない。それは省察的実践そのものの複雑さや繊細さを反映したものであろう。しかし，「技術的合理性」やPDCAに切り詰めることのできない教師の営みの実践性，臨床性をあえて語ろうとする木村やショーンのような思想は，教職を志す私たちにとって魅力的であり，頼もしいエールとなるものである。

〔 4 〕　公共的な語り直しの契機としての思想

（1）理念と「公」

　さて，教師の仕事を導くものは実践のただ中で生成するという思想を一瞥すると，それに対して新たな疑問が生じてくる。教師も人間である以上，まして直面しているのが上述のように，それぞれ固有で不確実・不安定で多様な価値が葛藤している状況であるならば，その実践には当然，過不足や誤りがあるだろう。教師が「よかれ」と願って行為しても，それが独りよがりに過ぎないこともあるだろう（先の木村素衞には，実践における過誤がいかに「救済」されるのかという思想もあるのだが，いまは立ち入ることはできない）。あるいはまた，かつて旧「教育基本法」第6条では，教員は「全体の奉仕者」とされていた（改定後は消えたこの言葉が地方公務員法には残っている）。教師の仕事は教育基本法，学校教育法以下，学習指導要領に至る法規によって公的に規制されている。このように，PDCAサイクルにおけるそれとは別の意味で教師は「公」のエージェントであるとするならば，それぞれの実践においてそのつど「理念」が生成するというようなことは，果たして望ましいのだろうか。許容されるのだろうか。教師の営みを導く理念は，決して独善ではなく，何らかの意味で「公」的でなければならないのではないだろうか。

（2）「公」と「私」の間の教師

　そのような問いをいだく一方で，私たちは，かつて教師が国家という「公」のエージェントに成り果てた悲惨な歴史を知っている。敗戦後の日本の教育は，そのことへの反省から再出発したが，冷戦下，再び国家による教育の統制が強化される状況に直面する。そのときそれを批判するいわゆる戦後教育学は，学校教育を基本的に「私事（親の願い）の共同化」と規定し，それを導くのは「科学的真理」であるという理論構制によって，「公」を僭称する国家に対抗しようとした。

　ところが高度経済成長期を経て，学校は「私事化」の風潮に脅かされるようになる。一方では保護者に，わが子のためによりよい教育を「買う」という消費者マインドが強まり，他方でそれと呼応するように，臨時教育審議会で教育の私事化論が唱えられた。戦後教育学の理論構制は，私事化の趨勢にいわば追い越されてしまったのである。もし教育が単なる私事であるとしたら，教師の仕事はサービス業と変わらなくなってしまう。そうではなく，教師の営みに何らかの「公」的な拠り所があるとしたら，それは何だろうか。国家による統制（だけ）ではなく，さりとて単なる「私」的な利害の総和でもない「公」というのは，教師にとってあるのだろうか。——高度経済成長期が終わり，冷戦が終結した頃から教育学において盛んに議論されるようになった「教育的公共性」論は，まさにこの問いを考えるものであった。

（3）ともに織り上げられた物語としての「公」

　その中で最も広く知られたのが佐藤学の「学びの共同体」構想であろう（ちなみに上述のショーンを日本に紹介して広めたのも佐藤である）。佐藤は，学校という場を子どもたちが学び合うのみならず，教師たちが互いに専門家として学び合い，また保護者や市民も学校教育に参加して，教育の公共圏を創造しつつ学び合う「学びの共同体」として再構築することを提唱している。その過程を佐藤はまた「小さな物語の紡ぎ合い」（佐藤，1995，64〜106頁）とも表現している。本章の文脈で重要なのは，この構想が，教師の営みを支える「公」を学校の外

に求めるのではなく，自分たちで自らつくり出そうとしている点である。考え
てみれば，国家の統制にしても保護者の私的利害にしても科学的真理にしても，
いずれも教師にとっては外からその仕事を方向づけようとするものである。教
師の営みは確かにそれらに規制される。けれども「学びの共同体」としての学
校では，教師は「外」に一方的に規制されるのではなく，能動的にそれらに働
き返す。一人の教師の物語は，他の教師たちや一人ひとりの子どもたちの物語，
国家や社会の物語や保護者たちや市民たちの物語と出合い，語り合いの中で葛
藤したり共鳴したりしながら，ともに語り直されていく。それが「小さな物語
の紡ぎ合い」の意味である。そのようにしてともに織り上げられた物語として
の「公」が，それぞれの学校における一人ひとりの教師の営みを導く「理念」
になるというのが，新しい教育的公共性の展望である。

（4）語り合い／語り直しの契機としての思想

　学校づくりや学校運営といった大きな文脈のみならず，一人の子どもの教室
での様子をどのように理解し働きかけるのかといったレベルでも，語り合い／
語り直しということには意味がある。たとえば先にあげたような授業中に立ち
歩く子に対して，教師は木村のいう「一打の鑿」のように，そのつど「よか
れ」と願って働きかける。その行為は，リクールの「ミメーシスⅠ」が示して
いたように，たとえ意識されていなくとも常にあらかじめ構造化され，方向づ
けられている。それが「うまくいかない」ときには，その子について，また自
らの働きかけについて，他の教師と語り合うことによってそこに別の見立て，
筋立て，別の視点が立ち現れるかもしれない。あるいは，むしろ「うまくいっ
ている」と思っているときにこそ，そこに陥穽があるかもしれない。そのとき
もまた，同僚の異なった視点，異なった筋立てに傾聴することで，自分には見
えていなかった現実に開かれるかもしれない。そのように語り合い／語り直す
ことで，教師の実践はよりしなやかになり，教育現実がより豊かに重層的にな
る。――このようなことは，ベテランの教師にとっては，あらためて「臨床」
とか「物語」などといわなくても，ごく当たり前に学校で行われていたことな

のかもしれない。しかし近年，学校現場の多忙化や教師の気質の変化によって
「同僚性」が希薄になり，互いの実践や子どもの姿について語り合う場や雰囲
気も乏しくなっている，という指摘がされている。だとすれば，私たちはあら
ためてその大切さを確認して，その場や機会を意識的にもたねばならないだろ
う。

　さて，その際に「思想」には何か意味があるのだろうか。教師にとって教育
の思想を読むことの意味は何か，というのが本章の問いであった。教育につい
て書かれたテクストと私たちの実践とは，もともと循環していて切り離し得な
い，ということを第2節でリクールの議論に即して述べた。本など読まなくて
もいい，思想など無意味だと言ってみても，私たちは常にすでに広い意味での
思想との循環に否応なく巻き込まれている。だとすれば，思想や理論を読むこ
と，学ぶことは，他者との対話と同じく，自らの物語を語り直し，新しいより
豊かな「現実」に開かれる契機である。私たちは思想と「語り合う」のである。
それが必要なのは個々の教師に限らない。私たちが働く学校やそれを取り巻く
社会そのものが，往々にして特定の教育観や思想に固着して，意識しないまま
にそれに囚われていることもあるだろう。思想との対話は，その囚われから自
分たちを解放し，より柔軟で奥行きをもった教育現実へと私たちを開いてくれ
る。同僚とともに，市民とともに，子どもたちとともに，物語を「紡ぎ合い」
「織り上げる」契機となるのである。

　いま，学校現場は様々な困難に直面している。意識しないうちに自分の実践
を方向づけている特定の物語に身を固めて「硬い」構えでいると，ある日ポ
キッと折れて燃え尽きてしまうかもしれない。生き延びるためには，やわらか
さが必要である。重層的な構えが不可欠である。思想を学ぶことは，そのため
に「役に立つ」。——本書は，その手がかりになるはずである。

引用文献

河合隼雄（1995）『臨床教育学入門』岩波書店。
木村素衞（1997）『表現愛』こぶし書房。
佐藤学（1995）『学び　その死と再生』太郎次郎社。

ショーン，D. A. 著，柳沢昌一・三輪健二監訳（2007）『省察的実践とは何か——プロフェッショナルの行為と思考』鳳書房。

リクール，P. 著，久米博訳（1987）『時間と物語　Ⅰ～Ⅲ』新曜社。

和田修二・皇紀夫編著（1996）『臨床教育学』アカデミア出版会。

学習の課題

(1)　自分はどのような教師になりたいのか，自分が理想とする教師のあり方を100字程度で端的に書いてみよう。

(2)　なぜ(1)で書いたような教師が自分の理想なのか，その根拠となっている教育観はいかなるものか，そしてそれが何によってつくられたのかを振り返り，(1)とあわせてグループで意見交換してみよう。

(3)　何らかの教育問題について書かれた新聞記事をグループで1つ選び，その根底にある教育観（理想とされる教育や学校や教師のあり方）はいかなるものかを話し合ってみよう。

【さらに学びたい人のための図書】

西村拓生（2013）『教育哲学の現場——物語りの此岸から』東京大学出版会。
　　⇨本章で論じた，教育の現実と物語について（第4章，第5章）および物語の公共的な語り直しについて（第6章），さらに原理的に詳論している。

岡部美香・小野文生編（2020）『教育学のパトス論的転回』東京大学出版会。
　　⇨本章で論じた木村素衞の思想について，第2章「木村素衞におけるイデアと救済」（西村拓生）において，詳しく紹介しつつ論じている。

教育思想史学会編（2017）『教育思想事典（増補改訂版）』勁草書房。
　　⇨今日の日本における教育思想研究の成果が集大成されており，本書で登場する様々な教育思想を学ぶ際の最初の手引きとして，たしかなものとなる。

（西村拓生）

第2章 教育の定義

この章で学ぶこと

　この章では，教育の定義について学習する。そこで，「教育」とは何かを考えるために，狭義の教育と広義の教育について確認し，近代的な教育観の例としてルソーとカントによる「教育」の定義づけをみていく。次に，「教育」という語の語源・意味・用法に注目し，「教育」という語の変化が教育観の変化によることを明らかにする。そして，学校的な教育（＝意図的教育）とは異なる無意図的教育に目を向け，文化人類学や日本民俗学の知見にもふれながら，師弟関係がない社会・習俗としての教育・前代教育と産育習俗について述べる。最後に，近代における国民教育制度としての学校教育の出現後，教育の分節化が行われたことを概説する。

1 「教育」とは何か

（1）狭義の教育と広義の教育

　「教育」とは，日常生活でよく聞く言葉である。幼稚園児には「教育」を受けているという意識はないかもしれないが，小学生なら自分は学校で「教育」を受けていると考え，家族のしつけや塾の勉強も「教育」であることを理解している。このように，「教育」には，学校教育や家庭教育や塾など多様な教育が含まれており，狭義の教育と広義の教育とに区分できる。

　まず，狭義の場合は，「『教育』は意図的な人間形成作用をさす（意図的教育）。学校教育のような教育，つまり，目的や目標を頭に置いて，その実現のために必要な内容を選び，内容を伝えるにふさわしい方法を工夫していくような実践が，狭義の教育である」（宮寺，1994，4頁）。

　すなわち，狭義の教育とは意図的な教育であり，代表的なものは学校教育で

ある。子どもに計画的にカリキュラムを教授する学校教育は，意図的な人間形成＝次世代育成のシステムである。

　次に，広義の場合は，「教育は人間の身体面・精神面のどちらの面にも影響を与えるすべての作用」であり，「その作用には，家庭生活や社会活動を通して自然に与えられる影響のように，作用を及ぼす者，作用を受ける者両者ともに意識していない部分」も含まれる。それは，「家庭のような小規模の社会から，地域社会，市民社会，国家，民族というような規模の大きな社会まで，どのような社会にも事実として付随し」，「社会のなかで現になされている教育のことであり，社会を維持し保存していく根源的な機能である」（宮寺，1994，4頁）。

　すなわち，広義の教育とは，「無意図的教育」「機能としての教育」「非制度的教育」と呼ばれる作用であり，社会を維持・存続するための機能である。

　ある社会集団が集団の維持存続を図ろうとすれば，これまで蓄積してきた集団の文化（知識・技術）を次世代の構成員に伝達する必要がある。これが，先行世代が次世代に対して意図的計画的に教育活動を行う意義である。この場合，教育は，社会集団の側からみれば構成員を望ましい価値観や行動様式へと「社会化」することであり，構成員の側からみれば社会集団が望む価値観や行動様式を「内面化」することである。

　古代の学校は，生産活動から隔離された場所で文字を教え，文字を通して記録に残された知識や技能を教授した。しかし文字の読み書きが必要な仕事は限られ，大多数の人間にとって一般的な事柄は，日常的な生産活動を通じて伝達されてきた。このような実生活の中で行われる非制度的日常的な活動は，学校のような制度としての教育に対して，「習俗としての教育」（大田，1973，22頁）と呼ぶことができる（「習俗としての教育」については第3節でふれる）。

　この「習俗としての教育」という観点から教育を捉えると，学校がなかった時代にも，人間は次世代育成のために教育活動を続けてきたと考えられる。つまり近代的な国民教育制度が成立し学校教育が普及するまでは，狩猟や採集，栽培，牧畜などの活動を通して若い世代に知識や技術を習得させ，文化の伝達

継承と集団の維持存続を図ってきたのである。

（2）ルソーとカントにみる「教育」

　中世から近代への過渡期である17世紀頃に子どもの捉え方が変化し，やがて学校教育が意図的計画的な人間形成のシステムとみなされるようになる。ここでは，18世紀後半に上流階級の子育てのあり方を批判し，両親による子育て＝家庭教育の必要性を強調したルソーと，18世紀末にケーニヒスベルグ大学で学問として教育学を講義したカントに注目し，2人が「教育」をどのように定義づけているかを紹介しておきたい（本書第5章参照）。

　ルソーは，子ども期それ自体のもつ固有の価値に注目して子どもに内在する自然性を重視した教育（＝消極教育）を主張し，近代的な子ども観と教育観を『エミール』（1762）で提示した。この意味で，ルソーの立場は「無意図的教育」の考え方に近いといえる。彼は「植物は栽培によって，人間は教育によってつくられる」（ルソー，1967，244頁）と述べ，「教育」を次のように語る。

　　私たちは弱い者として生まれてくる。だから私たちには力が必要である。私たちは何も持たずに生まれてくる。だから私たちには援助が必要である。私たちは分別を持たずに生まれてくる。だから私たちには判断力が必要である。私たちが生まれてきた時にはもっていなかったもの，そして私たちが大きくなった時に必要なもの，そういうものはすべて教育によって私たちに与えられる。この教育は，自然か，人間か，事物かによって私たちに与えられるものである。私たちの諸能力および諸器官の内部からの発達は，自然の教育である。この発達するものの使い方を私たちに教えるのは人間の教育であり，私たちに影響を及ぼしてくるさまざまな事物について，私たち自身が経験を積んでゆくのは事物の教育である。　　　　　　　　（ルソー，1967，245頁）

　ルソーは，人間は，自然・人間・事物という3種類の教師によって教育されるとして，「自然の教育は，私たちにはいかんともなしがたいし，事物の教育

はある点までしか私たちの自由にならない。人間の教育が私たちの実際に管理できる唯一の教育である」,「つまり三つの教育の協力が, 教育の完成のためにはどうしても必要なのであるから, 私たちの力ではどうしようもない自然の教育の目標の方へ, ほかの二つの教育, つまり事物の教育と人間の教育を導いてゆかなくてはならない」(ルソー, 1967, 246頁) と述べている。

『エミール』を夢中で読みふけり日課の散歩を失念したというエピソードがあるカントは, 講義録『教育学』(1803) において「人間は教育されなくてはならない唯一の被造物である。教育とは, つまり, 養護 (保育・扶養), 訓練 (訓育), 教授ならびに陶冶を意味する。したがって, 人間は乳児であり——生徒であり——そして弟子である」(カント, 1966, 101〜102頁) と述べている。

カントの分類では,「教育」には, 子どもの発達段階により 3 つの段階がある。すなわち, ①養護は誕生から幼児期までの時期に必要な世話をすることであり, ②訓練は 7 歳から12歳までの時期に生活訓練や道徳, 行動様式を教えることであり, ③教授は13歳以降に知識を教えることである。子どもは, 養護→訓練→教授と順序立てて教育を受けることにより, 人間らしく成長するのである。

他にも彼が「教育」について語っている部分をいくつかあげてみよう。

- 「訓練または訓育は, 動物性を人間性に変える。」　　(カント, 1966, 102頁)
- 「訓練は, 人間がその動物的衝動により, 人間の本分つまり人間性からそれることのないよう予防する。訓練は, たとえば人間が粗野かつ軽率に危険を冒すことがないよう, これを拘束しなくてはならない。したがって, 訓育は消極的なものにすぎず, つまり人間から野性を取り除く行為である。これに対して教授は, 教育の積極的な部分である。」　　(カント, 1966, 103頁)
- 「人間は, 教育によってだけ人間となることができる。人間は, 教育が人間から作り出したものにほかならない。注意すべきことは, 人間は人間によってだけ教育されるということ, しかも, 同じように教育された人間によってだけ教育されるということである。」　　(カント, 1966, 104頁)

　カントの立場は，抽象的な人間一般の教育を対象としているが，そこには意図的教育と無意図的教育がどちらも含まれている。彼は，「人間は，教育によってだけ人間となることができる」と述べて，人間にとっての教育の必要性を重視する。そして「同じように教育された人間によってだけ教育される」として，社会的文化的な環境において教育的な配慮がなされた場合にのみ，人間らしく成長することができると考えている。

　2 　「教育」という言葉

（1）「教育」という言葉の語源

　前節でみたように，「教育」とは，日常的な言葉である。しかし日本で「教育」という言葉が一般的な教育活動を示す用語となるのは，明治期の国民教育制度確立以降である。本節では，『日本大百科全書』を手がかりに，「教育」という言葉の語源を整理しておきたい。

　漢語の「教育」の語源は『孟子』に最初の出典があり，君子の楽しみの一つとして，「天下の英才を得て，これを教育する」ことがあげられている（『孟子』尽心・上）。「教」は「學」（ならう）と「支」（軽くたたいて注意をあたえる）との合字で，「上から施されたことを下からならう」というのが原義であり，「育」は，「月」（肉月）と「子」の転倒した姿からできていて出産場面を象徴しているともいわれ，「養う」というのが原義である。

　日本は古くより漢語の影響を強く受けてきたが，「教育」という言葉自体は江戸時代まであまり使われず，幕末頃，支配階級のための学校（藩校）で実施した活動内容や目標を記録した文書に「教育」という言葉が使われていた。ただし，漢語における「教育」は，「天下の英才」や支配階級の子弟などエリート層を対象として用いられ，一般庶民の子どもを対象とする用法はなかった。

　日本では，一般庶民の子どもの養育や成長発達は，漢語ではなく，「おしえる」「そだてる」「やしなう」「しつける」「おそわる」「ならう」などの和語によって語られてきた。ところが，明治期に英語（エデュケーション（education））

の翻訳語として「教育」という言葉が採用されたことにより，「上から施されたことを下からならう」という漢語のニュアンスが失われ，英語（エデュケーション（education））のニュアンスによって上書きされていくことになる。

「教育」という言葉の英語（エデュケーション（education））とフランス語（エドゥカシオン（education））の語源については諸説あるが，通説では，ラテン語のエドゥカーレ（educare，養い育てる）およびエドゥケーレ（educere，引き出す）を語源とする語だとされている。エドゥカーレ（educare）は，動物や植物を「養育する」というイメージであり，とくに人間だけにあてはまる語ではなかった。エドゥケーレ（educere）は，内側にある望ましい性質や能力を意図的に「引き出す」というイメージである。

このように，「教育」という言葉の意味や用法が養育から「教育」へと変遷してきた背後には，中世から近代への過渡期に社会が複雑化し大人世代からの意図的計画的なはたらきかけを重視する教育観への転換があったと考えられる。

（2）英語の場合

英語圏でも「教育（エデュケーション）」という語は，「近代になって初めて登場した語であり，歴史のそう遠くない時点で誕生した近代的な観念」であった。森重雄は，「オックスフォード英語辞典によれば，〈教育〉は1531年に『養育』の意味で登場する。ところが，『養育』は1661年，『養育する』は1818年に死語となる。他方，1588年に，学校で行われることがらに〈教育する〉ということばをあてた例が初出」（森，1987，92頁）であると述べている。

すなわち，学校教育との関わりで「教育」という語が使われるまでは，「養育」という意味で広く動植物一般に対して用いられていた。その後，「養育」「養育する」が死語となり，「教育」という語は，学校教育との関わりで人間の子どもにもっぱら使われるようになったのである。

そして，「法律教育」や「医学教育」などの連語形で17世紀の英語に定着していったが，当初「技術教育」という用法はなかったといわれている。「法律教育」や「医学教育」は，中産階級以上を対象に高等教育を前提とした専門職

養成といったニュアンスがあるが，労働者を対象とした技術訓練は，当時の教育観のもとでは高等教育の対象外であり，労働者の子弟も対象とする国民教育制度が成立するまでは「技術教育」という用法はなかったのである。

　たとえば，17世紀の代表的な思想家ロックは，社会階層によって異なる教育論・学校論を展開している。

　『教育に関する考察』(1693) では，中産階級以上の上層社会を対象に「紳士教育」を主張し，学校は唯一の教育機関であり，言語習得を中心に知的概念を教え込む＝知育が中心となる場であるとした。ただし優秀な家庭教師が得られる場合は，学校よりも家庭で教育した方がよいとロックは考えていた。

　『貧民子弟のための労働学校案』(1697) では，下層社会を対象として，学校は，すべての子どもを義務的に登校させ，労働に慣れさせ，勤勉を身に付けさせる＝よい習慣を形成する場であるとした。この種の学校は，下層社会の子どもを犯罪者予備軍にしないために，治安維持的な観点から必要とされた。こうして社会階層によって想定される学校のあり方が異なるのは，17世紀が近代への転換期・過渡期であったからである。

　このように，「教育」という言葉が学校教育との関わりで用いられるようになり，当初は「教育」という語がなじまない社会階層もあったが，19世紀以降に成立する近代的な国民教育制度のもとでは，社会階層を超えた抽象的な概念である「国民」を形成するために初等教育が義務づけられてゆくのである。

(3) フランス語の場合

　アリエスによれば，「中世において，今日の教育と呼ばれるものをおよそ意味するもの」として「二つのことばのグループ」があり，「その二つのことばのグループは，二つの現象に対応していた」(アリエス，1983，184頁)。そして，第一のものは，「見習奉公に，あるいは養うこと，栽培すること，大人の共同体の中で育てようという配慮」に対応しており，第二のものは，学校，学習など「知育の観念」に対応していた。

　アリエスは，W. フォン・ヴァルトブルクの『フランス語とその方言の語源

辞典』では，エドゥカシオン（education）という言葉が1527年に登場したと記
されていることにふれ，「それはつまり，人文主義的教育，一般教養の観念と
同時に現れたのである」として，リシュレの『フランス語辞典』を踏まえて次
のように述べている。

（前略）このことばは institution（こちらの方はやがて，廃れてしまうことになる）
ということばと，競合して使われるが，今でも instruction 知育と対立する
ことばとしてしばしば用いられている。しかしながら，次第次第にこの二つ
のことばの区別はなくなっていくだろう。教育 education とは「人びとが子
どもを育て教える instruire 方法である」（リシュレの『辞典』）。
　見習奉公と学校での知育という二つの別々の観念に対して，ひとつの新し
く，より一般的な，そして子ども時代の特有性とそれを守る必要性の発見か
ら生まれた別の観念がとってかわった。教育は，子どもに「学問」（l'ecolage）
と「よき習俗」（見習奉公）とを同時に与えるために，大人の社会から子ども
たちを引き離す様式である。　（括弧内も原文のまま）（アリエス，1983，185頁）

中世においては，徒弟制や見習奉公など，子どもが大人とともに生産活動に
参加しながら「一人前」の大人になるシステムであった。徒弟制や見習奉公が
可能であったのは，近代以前は，生産・消費・再生産・教育などの諸機能が渾
然一体として社会生活の中に溶け込んでいたからである。ところが，近代以降
は，社会機能が分化し，生産の機能は企業が，教育の機能は学校が，消費と再
生産の機能は家族が担当することになった。
　新しい観念である「教育」は，「大人の社会から子どもたちを引き離す様式」
であり，大人社会における生産活動からの隔離，すなわち学校における意図的
計画的な教育を必要とする。この意味で「教育」は，実生活を通して人間形成
を行う中世とは異なる教育観に基づく人間形成のシステムである。このような
教育観の変化は，アリエスが指摘するように，子どもの地位の変化＝子ども観
の変化によるものである。

29

　　3　　無意図的教育

（1）師弟関係がない社会——文化人類学的教育

　19世紀以降，意図的教育としての国民教育制度のもとで近代的な学校教育が普及すると，学校は，教育の客体である子どもが，子どもを教育する専門家＝教師によって，教えられて学ぶ場所となる。この意味で，子どもは，教師に教えてもらうことによって学習する存在となる。こうして近代的な教育観が受容された社会では，教える・教えられるという師弟関係を前提にして学習活動が語られるのである。

　文化人類学者の原ひろ子は，1960年代初めにカナダ極北部で狩猟民ヘヤー・インディアンの幼児がなたで薪を割り，刃物で器用に木片を削っておもちゃをつくる姿に驚く。「誰に習ったの？」と尋ねると，「自分で覚えた」としか答えない。彼らの生活を観察し続けるうちに，ヘヤー・インディアンの社会には師弟関係が存在しないことを発見し，次のように述べている。

- 「（前略）私は，『教えよう・教えられよう』とする意識的行動は，人類に普遍のもの——つまり，どんな人間社会にも存在するものだと考えていました。ところが，ヘヤー・インディアンの人びととつき合ってみて，この考えを修正するにいたりました。そして，『学ぼう』とする意識的行動は人類に普遍的といえるが，『教えよう・教えられよう』とする行動は，絶対普遍のものではないと考えたくなってきたのです。」　　　　　　　　　（原，1979，175頁）
- 「ヘヤー・インディアンの文化には，『教えてあげる』，『教えてもらう』，『だれだれから習う』，『だれだれから教わる』というような概念の体系がなく，各個人の主観からすれば，『自分で観察し，やってみて，自分で修正する』ことによって『○○をおぼえる』のです。」　　　　　　　（原，1979，180頁）

　原は，「『自分で観察し，やってみて，自分で修正する』ことによって『○○

をおぼえる』」という習得方法を自らも体験したことを紹介している。原は，冬が来るまでにかんじきで歩く練習をしておきたいと考え，かんじきのひもの結び方や歩き方を周囲の人たちに教えてもらおうとするが，誰も教えてくれない。冬に人々がかんじきを履き始めると，「目を皿のようにして」観察し「見よう見まね」でひもの結び方や歩き方を練習し，かんじきを履けるようになる。もし「かんじきの履き方を誰に習いましたか？」と聞かれたら，「自分で覚えた」としか答えようがないと思ったと述べている。

　また，ヘヤー・インディアンの子どもとアメリカ人の子どもの折鶴に対する反応の違いを指摘している。ヘヤー・インディアンの子どもは，「もう一つ折って」と何度も鶴を折らせながら折り方を観察し，一生懸命鶴を折り始めるが，アメリカ人の子どもは，「どうやって折るの？」と質問しながら折り方を教えてもらおうとする。また，原の折り進むペースが速いと，アメリカ人の子どもは，「もっとゆっくりやってよ」と自分のペースに合わせてもらおうとするが，ヘヤー・インディアンの子どもは，折り進むペースに注文をつけなかったという。

　このように，「『教えよう・教えられよう』とする行動」が普遍的なものだと思って疑わなかった原は，師弟関係がないヘヤー・インディアンの社会でかんじきのひもの結び方・歩き方を誰からも教えてもらうことができずに困惑した。近代的な学校教育が浸透した社会では，教えてもらって学習することが自明なことなので，教師役がいないと学ぶことができない。しかし師弟関係がない社会では，子どもは周囲を観察して自分で覚える習得方法しかないのである。

　こうしてみると，本来，学習とは試行錯誤を経て自力で問題解決を図る行動であるのだが，近代的な教育観のもとではいつのまにか受動的な行動に変質させられていたことに気づかされる。

（2）習俗としての教育

　「習俗としての教育」は，大田堯（たかし）が，1971年9月にユネスコと国際教育研究推進会議の共催で行われた中等教育に関する専門家会議で提案し，総会で報告

された研究課題である（大田，1973）。大田は，学校教育がなかった時代の人間形成のあり方が学校教育出現後も存続し影響をもち続けたことにふれ，従来の教育学が研究対象としてこなかった領域に目を向ける必要性を訴えた。

「習俗としての教育」は，たとえば，日常生活の中で，具体的な仕事を通して親が子に家業を教えることや，年中行事である祭や共同作業のおりに，共同体の大人たちが子どもや若者にムラのルールを教えることを通して行われる教育である。これらの事柄は，学校教育のように意図的・計画的に行われるものではないが，家業や地域社会の後継者を育成するためには不可欠な営みであり，学校教育がなかった時代から存在する基盤的な人間形成のはたらきである。

大田が「習俗としての教育」を研究すべきだと主張した1970年代初頭は，高度経済成長期以降，若者が都会へ大量に移動し，地方の農村が過疎化・高齢化し始める時期である。過疎化により年齢集団による伝統的な民俗が維持できなくなり，「習俗としての教育」は急速に衰退していった。大田は，消えゆく民俗を史料として記録するため，高齢者への聞き取り調査を実施した。

また，大田は，教育学の立場から，柳田國男ら日本民俗学による「前代教育」や「産育習俗」研究に注目し，「制度としての教育」の外部で民衆が行ってきた「民間教育」を掘り起こし，「習俗としての教育」の姿に迫ろうとした。大田らの取組みは，その後『民間教育史研究事典』（1976）へと結実し，学校教育中心の教育史を捉え直す契機となった。

（3）前代教育と産育習俗――民俗学的教育

ここでは，大田が注目した柳田國男の「前代教育」と「産育習俗」について紹介したい。柳田は，国民教育制度がなかった時代の人間形成の営みである「前代教育」について，次のように述べている。

（前略）以前の世の農村の教育法は，よほど今日とは異なったものであった。今の小学校に該当するものは私塾の素読や寺子屋の手習いでは決して無かった。年長者と共に働き又父兄などの話を脇で聴いて居て，所謂見習い聞覚え

が教育の本体であった。何度も何度も繰返されて，いつと無く覚え込む言語の感覚が，主要なる学課であった。方言そのものが今日の教科書に当たるものであったことは，近世一律の教授要項の下に，遠方から来た先生が多くなった結果，親から子への連鎖が著しく弱くなったことを考へて見ればよくわかる。

（柳田，1927，110～111頁）

　すなわち，学校がなかった時代の「以前の世の農村の教育法」では，寺子屋式文字教育とは別に，地域に根ざした広汎な人間形成の営みが続けられてきたのである。そして「前代教育」には「子供を一人前の大人にする支度」が備わっており，親や郷党の教育によって日常生活に必要な知識・技能，日常道徳，ものの考え方，判断力，批判力などが育成されてきたことを指摘した。
　その後，柳田は教育の習俗研究を進め，「一人前」のムラビトを育成する「前代教育」の全体像を提示し，次のように述べる。

　読書や算筆を職業にして居る者までが，その世渡りの手腕といふのは，大抵は学校以外で養はれたものである。先生は之を気質と名づけたり，又周囲の感化などといふ漠然たる語を以て説明するが，実際はそれが寺小屋以前の教育の全部であった，以前は少なくとも有効なものであった為に，国民は無学ながら此通りに進歩して居たのである。

（柳田，1931，400頁）

　その際，「前代教育」では，「三組の教育」によって方言や群れの教育力を利用した「文字に頼らない教育」が行われてきたのである。「三組の教育」とは，①家族による家業の教育＝「技芸教育」，②地域社会の先輩による教育＝「故老教育」，③若者集団内で行う教育＝「同齢団の教育」を指している。
　また柳田は，『産育習俗語彙』（1935）を編纂する過程で，「一人前」を目指して行われる通過儀礼に注目した。そして産育習俗には，「小児生存権」を承認する機能があり，節目ごとに通過儀礼を積み重ねながら，子どもの生命を自分たちの仲間へと根づかせてゆく人間形成の機能が体系的に組み込まれている

ことを明らかにした（関口，2012）。

　さらにまた，「昔の国語教育」（1937）では，学校教育がない時代の言葉の教育にも関心を寄せ，「親と家庭の長者」や「郷党の故老」を「意識したる国語教育の管理者」と位置づけた。意図的計画的な学校教育からみれば無意図的な教育とみなされるかもしれないが，柳田は，「昔の国語教育」を方言による意図的な話し言葉の教育であると位置づけている。

　柳田は，このような教育の習俗研究を小学校の教師たちに語りかけていた。たとえば，当時大阪で小学校教師だった宮本常一は，後に民俗学研究に向かうことになるが，「家郷の躾」＝「習俗としての教育」を無視しては学校教育の効果があがらないことを痛感していた。

　　十七歳にして百姓生活を打ち切って大阪へ出，二十歳をすぎて小学校の訓導となり，和泉の農村で十余年を過ごした。その間たえず教育の効果を十分に上げ得ないことに苦悩した。そしてその原因の一半はその村における生活慣習や家庭の事情に暗いことにあるのを知った。子どもの性癖や嗜好すなわち個性といわれるものは先天的なものもあるけれども，その村の性格や家風によるもの，言いかえれば家および村の生活の反映によるものもまた多いのである。そして郷党の希求するところや躾の状況が本当に分からないと，学校の教育と家郷の躾の間にともすれば喰違いを生じ，それが教育効果を著しく削いでいることを知ったのである。　　　　　　　　　　　　　　　（宮本，1943，12頁）

　宮本が指摘した「学校の教育と家郷の躾の間にともすれば喰違いを生じ，それが教育効果を著しく削いでいる」という問題は，高度経済成長期に地方から都市部へと若者たちが大量流出するまで続いたのである。

　4　　教育の分節化

　学校がない時代には，「習俗としての教育」が大多数の人々にとって人間形

成のはたらきのすべてであった。国民教育制度以前の日本では，武士と僧侶・神主・医者など一部の社会階層の子弟のみが学校教育に関わっていたに過ぎない。国民教育制度の導入により，すべての社会階層に義務づけられた学校教育が登場すると，人間形成のはたらきは学校教育と学校以外の部分とに分節され，さらに学校以外の部分は，家族による教育と地域共同体による教育とに分節された。

　これにより，子どもは，①学校教育，②家族による教育，③地域共同体による教育を受けることになる。国民教育としての小学校教育は，読書算と地理・歴史，道徳，体育などからなる教育内容を教えて，国民の誰もが身に付けるべき共通の価値観や国民的アイデンティティの育成を目指したが，家族による教育は，家の存続と家業継承のための教育であり，地域共同体による教育は，共同体へのアイデンティティ形成と「一人前」の育成を目指すものであった。

　この場合，国民教育と「習俗としての教育」とは目的が異なり，ときに対立することもあった。また柳田や宮本が指摘するように，学校以外の教育＝「習俗としての教育」が存在したからこそ，学校教育が成り立っていたのであり，「習俗としての教育」を無視しては学校教育の効果を十分にあげることができなかった。なぜなら農村部では，家族と地域共同体との結びつきが強く，義務教育といえども家族や地域共同体による教育を阻害する学校教育に対して，根底では根強い反発が存在したからである。

　他方，都市部では，日露戦争以後，性別役割分業のもとに近代的な職業に従事する新中間層が実体として登場する。「教育家族」と呼ばれる新中間層の家族は，地域共同体から独立して存在することが可能となり，近代的な家族（家庭）による教育＝家庭教育は，学校教育には親和的であったが私的な性質を帯びるようになった。このため国民教育の効果をあげるためには，家庭教育を国民教育に関連づける作業が必要だとされた。

　そこで，明治20年代後半より振興された女子教育において，"中等社会"の担い手となる新中間層の女子を対象に高等女学校で「良妻賢母教育」を行い，家庭を少国民育成の場と位置づけ，国民教育を意識した家庭教育へと方向づけ

ようとした。また，農村部の地域共同体では，大正期以降，義務教育修了後は学校教育を受けない人々を対象に，地域の青年団や婦人会など社会教育団体をもとに社会教育によって「思想善導」を行った。

　このように，家族による教育や地域共同体による教育を学校教育との関連で意味づけ，女子教育や社会教育を通じて国民教育としての学校教育を補強する教育政策によって家族や地域共同体による教育を牽制しようとした。

　こうした学校教育主導のあり方は，第二次世界大戦後に改革されたが，高度経済成長期に地方の農村で過疎化が始まり「習俗としての教育」が衰退すると，再び学校教育が優位に立ち，1990年代に「学校と家庭と地域社会の連携」が提唱されるまでは学校教育主導のあり方が存続した。

引用文献

アリエス，P. 著，中内敏夫・森田伸子編訳（1983）『〈教育〉の誕生』新評論。
大田堯（1973）「現代教育学の課題と方法——教育の習俗と教育学研究」『教育学研究』第40巻第4号，22～28頁。
カント著，尾渡達雄訳（1966）『教育学』「カント全集」第16巻，理想社（村井実編（1974）『原典による教育学の歩み』小学館所収）。
関口敏美（2012）『柳田國男の教育構想』塙書房。
原ひろ子（1979）『子どもの文化人類学』晶文社。
宮寺晃夫（1994）「教育」『日本大百科全書』小学館（コトバンク「教育（きょういく）とは」https://kotobank.jp/word/%E6%95%99%E8%82%B2-52367# 2019年12月5日アクセス）。
宮本常一（1943）『家郷の訓』岩波書店。
森重雄（1987）「モダニティとしての教育」『東京大学教育学部紀要』第27号。
柳田國男（1927）「地方学の新方法」『柳田國男集全集』第4巻，筑摩書房。
柳田國男（1931）「義務教育の条件」『柳田國男全集』第28巻，筑摩書房。
ルソー著，長尾十三二・原聡介訳（1967）『エミイル』明治図書（村井実編（1974）『原典による教育学の歩み』小学館所収）。

　「学ぶ」という活動は，①学校教育が浸透した社会と，②師弟関係がない社会とでは，どのような特徴があるか話し合ってみよう。

【さらに学びたい人のための図書】

原ひろ子（1979）『子どもの文化人類学』晶文社。
　　⇨師弟関係がない社会では子どもはいかにして学ぶのか。学校がなかった時代の
　　　学びを考えるヒントが豊富。
宮本常一（1943）『家郷の訓』岩波書店。
　　⇨学校教育の効果を阻害する「習俗としての教育」について著者自身の体験した
　　　家族と郷党のしつけを叙述。
村井実編（1974）『原典による教育学の歩み』小学館。
　　⇨パイディア・伝統と革新・子どもの発見・学校と教育・教育の科学・思想と体
　　　制の6項目を原典に基づき解説。

（関口敏美）

第3章 教育のモデル論

この章で学ぶこと

　現代のシステム化された教育世界の思考習慣から距離をとるために教育思想を学んでみよう。けれども「解釈」という熟練した技を要する思想の言葉に素手で挑むことは難しい。初学者は，教育思想を学ぶためのきっかけとして，教育のモデル論を羅針盤にすることができるだろう。より「善き」教育を求めて意味争奪戦を繰り広げ，歴史の中で試行錯誤を繰り返してきた教育思想の言説は，現代の行政やマスコミ等が語るステレオタイプの硬直化した言葉とは異なり，多義的で豊饒な教育の意味のアーカイブ（貯蔵庫）である。モデル論を手がかりとして教育思想の言葉にじかにふれ，それを読み解く作業を通じて，学び手自身が教育の意味を再発見できるような方途を身に付けたい。

☐1☐ 村井実のモデル論を使った子ども観・教育観の自己省察

（1）子どもと教育の把え方

　今日，教育思想を学ぶ最大の目的は，学び手自身が，自明化された現代の教育世界，とりわけ制度依存を通じて自動化されがちな学校教育の思考様式から距離をとり，自ら教育の意味を模索することによって，教育に出会い直し，語り直すことができる思考回路と語彙を獲得することにあるように思われる。

　もちろん，教育について物語られた一切の言説は構成されたフィクションに過ぎないが，それぞれの歴史的背景を斟酌しながら教育思想家の言説を解釈することが，彼らの思考過程に立ち合う可能性を拓いてくれる。そしてこの修練が，現代において教育の意味を再考し語り直すことを可能にするような何らかの構想力，あるいは身体性の獲得につながるのである。その第一歩として，モ

デル論を活用して，教育思想の読解と教育の意味の再発見への手がかりとして
みよう。ただし教育思想の言説にふれる前に，まず日本を代表する教育学者の
一人，村井実の試みを援用して，あなた自身が実際，どのような子ども観・教
育観をもって生きているのか考えてみよう。彼は次のようにあなたに問いかけ
てくる。

　　まず，試みに，こう考えてみてください。
　　かりに私たちが，教育学の歴史のそもそもの始まりの時点に立っていたと
　して，そして子どもたちを何とか「善く」したいと思ったとして，いったい
　まず何が問題となるでしょうか。
　　それは，その当の子どもたちを私たちがどういう性質のものとして把えよ
　うとするかということでしょう。私たちは，意識するとしないとにかかわら
　ず，実は必ず次の把え方のうちのどれかをしないわけにはいかないのです。
　A　この子どもたちを善くしたい——なぜなら，この子どもたちは，私たち
　　　が善くしてやらないかぎり，そのままではもともとダメなほうに動くも
　　　のだから。
　B　この子どもたちを善くしたい——なぜなら，この子どもたちは，私たち
　　　が善くしてやらないかぎり，白紙のようなもので，善いもダメもわかる
　　　わけないものだから。
　C　この子どもたちを善くしたい——なぜなら，この子どもたちは，もとも
　　　と善くなる可能性をもっているものだから。
　D　この子どもたちを善くしたい——なぜなら，この子どもたち自身が，と
　　　にかく善くなろうとしているものだから。
　　さて皆さんは，この4つの把え方のうち，自分はどれを選ぶとお考えにな
　るでしょうか。
　　　　　　　　　　　　　　　　　　　　　　　　　　（村井，1978，103頁）

図3-1を見せられるとどうしても「善さ」の内容が気になり，それがわか
らないと答えられないと考えるかもしれない。実は，村井のこのモデル選択の

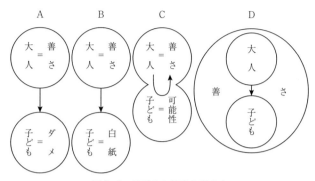

図3-1　子どもと教育の把え方

出典：村井（1978）105頁を筆者改変。

問いかけは，彼がソクラテスをはじめ古代ギリシアの思想を咀嚼しながら長年
かけて自らの教育学の中核に位置づけた「善さ」という概念への考察と密接に
関係している。しかしここでは，あえて「善さ」の内実は問わないで，まずは
何はともあれこの問いかけをそのまま——当面の村井の意図どおり——読者で
ある自分に向けられた素朴な日常的な問いとして考えてみよう。つまり，ここ
での前提になっていることは，「わが子を善くしようと思わない親はいない」
ように，「子どもを善くしようとする」ことを教育という営みは大前提として
いるということへの素朴な共感，「善さ」と「教育」への日常的共通理解であ
る。つまり，ここで村井は「善さ」の内実への問いを括弧でくくり，「善くし
ようと思わない」営みは教育と呼ぶにふさわしくないという漠とした共通感覚
（＝「子どもを善くしたい」）のみを出発点にして，そこから，その「善さ」を実
現させるために，どのような働きかけ方が妥当なのかをあくまで形式的に問う
ているのである。

（2）　自前の子ども観・教育観の意識化・相対化の試み

　さて，後述するように，そもそもこのようなモデル論は，教育の意味の歴史
的蓄積を整理するために，20世紀の何人もの精神科学的教育学者たちが異口同
音にそれぞれの仕方で提示してきた。村井は，それを独自の視点からアレンジ

して読者にわかりやすく再提示しているのである。このようないくつかのモデルを突き付けられることにより，私たちはいやおうなく，自分の中に漠とした仕方で潜在している子どもの把え方や教育の把え方に自覚的になるきっかけを与えられる。モデル論のもつ意味については後で検討することにして，ここではまず，村井に従い，これを一つの道具立てとして，実際に自分の中に暗黙のうちに眠っている自前の子ども観・教育観が何であるかを意識化させることを試みてみよう。

①　まず，資料として村井（1978）を提示し，ABCD のモデルが何を意味しているのかを，村井の文章をよく読むことによって理解する（必要に応じて授業者が解説を加える）。

②　理解した上で現時点での自分の考えが，ABCD のモデルのどれに一番近いかを考え，どうしてそのように考えるかを文章化する（Ａ４判レポート用紙１枚）。その際，どれか一つを選ぶことができないと感じる場合も，できるだけどれに一番近いかを選び，すっきりしない部分をよく考え言語化することを試みる。どうしても，一つに選ぶのが困難な場合は，４モデルを使って折衷案を作成したり，自分なりの新しいモデルを立てて説明する。選んだ根拠を言語化する際，村井の説明をなぞることはしないで，できるだけ自分の言葉で語り直すことを心がける。とくにそれ以外のモデルではどうして駄目なのかをしっかりと言語化する。説明しながら，自分の考えが変化した場合には，そのことを率直に書いてみる。

③　グループ編成上，できるだけ選んだモデルが多様になるように４〜５名一組のグループを構成し，自分の書いたものを発表し合うと同時に，疑問をぶつけ合う。

④　グループディスカッションのプロセスを各自，レポートに加筆する。

⑤　最後に，以上の一連のワークを終えて，自分の考え方がどのように変化したのか，変化しなかったのかなどを言語化して加筆する（④⑤は，色を変えて記述する）。

以上の一連の協働学習のプロセスを経ると，多くの学生は同じ年代の，同じ

ような環境で育ったと思っていた日本人の若者，しかも，同じ教職を志そうとする仲間でも，選択するモデルが見事に分かれる（ただしAは少数派であることが多い）ことにある種の驚きを感じる場合が多い。ある場合には，自分の考えへのこだわりや頑なさを示すこともある。しかし，重要なことは，できるだけ他者がなぜそのように考えるのかを理解できるように自己を開く訓練をしてみることだと思われる。そして，このことを通じて自前の教育観が，自己の成育歴やその他の事柄の影響を受けて自己の無意識や身体に沈殿していることを知るとともに，その考え方に一面性や不完全性がないかを考えてみる契機とすることもできよう。

2　教育思想を学ぶ意味とモデル論
——"根っこ"がない時代の羅針盤となりうるか？

（1）"根っこ"がない時代

　いわゆる「教育原論」は，家庭教育，学校教育，社会教育等，多岐にわたる日常の教育という営みの意味を「そもそも教育は一体何のために行われるのか」「人間にとって教育とは何なのか」という問いを掘り下げる中で，その"根っこ"から受け取り直す思考回路を獲得させることが使命であった。けれども，私たちが現に生きているポスト近代の精神状況は，その問いがどこまでも底抜けであり"根っこ"にぶち当たることがない（つまり"根っこ"そのものが「深い謎」である）ことをあらためて露呈させた。つまり，「神」「人間」「自然」「伝統」「国家」「進歩」「マルクス主義」等々に実体はなく，構築された「大きな物語」に過ぎないことが暴露されたのである。そして私たちは，そこにしっかり根ざして生き，教育を営むということに信頼をおくことができなくなった。そしてこのことを明確に自覚しないまでも，うすうす察知した大衆は，目先の実利や自己中心的欲望の充足のみに関心を抱くことになる。欲望を満たすためのテクノロジーの発展がさらなる欲望の肥大化を招き，テクノクラートの大衆支配を進めている。同時に，「大いなるもの」に包まれていることへの

信頼に基づいて末端の自由意思と善意に委ねる相互信頼の土壌は失われ，個々の利害を調整するための官僚統制が隅々にまで行きわたっている。教育の私事化（本書第1章[4]参照）と官僚統制が現代の趨勢となった。

　思想史的にみると，このことはニヒリズムがニーチェの予言どおり，21世紀において末期的症状を示しているという事態である。近代合理主義の矛盾の露呈にもかかわらず，教育にも過剰な法整備とシステム化が行われてきたのは，現代の時代状況において，生の究極的な意味，教育の拠って立つべき究極の"根っこ"が，実は空洞であるということへの不安を覆い隠すためであったともいえる。行政から語られる教育目標，スローガンによって演じられる言語ゲームは，結局そのつどの社会の要請を受けて教育を暫定的に構成しようとするフィクションに過ぎない。総花的に美辞麗句が提示されても，虚しく響く陳腐な言葉の羅列と化す。無論，どんな教育言説も言語を媒介に再構成されている以上，フィクションといえる。ただし，歴史上の教育の意味争奪戦の試行錯誤を反映した教育思想の言説は，現代の行政やマスコミ等が語る硬直化した言語，心理学者，社会学者が語る，仮説めいた平板な科学主義の言語より，いっそう多義的で豊饒な，教育の意味のアーカイブ（貯蔵庫）なのである。

（2）教育の根本様式（理念型）

　20世紀になって，西欧の教育学は，教育の意味の「貯蔵庫」としての教育思想の歴史を整理，分析し，教育を理解するためにいくつかの「思考モデル」を抽出し提供してきた。シュプランガーはこれを「教育の根本様式」と名づけている。「歴史的に与えられた教育運動ないし教育方向（例えば，汎愛主義，ヘルバルト主義などといった）とは幾分違ったものを意味し」，「すべての時代に原則的に許されるような教育的形成の可能性」であり，「本来，思考上の構成である」（シュプランガー，1987，120頁）。それは「理想的類型」の性格を有する「純粋事例」であり，現実にそれがそのまま生じることはめったに起こらない。

　ボルノウも「それらが純粋な形で実現されることは稀だとしても，さしあたりまず，これらを純粋な形で，M.ウェーバーのいう意味での『理念型』とし

43

て取り出し，いわば教育のモデルとして細部にいたるまで組み立てることが必要」だと考えた。こういった「思考モデル」が提出されてきた理由は，混乱し，錯綜しがちな〈教育〉のありように見通しをつけ，「その上でそれらの様々な教育観はどこまで適切であるのか，どこまでお互いに排除し合い，どこまでお互いに折り合いをつけうるのか，それどころか，事実として教育に起こっており，また起こらなくてはならないことについての適切なイメージを獲得するために，それらの様々な教育観はどの程度までお互いに補い合うことができ，またそうしなくてはならないかを問う」（ボルノウ，1988，229頁）ためであるとした。「理念型」とは，ウェーバーが人間・文化・社会を考察する社会科学的な方法論として立てたものである。具体的・個別的に構成されている「現実」を科学的に認識するには，純粋に観念的に構成された虚構（フィクション）としての「理念」が必要不可欠であるという逆説的主張より成り立っている。虚構としての理念を座標軸として，一つひとつ断片的事実をそれに引き寄せ，整序していくしか，複合的な社会的・文化的・歴史的事象を理解する道はない。その意味で，複合的に混沌とした「現実」に「理念型」があてがわれるとき，何かが「発見」される。

（3）モデル論の解釈学的・臨床教育学的意味

　私たちは，子どもとの交わりに身をおき，その子どもの人間形成に貢献できるような働きかけの遂行を課せられる場合（その子どもを「善く」したいと思う場合），その働きかけがなされる方向性や目的は，すでにその大人がその時点で抱いている人間観や教育観によって暗黙のうちに規定される。この自前の教育観は，学問的，自覚的な教育理解に先立って，ある程度，日常の共通感覚に溶け込むような形で存在している（教育の前理解）。それはあくまでも曖昧で，明確な輪郭を有さず，矛盾し合う要素を混在させる把えどころのないものである。

　子どもとの交わりの中で「問題」が生じたとき，私たちは，その「問題」と関わり格闘する中で暗黙の前提を揺さぶられ，その前理解が何らかの形で存在することに気づかされるのである。その多くの場合，自分の教育歴の想起を伴

うのだが，誰でもそれは偏向しているものである。そこでは正当化が行われたり，罪人探しが行われるかもしれない。このように私たちが無意識のうちに機能させていた教育理解の仕組みや「理解の地平」は，「問題」との遭遇によって初めて立ち現れる（以上のような見地は，皇，2018に詳しい）。

　そして，村井がいうように，人間というものは，「何か自分にとって未知であり，複雑である仕事に直面したばあい，それをかねてから自分にもっとも親しみのある仕事のモデルを考えてみないではおれない」（村井，1975，66頁）。人類は，その歴史の大部分において子育てという営みを無意図的に行ってきた（本書第2章 3 参照）。けれども，古代文明社会の出現より以降，まつりごとを司る上部階層の人々の間に，そして17〜19世紀の近代化の過程であらゆる階層の人々に，意図的な課題として「教育」が自覚されるようになる。社会史・心性史の研究者は，後者を「近代の産物としての〈子ども〉と〈教育〉」という。そのようなプロセスの中で，教育に関心をもつ思想家たちや，近世・近代の一般の人々が，未知である「教育」という営みを，人間が行う他の身近な営みになぞらえて理解しようとしたとしても不思議ではない。

　そしてこれがモデル論につながるわけだが，ざっとその一覧を二字熟語の隠喩で表せば，「調教」「陶芸」「農耕（園芸）」「印刷」「生産」「殺人」「対話」などとなるであろう（本書第4章 3 4 参照）。とりわけ，近代の曙に，子どもや教育への関心が一部の階層だけでなく，民衆全体に広がりをみせたとき，ヨーロッパでは，地方の農耕牧畜や都会の手工業のイメージが，そのまま教育の「飼い馴らし」モデル（A），「ものづくり」モデル（B）と「植物栽培」モデル（C）を生みだしたとすれば興味深い。このうち，中世キリスト教世界の原罪感の衰退とも相まって，それまで民衆の間に刻印されていた「飼い馴らし」のイメージは，近代的理性の称揚（啓蒙思想）とともに衰退し，この思潮の中で他の2つのモデルが教育の両極性として，人々の意識に刻印されていったのであろう。たとえば，その意味でこれら対極の2つのモデルの代表ともいえるロックとルソーが，異口同音に鞭による教育やスウォドリング（養育者が乳児を布でぐるぐる巻きにして育てる）の習慣を非難しているのは興味深い。そし

て15世紀の活版印刷術の発明という情報革命が，17世紀にコメニウスの教育印刷術（多数の子どもに，同時に，しかも短時間に，むだなく，むらなくあたかも印刷するように教授する方法）というイメージを生み出し（もちろんコメニウスの歴史的意義はこれに尽きるものではない），19世紀の産業革命が「ものづくり」を「生産」イメージへと拡張し近代公教育システムの成立に影響を与えたのである。さらには，後述するように近代末期になって，近代教育への根本的反省や批判から「対話」や「殺人」といった隠喩が生まれるに至る。

　私たちは，それぞれに表現された教育観と出会うことによって，無意識のうちに自己に沈殿している無定形の前理解の存在に気づくのである。ここで，大切なことは，どのモデルが正しいか間違っているかを早急に判断することよりも，現実の私たちの教育観の中に，そして社会で通念化されている教育観の中に，これらのモデルが深く浸透しており，いまもその影響力を行使しているということを知ることであろう。たとえ，それが最終的に望ましくない方向性をもつものであると判断されたとしても，私たちがいつもすでに関与しているこの社会における現実において「教育」と語られている事象のありようをまずは理解することが肝要である。その上で，それぞれが，自分の身体感覚と思考を洗練させることによって，新しい教育の意味を探究せねばならない。

［ 3 ］　モデル論を使って教育思想家の言説を読んでみる

　大学教員の立場からすると，大学院専門科目の演習としてならともかく，実際に，学部教職課程の限られた時数の講義で教育思想の読み解きを教えることは難しい。しかし，実際に思想家の言葉にふれずにその思想の「概略」を学ばせるのも望ましくはない。たとえ初学者に対してであっても，原典（翻訳）にふれさせることを試み，それを意味あるものにできるかどうかが鍵となる。次に示すのはその一つの試みに過ぎない。学び手は，授業外に教員によって選定された重要なテキストの一部分を，モデル論を道具にして読解する小レポートとして仕上げ，それをもち寄り，授業中にその解釈についてグループで話し合

う。その目的は，あくまで，それぞれの子ども観・教育観を深化させ，成長させるためである。

① たとえば，コメニウス，ロック，ルソー等の教育思想の原典（筆者は，コメニウス，1988；ロック，2011；ルソー，1962を使用している）の中から，日常の教育をできるだけ具体的に論じている箇所を抜粋したものを読み，その中の具体的記述を根拠にして，どの特定のモデルの典型として解釈されうるのか，またそう解釈されてきた理由について考えてみる（授業時間外のレポート課題として）。

② 他方で，特定のモデルとして解釈するには無理が生じると考えられる箇所を見つけ出し，どうしてそう思うのかを分析し，記述する（授業時間外のレポート課題として）。

③ 各グループで，自分の考察をもち寄り発表し合い，相互に再吟味し，再発見したことを補い，色を変え加筆する（授業内活動として）。

④ 近代教育思想史上どのように解釈されてきたのかを，先行研究を通じておおよそのところを学ぶ（講義を通じて）。

大学の授業で，教育思想の解説を聴いているだけでは，その思想を身近なものとして感じ，自己の教育観の吟味につなげることはなかなか難しい。確かに初学者が時代背景を考慮した十分な思想解釈を行うことは困難であるが，思い切っていきなり古典（たとえ翻訳であっても）の言葉にふれることもまた大切かもしれない。ただ，その学び手に暗黙裡に潜在化している自前の子ども観・教育観（先入観）に左右され，解釈が偏向しないためには，モデル論は有効な道具となる。これを羅針盤にすれば，その思想家の言葉の海を航海できるというものだ。しかし一方で，この航海によって教育の意味をめぐる格闘とその苦悩の表出の場でもある教育思想のほんの入り口に立ち会っただけであることも自覚しなければならない。その上で講義を通じてその思想の「概要」を謙虚に学びたい。「概要」は，多くの場合，先行研究における様々な解釈の積み重ねの結果，構築されたものなのである。教育思想の言説とは新しい教育の意味を拓いた言葉の体系だが，常に意味の固着化と背中合わせである。けれども，教育

への問いを保持しながらの解釈の修練は，またその思想の言説に新しい意味の
地平を拓きうるということを少なくとも理解はしておきたい。

4 教育の意味の再発見は可能か

　先に，教育の“根っこ”がないのが現代の時代状況だ，ということを述べた。
このような状況下では，何が「正しい教育」であるのかを明確に示すことが難
しい。もちろん，それは継続的に問い続けられなければならない。けれども，
自己のあり方を棚上げして「正しい教育」を声高に主張し，返す刀で「誤った
教育」を断罪するという構図は，偽善のそしりを免れ得ず，もはや説得力をも
たない。なぜなら，今日のいわゆる「教育問題」は特定の誤った教育の結果で
あるというより，大人世代全体がそこに否応なく巻き込まれている時代全体の
価値観の反映である面が大きいからである。まずは，大人世代がそのあり方を
自己批判しつつ，あらためて「善い教育とは何か」という問いを問いのまま育
てていこうとする構えが必要である。歴史上，「正しい教育」という名のもと
に権力が教育を支配の道具に使うことはよくあったが，今日の市場原理主義や
技術的合理主義（方法主義）は，巧みにその暴力性を表面化させずに，成果を
確実なものにしようとする計測可能な「教育」を「正しい」ものとして自己主
張し続けている。私たちは，否応なくその中に巻き込まれてしまった共犯者な
のだ。

（1）近代教育批判の射程
　もちろん，これまで私たちに時代状況に対する批判感情がなかったわけでは
ない。日本では，1970年頃までは，大規模化していく学校と子どもの抑圧の問
題が，受験競争への批判などとして展開された（このとき日本では「ゆとり」と
いう言葉も用いられ始める）。これはまだ「学校」そのものへの疑いには至って
いなかった。しかし，70年代以降「社会の学校化」への批判に及ぶに至って，
「学校」という制度そのものへの疑いへと発展する（いわゆる「脱学校論」，本書

第8章参照）。そして70年代後半以降，やがて私たちが「教育」と呼ぶものそのものへの根源的な疑いが表に現れ，教育のイデオロギー（政治）性が暴露されていく（イデオロギー批判）。もはや，教育「問題」が主題ではなく，「教育」そのものが構築されたフィクションであることが問題化するのである。

　教育思想の領域では，「〈人間〉の終焉」を宣告する，いわゆるヨーロッパのポスト構造主義思潮と結びついて，近代教育の歩みそのものへのより根源的な批判が展開していくのも80年代以降である。このような思潮は，種々のヴァリエーションがあるが，共通していえるのは，すべて「懐疑への意志」と「疑いの戦略」に貫かれていることであろう。リクールによれば，こういった思考モデルもまた解釈学の一つの形式であり，その淵源は，マルクス，ニーチェ，フロイトである。そしてその役割は「偶像の破壊」「仮面の剝奪」なのである。それでは，現代において，それがどうして要請されるのか。「自分はどうして学校に馴染めないのか，この社会に馴染めないのか，この時代に馴染めないのか，何がそうさせているのか」といった「自分と世界の摩擦係数の高さ」（田中智志，1999）を解き明かすことが，いまや切実な時代となっているからである。けれども，リクールがいうように，それは破壊や剝奪の自己目的化に向かうのではなく，新しい意味の地平を用意する限りにおいて解釈学の名に値するものとなる（皇編，2013）。

（2）啓蒙から野蛮への変質

　イリイチやフーコー，それに A. ミラーらの近代教育批判は，現状の教育を「つくられたニーズ」「生-権力」「魂の殺人」などと見立て痛烈に批判した（皇編，2013，第1章参照）。こういった教育の見立ては，村井のモデル論からみると何を意味していたのであろうか。村井もいうように，近代においてB，Cモデルは，いわば啓蒙思想と結びついて展開した面がある。2人の標榜した教育観が対照的であることは間違いないが，ロックだけでなく，結局のところルソーも，近代市民育成のために理性を尊重した。合自然の教育を標榜し，Bモデルの暴力性を告発したCモデルではあったが，いみじくも村井が主張してや

まないように，子どもの「内なる自然」を「善さ」と結びつけること自体が，ルソーの思い込みなのであり，何を子どもの内から引き出すかは，そのつどの大人の意図の介入を許してしまう。つまり，「自然に即して」という名目のもとに，巧みに子どもを操作すらしようとする啓蒙の「偽善」がこのＣモデルにはあるという。20世紀初頭の子ども中心主義運動が，やがて巨大な「生産モデル」（学校システム）に回収される運命にあったのも，原理的な必然であったかもしれない。私たちは，Ｂモデルの拡大版である「生産」モデルを基調とした学校システムの内部で，「系統学習」に対する「経験学習」，「詰め込み」に対する「ゆとり」，「指導」に対する「カウンセリングマインド」を，いわば自己正当化のためにそのつど強調してきたようにも思える。このような「学校複合体」（田中毎実，2003），つまり子どもたちを「善くする」ために従来の学校に足りないと考えられる要素を次々と取り込み，増殖した複合システムは，私たちの制度依存を強め，かえって大人と子どもを「思考停止」（アーレント）に陥れている。物質的に豊かな現代社会に，そしてそこで遂行される教育に無意味感が漂うゆえんである。

　ホルクハイマーとアドルノが指摘した「啓蒙の野蛮化」（ホルクハイマー，アドルノ，1990，理性的に「善い」と考えられ，理性的に実行されたことが，「善い」を標榜しながら「野蛮」を行っている事態）を教育において指摘したのが，近代教育批判の思想家たちであったであろう。つまり，子どもをより「善く」したいという願いのもとに建てられたＢ，Ｃモデルが，「野蛮」と化している現状を暴いたのである。だとすれば，Ｄモデルはどうなのか。

（3）21世紀のいま，あらためてＤモデルの可能性を考えてみる

　後回しになったが，村井は，このＤモデル（「助産モデル」「人間モデル」と呼んだもの）こそ，「善さ」を問いのままで熟成させつつ，子どもをより善くしたい，という私たちの素朴な祈りを，祈りのままに教育とならしめる基本形式であるとする。彼は，現代的状況においてこそ「善さ」を実体化しないで理解するソクラテスの原点に立ち返るべきだと考えており，そのときに成り立ちうる

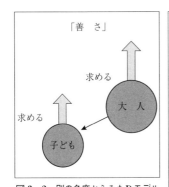

図3-2　別の角度からみたDモデル
注：この図を下から覗くと図3-1
のDモデルであることがわかる。
出典：筆者作成。

「善さ」が何であるかは，大人にも子どもに
も，普遍的な実体としてつかめるようなもので
はない。各自の具体的状況のもとで，それなり
の「善さ」が求められていく。大人にも子ども
にも「善さ」を希求する欲求がある（村井はこ
れを「性向善説」とも呼ぶ）。
　ただ「善さ」を求めてもがいている子どもた
ちに，同じ経験をもつ人生の先輩の大人が共感
して援助するのが教育だ。「善さ」は子どもの
内側にあるのではない。大人の方にあるわけで
もない。人生の先輩として自分なりに「善さ」
を求めてきたキャリアがある大人が，一人ひと
り違う仕方で「善さ」を模索し，もがいたり苦
しんだりしている子どもに共苦的に寄り添い
（村井は「同情」という），助成するのが教育だ。

　教育のあり方をこのモデルによって示した。けれども，今日の近代教育批判を
超えて，私たちはそれをどのように指針とすることができるのであろうか。最
後に，このことを少し考えておきたい。該当する箇所をよく読めば，このモデ
ルの意図するところは理解できるが，ここではそれを少し敷衍した上で，この
モデルを土台にして発展的に「教育とは何か」という問いを，今日の時代状況
下において探究するための道を拓きたい。
　村井のテキストを読解した上で，Dモデルの図を別角度からみたならば，図
3-2が浮かび上がるだろう（右は筆者によるDモデルの意味の語り直し）。
　さて，村井教育学においては，「善さ」をどのように把えるかということへ
の探究が，必然的にこのモデルを生んだといえる。吉田敦彦がいうように，A
の性悪説，Bの性白紙説，Cの性善説は，子どもの中に善悪があるかないかに
関わる実体論的な思考様式に囚われていると彼は考えた。「その都度ある方向
に向かいつつあり，そういう方向へ向かわせる力が働いている，その生成プロ
セスの，『方向』や『働き』を指し示すことばが村井における『善さ』であり，
そのように子どもと人間を見るのが『性向善説』」（吉田，1999，187頁）なので
ある。村井教育学をひも解けば，読者は彼が「善さの構造」として，「相互性
（こころやり）」「効用性（こころよさ）」「無矛盾性（こころくばり）」「美（ほどよ

さ）」（という頂点）で構成された「三角錐構造モデル」に出会う（ここではこれを詳しく論じる余裕がない）。しかし，これをもって村井が「善さ」を静的に実体化したとみるべきではない（吉田，1999）。重要なことは，それを知ることはできないという「無知の知」を十分に踏まえながら，なお私たちは子どもを「善く」したいと思うのが教育なのだ，というパラドクスを彼が受け容れ，「善さ」を，実体化されず，開かれ，ある方向性（以上のような三角錐構造）をもち，力動的な何かとして生成論的に把えたことである（吉田，1999）。「羅針盤ならぬ『子どもの善くなろうとする針先』が指し示す『力動的な働き』の『方向性』を，そのつどの過程（プロセス）において一歩一歩進んでいく，……『過程像』志向の教育」としてのDモデルは，近代教育批判を超えて，"根っこ"のない時代の教育のあり方を模索する格好の土俵になるとはいえないだろうか。

　デューイはもとより，仏教の「同行二人」の把え方，また20世紀の危機の時代に生まれたブーバーやフランクルの対話的実存の教育論，レヴィナスを踏まえリクールが問題にした「他者性」と「自己の証し」をめぐる議論（皇編，2013，第7章参照）など，このモデルを念頭において検討してみることも興味深い。たとえば，図3－1のDモデルの矢印は双方向でなければならないのではないかと提案する学生も少なくない。ただ，村井は大人から子どもへ一方向にだけ矢印を書き入れている。あえて一方向にする意味がどこかにあるのか，それとも不備なのか——この疑問は今日の教育のあり方を考える上で決して些末な議論ではなかろう。また「善さ」という概念は，どうしてもイデア論的であり，普遍性を先取りし，誰もがそちらに向かうという趣を払拭できない。個々人の，その時々の，一回的で独自の，相互に身体を通じた生成のダイナミズムを表現する工夫をDモデルに求めたいという考えもあるだろう。

　そもそも大人も子どももそれぞれが独自で唯一無二な実存であり，そのつどダイナミックに変化する状況を生きている。そのような中，Dモデルは，今日を生きる私たちの子ども観・教育観の形成に重要な方向性を示唆しているが，同時にそれ自体，修正されることを待ち望んでいる生成途上のイメージなのかもしれないのである。

引用文献

コメニウス，J. A. 著，井ノ口淳三訳（1988）『世界図絵』ミネルヴァ書房（コメニウス，J. A. 著，井ノ口淳三訳（1995）『世界図絵』平凡社）。

シュプランガー，E. 著，村田昇・片山光宏訳（1987）『教育学的展望──現代の教育問題』東信堂。

皇紀夫編（2013）『「人間と教育」を語り直す』ミネルヴァ書房。

皇紀夫（2018）『臨床教育学30年』ミネルヴァ書房。

田中智志（1999）「ポスト構造主義の教育分析──フーコーの生─権力論」原聰介・宮寺晃夫・森田尚人・今井康雄編『近代教育思想を読み直す』新曜社。

田中毎実（2003）『臨床的人間形成論へ──ライフサイクルと相互形成（教育思想双書）』勁草書房。

ホルクハイマー，M., アドルノ，T. W. 著，徳永恂訳（1990）『啓蒙の弁証法』岩波書店。

ボルノウ，O. F. 著，森田孝・大塚恵一訳編（1988）『問いへの教育（増補版）』川島書店。

村井実（1975）『教育の再興』講談社。

村井実（1978）『新・教育学のすすめ』小学館。

村井実（1993）『教育の思想　発生とその展開　上・下』東洋館出版社。

村井実（1997）『人間のための教育──閉鎖制から開放制へ』東洋館出版社。

吉田敦彦（1999）「村井実の教育人間学」皇紀夫・矢野智司編『日本の教育人間学』玉川大学出版部。

ルソー著，今野一雄訳（1962/1964）『エミール　上・下』岩波書店。

ロック，ジョン著，北本正章訳（2011）『子どもの教育』原書房。

──**学習の課題**──

(1) 村井実のDモデルが含意するところをよりよく理解するために，あらためて先にあげた村井の著作（村井，1975；1978；1993；1997）に学ぼう。

(2) ブーバーやフランクルの教育論，ビースタの著作を読んでみよう。

(3) 対話や他者性をめぐる今日の思想を学び，Dモデルの発展可能性を考えてみよう。

【さらに学びたい人のための図書】

ブーバー，M. 著，山本誠作訳（1970）『ブーバー著作集8　教育論・政治論』みすず書房。
　　⇨現代の危機を根本的に見据えた彼の対話思想によって，旧教育と新教育の間で

揺れ動いてきた近代教育のアポリアを超えようとした論考。

フランクル, ヴィクトール・E. 著, 広岡義之訳 (2013)「意味喪失時代における教育の使命」『imago 総特集 ヴィクトール・E・フランクル——それでも人生にイエスと言うために』(『現代思想』第41巻第4号, 青土社, 38〜51頁)。

　⇨1969年の日本での講演録。「意味を教えることはできない」にもかかわらず, 意味の再発見が今日の教育の最大の使命だという。

ビースタ, ガート著, 藤井啓之・玉木博章訳 (2016)『よい教育とは何か——倫理・政治・民主主義』白澤社現代書館。

　⇨今日の効果や効率を求める技術的・管理的な教育の主張は, エビデンスが「よい教育」に結びつかないという真実に向き合おうとしないと指摘する。

（岡本哲雄）

第Ⅱ部
思想（家）編

第4章 愛郷の闘士 コメニウスの苦難と希望
——近代教育の誕生（1）

この章で学ぶこと

　この章ではまず，ヨーロッパ動乱期に「学校の発明者」「近代への扉を開いた人物」として活躍したコメニウスについて，当時としては斬新な（しかし現代の私たちにとっては自明すぎて，その革新性に気づくことさえない），教育印刷術（ディダコグラフィア）等の仕組み・メカニズムを理解することを目的とする。それに加えて，学校や教育のようなものであれ，あるいはその他のものであれ，制度化のプロセスが宿命的に被らざるを得ない陳腐化の過程——当初は善き意図から始まったことでも，時間の経過につれて人々に抑圧的・制約的に機能するようになってしまう過程——についても体感・体得できるようになってほしい。

１　新しいスタイルの「学校」

（1）素敵な「学校」の宣伝文？

　少し長くなるが次の文章に目を通してみてほしい。この文章には時代がかった表現や宗教的で馴染みのない言い回しがあるが，その点については後に触れる。現時点でひとまずわかる範囲で，各人の理解や解釈に努めてほしい。

　あらゆる人に　あらゆる事柄を教授する・普遍的な技法を　提示する　大教授学。

　別名

　いかなるキリスト教王国のであれ　その集落　すなわち都市および村落のすべてにわたり，男女両性の全青少年が，ひとりも無視されることなく，学問を教えられ　徳行を磨かれ，敬神の心を養われ，かくして青年期までの年月

56

のあいだに，現世と来世との生命に属する・あらゆる事柄を

　　　　　　僅かな労力で　愉快に　着実に

教わることのできる学校を　創造する・的確な・熟考された方法。

ここで提示されるものすべての

基礎は　事物の自然そのものから発掘され，

真理は　工作技術の相似例によって論証され，

順序は　年　月　日　時間に配分され，

最後に，それらを成就する・平易で・的確な道が　示される。

　　　　　　　私たちの教授学の　アルファとオメガは，

教える者にとっては　教える労苦がいよいよ少なくなり，しかし　学ぶ者に
とっては　学びとるところがいよいよ多くなる方法，学校に　鞭の音　学習
へのいや気　甲斐ない苦労がいよいよ少なくなり，しかし，静寂とよろこび
と着実な成果とがいよいよ多くなる方法，キリスト教国家に　闇と混乱と分
裂とがいよいよ少なくなり，光と秩序と平和と平安とがいよいよ多くなる方
法を，探索し発明することでなくてはなりません。

　　　　　　　　　　　　　　　　　　　（コメニュウス，1967，13頁）

　みなさんはこの文章を読んでどう感じただろうか。この文章に対して抱く感
想や印象は様々だと思う。たとえば仮にこの文章が，もし自分の子どもを入学
させようとする学校の学校案内のパンフレットに掲載されていたり，近所の塾
の宣伝として建物の扉や窓に掲示されていたりすれば，その宣伝文をどのよう
に受け取るだろうか。

（2）「僅かな労力で　愉快に　着実に」成果を上げること

　「教える者にとっては　教える労苦がいよいよ少なくなり，しかし　学ぶ者
にとっては　学びとるところがいよいよ多くなる方法」「学校に　鞭の音　学
習へのいや気　甲斐ない労苦がいよいよ少なくなり，しかし，静寂とよろこび
と着実な成果とがいよいよ多くなる方法」，そして何よりも「僅かな労力で

愉快に　着実に」等の表現がまずは目に入る。これらの宣伝が本当に実現可能なら，まことに素晴らしい，結構なことだという印象を受ける人も多いだろう。とりわけ，小学校・中学校・高等学校と，これまで学校と呼ばれる場所で苦労をしたり，教科を学ぶことの意味について立ち止まり考えたり（その場合「社会で役立ちそうもない，こんなことまでどうして勉強するのか？」というネガティブなものであることが多いように思う），みんなが横並びで学校に通うことに疑問を感じたりした人にとっては，まずは，自分の学校の経験や現実と照らして，もしこの文章で描写されている学校が現実ならすごい，という印象を受けるだろう。ただそれと同時に，あまりに理想的すぎて絵空事にしか思えない，だから騙されないように話半分に聞いておかなくてはならないと疑ってかかる，という意見もまた出てくることだと思う。

　2　　ヨハネス・アモス・コメニウスの登場

（1）『大教授学』という偉大で普遍的な教授法──一人 対 多数の教室

　種明かしをすると，この文章はいまから300年以上昔のヨーロッパで活躍した人物ヨハネス・アモス・コメニウス（1592-1670）の『大教授学』（1657）の表紙に書かれた文章であり，いってみれば『大教授学』の宣伝文である。

　ではコメニウスは，なぜこの『大教授学』を著す必要があったのか。彼がそれを書かなくてはならない理由は何だったのか。コメニウスは彼の時代の教育や学校に不満があったのか。この問いに対する答えについては，半分はイエスであり，あとの半分はノーである。この点をさらに深く探っていくために，今度は『大教授学』の本文から次の箇所を読んでみることにしよう。

　　この教育（『大教授学』でコメニウスが提案する教育：引用者注）は，骨が折れません　実に楽です。いいかえますと，学校での習練には　毎日四時間以上はあてません。しかも，約百人の生徒を一時に教えるのに　教師ひとりで充分なやり方です。つまり，生徒をひとりずつ教える・今のやり方に比べれば，

労力は十倍も楽であります。 （コメニュウス，1967，118頁）

　つまり彼の時代の従来の教育は，原則的に生徒一人を教えるのに教師一人で教育を行うやり方であった。現在，普通の学校でみられるような（一人の）教師-（多数の）生徒関係ではなく，（一人の）師匠-（一人の）弟子という師弟関係が教育の行われる基本的な形式であった。

　そうした教育の基本形式に対して，コメニウスが提示した学校のイメージの斬新さは何よりも「約百人の生徒を教師ひとりで」という点にある。その意味で彼のことを（現代的意味での）学校の「発明者」——当時の学校や教育のイメージをがらりと方向転換させたという意味で——と呼ぶこともできる。

（2）現代では自明とされる学校の「発明者」コメニウス

　現代の学校で誰もが「当たり前」と感じ，そのあり方を少しも疑うことなく信じている，①教室で一人の教師が多数の児童生徒に向かって授業をするスタイル，②全員が共通の教科書・教材を用いること，③一定の時間割でみんな同じように授業が進むこと，さらにはその前提になっている，④あるクラスの子どもたちはすべて同じ年齢である（もしくは同じ程度の理解力・習熟度でクラスとして括られている）という原則は，いうまでもなく歴史上のある時点で誰かがそのアイデア自体を「発明」したものである。

　そして，その発明者こそがコメニウスであった。彼自身にも，この新しい学校のスタイル・あり方を発明した自負があった。そのことは，自らの発明の重大さを顕示するために，自分の業績と，新大陸を発見した勇気ある冒険者コロンブスのエピソードとを並べて書き留めていることからもわかる。新大陸発見を快く思わなかった周囲の人から，コロンブスが新大陸を発見したのは別に彼の航海技術が優れていたからではなく偶然であった，他の誰にだって発見できたはずだ，と嫌みを言われた際の返事として言い伝えられている伝承である。

　「卵をとがったところで立てるにはどうしたらよいでしょう」とコロンブスは周囲に問う。誰もが失敗する。彼は殻を割って立ててみせる。「そんなこと

なら誰でもできる」。コロンブスの返答は「みなさんもおできになるでしょう。やり方をごらんになったのですから。ですが，私がやらないうちは誰もできなかったのは，どういうわけでしょうか」。新大陸の発見を後になって誰でもできると言うのは簡単だが，それを「最初に」行った事実が業績の偉大さなのである。コメニウスの「発明」にもこのエピソードと似たニュアンスがある。彼の「発明」は何も，誰も手にできない高価な機械を導入したり，難解な科学的発見を利用したりしたものではない。誰もが身近に知っているものをただ流用しただけである。ただし，その流用した仕方が斬新で目新しかった。いわば道具立て・設備の使い方の発想の転換が，そこにあったのである。

（3）「あらゆる人に」——近代化の一原理

しかしそれだけではない。再び本章の冒頭のコメニウス『大教授学』表紙の文章に目を通して，今度は「いかなるキリスト教王国のであれ　その集落　すなわち都市および村落のすべてにわたり，男女両性の全青少年が，ひとりも無視されることなく，学問を教えられ」，つまり「あらゆる人に」教育が行われるべきだ，という言葉に着目してほしい。

この表現には，どこに住もうと，男女問わず，（コメニウスによって明示されていないが「あらゆる人」という表現に含意される）身分や階級を問わず，教育が行われるべきである，というコメニウスのきわめて強い主張がある。

現代に生活する私たちには，これも「当たり前」すぎて見逃しがちだが，この「あらゆる人に」は彼の時代には画期的な言説であった。裏を返していうと，当時，学校で学ぶこと・研究をすることは，一部の選ばれた身分・階級の人間（それもとくに男性）に特権的に許されたことであり，民衆の教育は生活の中で生活・職業に必要な技能・知識が，徒弟修業や訓練で日常的で無意図的な形で継承されること（たとえば「働く親／親方の背中を見て子が学ぶ」ということ）が普通であった。

ヨーロッパの近代化は，宗教革命・産業革命・市民革命等の諸々の革命の影響が相互に深く絡み合い展開したものであるのだが，その中には「あらゆる

人」が等しく平等にあつかわれるべきという概念が（実現化されていなくても，少なくとも建前的には）広く求められるという共通原理がある。その意味で「学校の発明者」であるコメニウスは，同時に「近代という時代への扉を開いた人物」の一人でもあったのである。

（4）「あらゆる事柄を」──汎知学（パンソフィア）

　そして同じく見過ごしがちなのが，「あらゆる事柄を」という，彼の描き出した学校イメージの目新しさである。彼の時代の従来の教育は，特権的身分・階級における特権的教育と，民衆の（現代風にいえば職業教育的な）特定の技能・知識の訓練や継承が普通であった。ところがコメニウスは教育を「あらゆる人に」行おうとするだけにとどまらず，あらゆる人に対して「あらゆる事柄を」教授すべきであると主張する。『大教授学』の表紙の文章を読んで，「あらゆる人に」教育をという主張に対して好意的な評価をしていた人も，「あらゆる事柄を」教授するという箇所に気がつくと途端にコメニウスに対する評価を考え直し，彼の株を急落させることも少なくない。

　というのも先に述べた「社会で役立ちそうもない，こんなことまでどうして勉強するのか？」という考えをもった人，具体的には「どうして歴史の年号／様々な植物の名前／行ったことのない場所の地名や気候／方程式の解き方，等を覚えなくてはならないのか？」「大人になっても使いそうもない苦手な英語／数学／理科／社会，等をなぜ勉強しなければいけないのか？」「そもそも自分は勉強が好きではないのに，なぜ勉強をしなくてはいけないのか？」という思いを抱いたことのある人（少数派ではないはず）にとっては「あらゆる事柄を」教授すべきだと提唱するコメニウスが自分を苦しめた敵役である学校の発案者にも思えてくるからである。

　この「あらゆる事柄を」を言い換えて，コメニウスの立場は「汎知学（パンソフィア）」だと指摘されることもある。「汎知学」とは聞きなれない言葉だが，そのイメージをつかむためには，同じコメニウスが著した書物『世界図絵』からの数頁を見てもらうのが最も手っ取り早い（図4-1～4-4）。『世界図絵』

図4-1　水

出典：コメニウス（1988）16頁。

水は水源(1)から発し，渓流［けいりゅう］(2)に流れ下り，

小川(3)にゆるやかに流れ，池(4)の中にもあり，河(5)に流れこんで，

うず巻き(6)に回転したり，沼地(7)をつくったりします。

川には岸(8)があります。

海は海岸(9)，入江(10)，岬(11)，

島(12)，半島(13)，地峡(14)，海峡(15)をつくります。

そして岩礁［がんしょう］(16)があります。

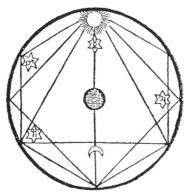

図4-2　惑星の位置

出典：コメニウス（1988）114頁。

月☾は，十二宮を毎月1回，太陽☉は一年に一回通過します。

水星☿と金星♀は太陽をまわります。水星は115日，金星は585日です。

火星♂は2年，木星♃はほとんど12年，土星♄は30年でまわります。

このため次のようにさまざまに出会い，相互にながめます。

太陽☉と水星☿は連結，

太陽☉と月☾は対置，

太陽☉と土星♄は三角形，

太陽☉と木星♃は正方形，

太陽☉と火星♂は六角形の位置関係にあります。

図4-3　大　工

出典：コメニウス（1988）73頁。

人間の食と衣について見てきました。これから住がつづきます。

最初人は洞穴(1)に，次に葉ぶきやわらぶき小屋(2)に，それからまたテント(3)に，そしてやっと家に住むようになりました。

きこりは斧［おの］(4)で樹(5)を倒し，切り落とし，そこに小枝(6)が残ります。

節こぶだらけの木をくさび(7)で割り，それにハンマー(8)で打ち込み，そしてまきの山(9)をつくります。

大工は大工用斧(10)で材木を四角に切り，そこに木片(11)が落ち，

のこぎり(12)でひくと，おがくず(13)がこぼれ

ます。

　その後材木を滑車［かっしゃ］(15)で木びき台(14)の上に引き上げ，かすがい(16)で固定して，錘糸［おもりいと］(17)ではかります。

　それから壁(18)を組み立てて，梁［はり］をくぎ(19)でしっかりと留めます。

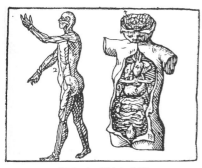

図4-4　筋肉と内臓

出典：コメニウス（1988）49頁。

身体には外皮のついた皮膚，筋肉のついた肉，血管，軟骨，骨および内臓があります。

　皮膚(1)がひきはがされると肉(2)があらわれます。つながったかたまりではなくて，いわば腸詰［ちょうづめ］のように配置されています。

　それを筋肉と呼び，405数えることができます。

　身体の各部分を動かすように，精神の管があります。

　内臓は内面の四肢です。それは頭蓋［ずがい］と頭蓋骨膜とでとりかこまれている脳(3)が，頭の中にあるのと同様です。

　胸の中で，心臓(4)は，心膜におおわれており，そして肺(5)は呼吸しています。

腹部の中の胃(6)と腸(7)は膜に包まれています。

肝臓(8)およびその左側に脾臓［ひぞう］(9)が対置しており，二つの腎臓(10)に膀胱［ぼうこう］(11)がついています。

胸は横隔膜［おうかくまく］(12)と呼ばれる厚い膜によって腹と区別されています。

は，彼の新たなスタイルの学校の中で使うことを想定された（世界で初めて構想された，そして19世紀でもヨーロッパ各地で出版を重ねて実際に使用された）初学者用の絵入りの教科書である。

　この『世界図絵』に見られるような汎知学という立場には，極端なほどの徹底さ加減，事物を（コメニウスの時代の，という限定付きであるが）科学的に知り尽くすことへの執念のようなものが垣間見られる。これだけの執拗さ・徹底具合のエネルギーはいったいどこから湧いてくるのだろうか。

③　教育印刷術（ディダコグラフィア）

（1）教育＝印刷工場の比喩

　本章で最も肝心な点を述べる準備がようやく整った。「あらゆる事柄を」（すなわち，言い換えると汎知学的に）「あらゆる人に」しかも「僅かな労力で　愉快

に　着実に」教える／教わる方法とは，果たしてどのようなものなのか。いかなる仕組みをもったものなのか。コメニウスの発明，発想の転換の最大の要点は何だったのだろう。彼の時代に広く民衆に認められつつあった活版印刷の技術と，学校のあり方とを組み合わせて発想したところに，コメニウスの着眼点の斬新さ，コロンブスの卵的な天才性があった。

　　印刷術の発明者ヨハン・ファウスト（発明者は本来グーテンベルクでありファウストは出資者にすぎないのだが当時は彼の名前の方が広く知られていた：引用者注）が，ふつうなら練達の書家十人がまる一年がかりで筆写するよりも多くの書物を　人間ひとりの手で八日間に複写する方法を発明したのは，このわたしである。しかも　この方法によれば，書物の出来ばえは　実に見事であって，どの写本も皆　最後の活字一つにいたるまで全く同じ体裁であるし，加えるに　写本の一つをよく校正しておきさえすれば　全部の写本を通じて全く誤字はなくなるのである等々と　いい出した時にも，やはり同じこと（コロンブスの発見に対する聴衆の反発，そしてそれはコメニウスの提案する学校のアイデアに対する聴衆の疑いでもある：引用者注）が起こったに相違ありません。信用する人がいたでしょうか。（中略）けれども　ごらんなさい，今では子どもたちでさえ，確かにこの言葉のとおりになっていることを　承知しているのです。
　　　　　　　　　　　　　　　　　　（コメニュウス，1967，119〜120頁）

（2）用紙を整えるという最初の手順
　コメニウスの発想した「学校」のメカニズムは，全面的に「印刷術」の比喩で語られる。だとするとその学校＝印刷工場の比喩はどのようなものなのか。まずは一方で，「印刷術」の技術がきわめて平易な表現で述べられる。

　　印刷術によれば　書物が早く　見事に　間違いなく増刷されるのですが，この技術を完成するものは　なんでしょうか。申すまでもなく，青銅製の活字をきれいに刻んだり　鋳込んだり　これを磨いて　ケースにならべ　次ぎに

64

組み　圧印機にかけるなどの秩序，また　用紙を準備し　水でしめらせ　ひ
ろげるなどの秩序が，それです。　　　　　　　　（コメニュウス，1967，134頁）

　この印刷術のイメージを理解することはたやすい。そして対比的に，コメニ
ウスは自分が新たに発明した「学校」の仕組みを，次のように語る。

　教授の技法もまた，学習の時間と学習対象と教授方法との・精巧な配置以外
のものは　なに一つ必要としないのです。この配置さえ精確に打ち立てるこ
とができれば，学校にたとえどんなに数多くの青少年がいてもこれにあらゆ
る事柄を教えることは，印刷器具を使って毎日数千枚の紙に実に見事な文字
を盛り込むことよりも（中略）決して難しいことではないでありましょう。
つまり，これができれば，万事は苦もなく動いて行きます。（中略）また
気持よく楽しく動いても行きます。それは　この種の自動機械を見るのが気
持よく楽しいのと　同じです。最後に，この種の・精巧な器具が持っている
のと同じ的確さで　動いても行くのです。　（コメニュウス，1967，135〜136頁）

　「印刷術」と「学校」とがこのように明確に対比的に語られれば，それぞれ
の語句の対応具合を示した対照表をつくることは難しくない。①活字は教科
書・教材，②活字を正確に並べることは適切な順序で時間割を構成すること，
そして，③圧印機でプレスすることが教室で教師-生徒関係において授業する
こと，④活字一つひとつに至るまでまったく同じ体裁である写本（コピー）と
は，授業の結果生み出される生徒たち，等である。
　「用紙を準備し　水でしめらせ　ひろげるなどの秩序」というのも，コメニ
ウスが強く留意した点であり，ユニークな着眼点である。同一の年齢集団，も
しくは同等の理解力・習熟度・能力をもっているとみなされる生徒たちを一カ
所に集めて授業をするという発想である。紙の厚さ・大きさが不ぞろいであれ
ばそもそもプレスをかけられないし，無理をすれば紙詰まりを起こす。裏を返
して考えれば，彼の時代の従来型の学校では，教科書・教材の方だけでなく，

図4-5　寺子屋の授業風景
出典：渡辺崋山筆「一掃百態図」部分（寺子屋図）田原市博物館所蔵。

生徒の方も「そろえる」というアイデアが人々の頭を微かにかすめることさえなかった。現代の学校の普通に慣れきった私たちからすると，生徒の側をそろえることの必要性が思い浮かびさえしないことの方が実に驚きである。

たとえば，「学校」と似た施設であるとよく誤解されるものに，江戸時代の寺子屋がある。読み書き算盤（計算）を師匠に手習いに行く場所である（図4-5）。寺子屋での手習いの様子をみてみれば，寺子たちが好き勝手にしているようにみえるが，この印象を生み出しているのは，たとえば，彼らの机の配置である。寺子たちは自分の進度・習熟度で習字をしたり本を読んだり算盤をしたりし，ある程度できたと思ったところで，師匠のところに行き，字を直してもらったり読み方を教えてもらったりしていたので，黒板を前にして整然と机が並ぶなどということはなかった。そして何よりも，寺子屋の光景が雑然とした様子に映るのは，実は，同じ部屋にいる寺子たちの年齢が不ぞろいだからなのだ。その意味で，寺子屋と学校は決定的に異なるのである。

（3）自動機械の気持ちのよさ

もう一点指摘したいのは，「学習の時間と学習対象と教授方法との・精巧な配置」が一度確立されれば，あとは一種の自動機械のように「万事は苦もなく動いて行く」とコメニウスが述べている点である。学校設備一式が精巧に配置されさえすれば，あとは授業が自動で動いていくというのは本当だろうか。

この点は，みなさんも体験しようと思えば簡単に体験することができる。試しに生徒で溢れかえる教室の教壇に立ち「前を向いてください」「話を聞いて

ください」と言えば，たとえ先生としての資格をもっていない人（たとえば，教育実習生）であっても，（少なくとも当初は）生徒たちは教壇・黒板の方を「自然に」注目する。話を聞かなければならないと身体の向きを変える。それに比べて，どれだけ歌唱力の高い人（たとえば有名な歌手）であっても突然に路上でパフォーマンスを始めて，教室という設備一式の中で集められる注目と同じだけの注目を瞬時に集めることは，とても難しい。

（4）「学校は人間性をつくる製作場」という比喩

　コメニウスの比喩について最後にもう一言書き添えると，彼が学校＝印刷工場の「比喩」で語っていることも，実はとても重要なポイントである。コメニウス自身の，より直截な比喩表現では「学校は　人間性をつくる製作場（HUMANITATIS OFFICINA）である」（コメニュウス，1967，104頁）ということになる。この比喩は，現代の学校を経験しているみなさんにとってはきわめて評判が悪い。所詮学校というものは無個性人間を大量生産する生産工場にすぎないのだ，と強い反発を覚える人も少なくない。

　だがここではいったん，学校＝印刷工場という比喩表現の是非そのものの判断をさしひかえ，この「比喩」というものそれ自体の特質に注目してほしい。コロンブスの卵的に誰も思い浮かべなかった新奇なアイデア・発想を述べ伝える人物には，宿命的に比喩使用がつきまとう。新たな発想をし，新時代の扉を開く発明・発見をした人物は常に，「教育とは○○のようなものである」という比喩の形式で語る／語らざるを得ない（本書第3章参照）。コメニウスに限らず，教育思想家の語る言葉にはしばしば，こうした画期的な「比喩」が満ち溢れているのである。

４　コメニウスの希望としての「学校」とその成れの果て

（1）望郷の故郷喪失者コメニウス

　ここで，あらためていま一度，以前に立てた問いを考えてみてほしい。コメ

ニウスはなぜ『大教授学』を著し，学校＝印刷工場という比喩，すなわち「教育印刷術」を提言する必要があったのか。それを主張しなくてはならない理由は何だったのか。コメニウスは彼の時代の教育のあり方や学校という施設・制度にどのような思いを抱いていたのか。

　コメニウスの紹介で必ず触れられるのが，その生まれ育った地域と彼の波乱の生涯である。彼はモラヴィア地方（現在のチェコ共和国東部）に生まれ，プロテスタント教団のチェコ兄弟教団において神学者に育つ。地理的にモラヴィアは強国に挟まれた小国であり，もともと他国からの侵略を受けやすい地域だった。それに加えて彼は，カトリック−プロテスタント間の大規模な宗教戦争である三十年戦争に巻き込まれ，故郷を追われ，家族も財産も失い，ヨーロッパ各地で亡命生活を送った。結局彼は，二度と故郷の土を踏むことはなかった。

　彼の故郷モラヴィアは，荒廃の極みとなった。彼の故郷は失われた。

　コメニウス，それにチェコ兄弟教団とは，宗教者・神学者であると同時に，民族解放の愛郷の熱烈な闘士たちでもあった。コメニウスの「あらゆる事柄を」「あらゆる人に」「僅かな労力で　愉快に　着実に」という原理の発案の背景には，実は，こうした彼自身の切実な祈り，すなわち，いつの日か故郷モラヴィアを復興することへの希望があったのである。

　故郷復興に一番必要なものは何か。郷土も財産も失われ，同胞は離散した。彼は同時代の「知は力なり」（フランシス・ベーコン）という考えに強く影響を受けているのだが，彼にとってそのことは知識は生きる役に立つ，ということ以上のものを意味した。仮にもし土地・財産等を再び手にすることが遠い未来に叶ったとしても，そこに再び結集する同胞たちに共通の知識・記憶がなければ故郷の復興は決して達成し得ない。自分たちの言葉を，そして共通の記憶を保持するためには教育に，学校に頼るしかない。しかし当時の（一人の）師匠−（一人の）弟子の形式の教育では，いかにも間に合わない。彼には悠長に待ち構えるだけの余裕はない。コメニウスは必ずしも，彼の時代の教育や学校で教えられる内容に不満があったばかりではない。当時の教育や学校に欠けていると彼に強く感じられたのは，この切迫した状況での「敏速性」であった。

　ここでは，本章の冒頭の『大教授学』の文章の，「キリスト教国家に　闇と混乱と分裂とがいよいよ少なくなり，光と秩序と平和と平安とがいよいよ多くなる方法」という言葉に注目してほしい。現代の私たちが普通に読めば，近代以前の宗教的キリスト教的な，修辞的で形式的な祈禱の語句にも読めるが，上記のコメニウスの境遇と照らして，この言葉を読んでみると，この言葉はすなわち，彼の衷心からの祈りの発露であり，学校や教育が，彼にとって，生き続けるための真に希望的な存在であったことが読み取れるだろう。

　だが結局，この学校という希望が彼の存命中に実現することはなかった。彼の構想する学校，とくに「あらゆる人に」の箇所を，現実のものとして実現するためには，資材の整備や莫大な資金を必要とするし，技術面では教科書の印刷以外にも，紙やノートや鉛筆等の道具が民衆の間にもいきわたる必要もあった。そして何よりも「あらゆる人に」の実現は，19世紀になってからの国民国家の出現が，国民教育を後押しする時代的な要請を待たなくてはならなかった（本書第2章参照）。

（2）学校に行くことのできない貧窮層が学校によって教えられること

　時代は飛んで，コメニウスの『大教授学』刊行からおよそ300年後，コメニウスの希望であったはずの学校が（少なくとも部分的には）実現したはずの1950～60年代に，一人の神父がアメリカ，ニューヨーク市の貧しいプエルト・リコ系の移民たちの住む一帯で彼らのために奔走していた。さらには当時盛んとなっていた南米の解放運動に参加するためにメキシコに渡ったりもした。彼イヴァン・イリイチ（1926-2002）は，その現場で目のあたりにした現実から，たとえ善意・善き意図から発した慈善的な行い（貧窮層にとっては多くの場合「より多くのより適切な教育を施す」という形をとることになる）であっても，結局は，貧窮民たちにとって少しもありがたく受け取られていないことを見て取った（本書第8章参照）。貧窮民はその施しに対してきわめて敏感に，恩着せがましさや彼らを軽んじるまなざしを嗅ぎ取っていた。この経験からイリイチは『脱学校の社会』（1971）を著した。コメニウスに直接言及しているのではない

が『脱学校の社会』の次の箇所は，コメニウスが希望として描き出したはずの学校の，現代における成れの果ての姿を描き出している。コメニウスの学校の発明の，300年後の残骸のようなものを反映している。

　学校は学習を「教科教材」に細分化し，これらのあらかじめつくられた建材から組みたてられたカリキュラムを子供の中に構築し，そしてその結果を国際共通の尺度で測定するかのように装うのである。　　（イリッチ，1977，82頁）

　コメニウスの宿願の夢であった「学習時間と学習対象と教授方法との・精巧な配置」と，ほぼ同じ事柄について述べたイリイチの上記の表現は，しかし，希望に満ちたコメニウスの言葉とはまったく逆の，失望の文脈に彩られている。学校での学習に対して，その欺瞞性を強く示す（事実ではないのに，事実であるかのような嘘を）「装う」という表現を，イリイチは付け加えざるを得ない。コメニウスとイリイチの時代の間の300年間に，いったい何が起こったのか。

　われわれが知っていることの大部分は，われわれが学校の外で学習したものである。生徒は，教師がいなくても（中略）大部分の学習を独力で行なうのである。大変悲劇的なことには，大多数の人々は，全然学校に通わないのに，やはり学校によってあることを教えられることになる。

　　　　　　　　　　　　　　　　　　　　　　　（イリッチ，1977，64頁）

　「大多数の人々は，全然学校に通わないのに，やはり学校によってあることを教えられることになる」，しかも，その教えられる事象自体が，悲劇的であるとはどういう意味であろうか。この箇所で言及される「大多数の人々」とは直接的には，プエルト・リコ系の移民でありメキシコの貧しい生活を余儀なくされているイリイチが対面した人々である。だがここでは，「そもそも自分は勉強が好きではないのに，なぜ勉強をしなくてはいけないのだろう」などといったように，たとえ学校に通っていても，いやいやながらであり，学校の本

流に乗り切れない，学校の周縁的な場所に位置する生徒たち，子どもたちを思い浮かべても，あながち的外れではない。

　イリイチのいう「学校によって教えられること」とは簡潔にいうと，学校できちんと学ばない限り学習された内容は正規の学習・学びにはならない，という強力な隠されたメッセージである。たとえ学校で学ぶのと同等（か，もしくはそれ以上の）の知識を保持していても，独学で学んだり（親／親方／先輩等から）経験的に学んだりしただけでは，学校で「教科教材」化・「カリキュラム」化・標準化された，つまりお墨付きを与えられた権威化された知識にならない。独学的・経験的な知識は学校で学習した知識でない，という一点で「非正規」で「不確か」な，疑わしい知識だとされてしまう。現代には，いわば諸々の学習・知識をパッケージ化・消費化する現象，つまり，学習・知識を「学校化」する現象が起こっている。正しく確実な知識を身に付けるためには，学校に通う以外に手立てが一切ない，というイデオロギーが浸透しているのだ。

　　現代の世界の人口の半分は，決して学校に足を踏み入れたことがない。（中略）それなのに，彼らは学校が教えること，すなわち，彼らは学校教育を受けるべきだということを，しかももっともっと多く受けなければならないということを，実に効果的に学習するのである。学校は（中略）彼らに劣等感をもたせる。それで，貧しい人々は自尊心を失い，学校を通してのみ救いを与えてくれる一つの教義に帰依することになる。（中略）学校は彼らに，彼らの子孫がそれを成し遂げるであろうという期待（むなしい望み）を抱かせるのである。
　　　　　　　　　　　　　　　　　　　　　　　　（イリッチ，1977，65頁）

　学校はいまやコメニウスが抱いていた希望の色彩を失い，人々に，そして子どもたちに，本当ならば抱かなくてもよかったはずの劣等感を，心に深く刻み込むための設備・制度としても機能するようになっている。コメニウスが見出したような学校の希望は，どこで失われてしまったのだろう。

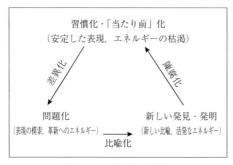

図4-6　制度化の過程

出典：皇（2018）164頁を参照して筆者作成。

（3）制度化の行き着く先は

当初は，善き意図に端を発して構想され現実化された設備・制度が，時間の経過とともに，結果的に人々にとって，子どもにとって抑圧的・制約的に機能するようになってしまう現象は，実は，教育の制度，学校等には宿命的につきまとうものなのである（図4-6，本書第8章②参照）。そしてその現象は，コメニウス–イリイチの間の300年もの長いタイムスパンを待たなくても，実は至るところに観察できる。

たとえば，苅谷剛彦『学校って何だろう』（2005）では，1965（昭和40）年に出版された，いまから50年以上も前の中学2年生の女子生徒の書いた次の作文が紹介されている。

> 「英語の選択の授業を受けたいといったけど，先生は受けさせてくれない。選択の英語を受けるのは高校に行く人だけだという。廊下でもいいから聞かせてくれと頼んだが，だめだった。くやしくて，くやしくて，生まれ変わって私も高校に行くようになりたいと思った。生まれ変われなかったら，私の子供にだけはこんな思いはさせたくないと思った」　　　（苅谷，2005，27頁）

この中学2年生の女子生徒の当時は，学校はいやいやながら行くところではなかった。それどころか，学校で知識を学ぶこと，そしてさらに先の学校に進学することは，人々を――そして何よりも自分自身を――自由にして，世間的なしがらみから解放する手立てとみなされていた。つまりまた，高等学校に進学できないことは，悔しく涙を流すような事柄であったという事実がある。

ところがどうであろう。高等学校への進学率がほぼ100％に近づいた現在，すなわち，当時の女子学生の抱いた夢が叶ったはずの現代は，生徒たち，子ど

もたちにとって夢のようなバラ色の時代と受け取られているだろうか。

　だれもが高校に行けることは，望ましいことだと考えられてきました。です
が，その「夢」が実現しそうになったころに，それは夢でもなんでもなく，
ある子どもにとっては，したいわけでもない勉強をさせられる学校生活の延
長となったのです。「どうして勉強しなければいけないの？」という疑問が
生まれる背景には，こういう時代の変化があったのです。

（苅谷，2005，32頁）

　苅谷は「時代の変化」と説明するが，これに類する事象は，別にそれほど長
い時代の変化を経なくても，ほんの5～10年のタイムスパンでもよく起こるこ
とである。誰もが当初は善かれと思い作成した校則が，あっというまに形骸化
し，いまでは何のために守っているのか，誰も説明できないようになってし
まっていること等，このような現象の事例を見つけ出すことは，学校や教育の
領域においては，それほど難しいことではない。これが「制度化」というもの
の行き着く先である。そして懸念されるのは，教育や学校の領域におけるこの
制度化の進展によって発生する陳腐化が，近年，もしかすると非常にその速度
を加速させているかもしれない，ということである。

引用文献

イリッチ，I. 著，東洋・小澤周三訳（1977）『脱学校の社会』東京創元社。
苅谷剛彦（2005）『学校って何だろう——教育の社会学入門』筑摩書房。
コメニウス，J. A. 著，井ノ口淳三訳（1988）『世界図絵』ミネルヴァ書房。
コメニュウス，J. A. 著，鈴木秀勇訳（1967）『大教授学 1』明治図書。
皇紀夫（2018）『臨床教育学三十年——その歩みといま』ミネルヴァ書房。

第Ⅱ部　思想（家）編

=====学習の課題=====

(1)　現代の「学校」の仕組みを成立させているモノは，教室・黒板等といった大きなモノ，形あるモノばかりとは限らない。教室での授業を成立させている様々なモノ＝道具，形なきモノ＝制度（例：ノートと鉛筆，出席簿，試験の制度）をできるだけ多くみつけてみよう。

(2)　学校には様々な暗黙のルールもあれば，明確な校則等の規則もある。みなさんが経験したそうしたルール・規則のうちで，現在になってしまっては陳腐化し意味を失っているものも多くあるだろう。そうした暗黙のルールや，明確な規則の残骸をできるだけ多くみつけてみよう。

(3)　(2)でみつけた制度化による陳腐化の進んだ残骸であっても，それが作成された当時，制定されたときには，おそらく誰かの善き意図から端を発したものであるはずだし，意味があるルールや規則であったはずである。その当初の意図や意味を想像力を働かせ理解しようと試みてみよう（例：ある学校で一律強制の「制服」を設定した意図等）。

【さらに学びたい人のための図書】

苅谷剛彦（2005）『学校って何だろう——教育の社会学入門』筑摩書房。
　⇨『毎日中学生新聞』の連載「学校って何だろう」をもととした著作であり，中学生を最初の読者として想定しているが，そこで扱われるテーマの多彩さ深さは，学校という存在の不思議を感じた人，大学生にとっても必読の書といえる。

桜井哲夫（1984）『「近代」の意味——制度としての学校・工場』日本放送出版協会。
　⇨近代化は何も学校の出現だけによって発生したものではない。どのような制度が学校と並んで近代化の扉を開いたのかということ，また近代化の光の側面と影の側面をコンパクトに論じたすぐれた書物。

相馬伸一（2017）『ヨハネス・コメニウス——汎知学の光』講談社。
　⇨本章では，教育学者としてのコメニウスを取り上げたわけであるが，彼が魅力的な人物であるのは，教育学者であるだけでなく，宗教革命者でもあり，政治活動家でもあり，哲学者でもあり，という彼の多面性にある。その多面性を総体的に捉え，コメニウスの全体像を見事に照らし出した書籍。

（山内清郎）

第5章	世界市民的子どもへの眼差し ルソーからカントへ
	——近代教育の誕生（2）

■ この章で学ぶこと

　この章ではまず，子どもを発見したとされるルソーの思想を，自然への
眼差しとその展開過程を追うことで理解するとともに，なぜそのような自
然への注目から子どもを独自な存在として洞察するに至ったかの背景をア
リエスの捉え方をもとに探る。そこでは，中世社会との対比で，子どもが
教育されるべき独自な存在とみなされてきたことを押さえる。その上で，
ルソーの影響史として，とりわけ自然を受け入れながらさらに既成の社会
の枠を超えた子どものあり方と教育を構想したカントの世界市民的教育を
吟味する。この教育は地理教育を根本に据えており，グローバル化が進む
現代においても，近代教育の考え方が密接に結びついていることを考察す
る。

1 　社会からの問いかけ

　スイスのジュネーブに生まれ育ったルソー（Jean-Jacques Rousseau, 1712-78）
は，成人になってフランスのパリに移り住み，何年も過ぎた1749年10月，手に
した雑誌に次の題目を目にする。すなわち，

　学問芸術の復興は，習俗の純化に寄与したか，どうか，について

（ルソー，1968，6頁）

　これはディジョンのアカデミーが課した懸賞論文の題目であり，学問や芸術
が復興しさらに発展すれば，道徳的習俗はよりよくなるということが想像され
やすいものであった。時代と場所はまったく異なるが，みなさんはこのように

問いかけられたならば，どのように答えるだろうか。ルソーはこの問いに対して，大方の想像とは異なり，学問や芸術の復興・発展は道徳的習俗の腐敗を引き起こしたと論じ，見事賞を獲得して一躍世間に名が知られることとなった。ルソーによれば，学問は古代ギリシャ以来，奴隷や貧者の層と区別された富裕層を中心に発展してきたものであり，つまり学問は人間の不平等から生み出され発展してきたものである。また芸術については，当時フランスのパリで流行していたサロンをみてもわかるように，音楽や絵画は自らの権勢と趣味のよさを誇る手段となった側面があり，これもまた他者と比較する自己愛を増大させているといえる。この２つの主張はともに，人為的な働きかけによる学問・芸術の暴走と，もともと人間がもっている自然への軽視を前提としている。ルソーはここから，自然の本来のあり方の尊重を求めるのである。

　当時のパリでの都市生活は，虚飾と虚栄に満ち，人間の社会生活に疑いの眼差しが向けられるようになっていた。ルソーはそのような状況に鋭く切り込み，社会のあり方の一つの根幹をなす教育にも大きな関心を抱くようになり，教育論の主著『エミール』（1762）を上梓した。この不朽の著作が，子どもの人間形成，教育に決定的な影響を与えることになった。近代教育の子どもへの眼差しは，このような社会への対峙から直接的に生み出されたのである。

2　「子どもの発見」──『エミール』における自然への眼差し

（1）自然に合わせた教育

　ルソーは次の文章をもって『エミール』を始めるが，この文章にはこの本全体を貫くルソーの基本的態度が凝縮されている。

　万物をつくる者の手をはなれるときすべてはよいものであるが，人間の手にうつるとすべてが悪くなる。人間はある土地にほかの土地の産物をつくらせたり，ある木にほかの木の実をならせたりする。風土，環境，季節をごちゃまぜにする。犬，馬，奴隷をかたわにする。すべてのものをひっくりかえし，

すべてのものの形を変える。　　　　　　　　　　　　　　（ルソー，1962, 27頁）

　神の被造物である人間は，もともとその自然（本性）からしてよいものであるが，人間の様々な人為的な働きかけによってその自然が歪められ，悪くなるというのである。この人間の堕落は，大人においてというよりも，生まれてからの子どもにおいてとりわけ顕著にみられる点に注意しなければならない。人間が初めからもつ自然に対する軽視と，誤った人為的な働きかけを目の当たりにし，ルソーは子どもという存在と，その子どもに適切に働きかけるという教育の重要性を認識するようになったのである（Dörpinghaus, Uphoff, 2011）。子どもの発見の端緒とはしたがって，もともと人間がもっており，習性によって変化される以前からある傾向としての自然に反した働きかけへの洞察であり，その子どもという存在は，単に静的で固定した対象として捉えられていたわけではなく，適切に教育されるべき存在とみられていたのである。こうして子どもという存在は，教育の重要性と対になって，発見されたといえる。つまりより正確にいうならば，ルソーの「子どもの発見」とは，「適切に教育されるべき子どもの発見」なのである。

　それではそのような適切な教育とは，どのようなものを想定しているのだろうか。ルソーは『エミール』の冒頭部分で次のように述べている。

　この教育は，自然か人間か事物によってあたえられる。わたしたちの能力と器官の内部的発展は自然の教育である。この発展をいかに利用すべきかを教えるのは人間の教育である。わたしたちを刺激する事物についてわたしたち自身の経験が獲得するのは事物の教育である。だからわたしたちはみな，三種類の先生によって教育される。（中略）それらの教えが一致して同じ目的にむかっているばあいにだけ，弟子はその目標どおりに教育され，一貫した人生を送ることができる。こういう人だけがよい教育をうけたことになる。

　　　　　　　　　　　　　　　　　　　　　　　　　　　（ルソー，1962, 29頁）

　このような3つの教育のうち，自然の教育は私たちの力ではどうすることも
できない。残りの2つの教育は人間の力である程度変えることが可能である。
それゆえ，3つの教育を一致させることを考えるのであれば，自然の教育に合
わせて行わなければならない。『エミール』においては，このような基本的な
教育方針に則り，子どもの年齢による発達段階に基づき教育が語られるように
なる。というのも，ここでの教育は学問分野の一律な教授ではなく，あくまで
も子どもの自然に従いながら，その自然を適切に伸ばすことを目指しているか
らである。

（2）自然の発達段階に即した具体的な教育内容

　乳幼児期であれば，たとえばできるだけ産衣や習歩紐といったよう過度な人
工的なもので身体的な束縛をして，本来体がもっている運動の欲求を妨げるよ
うなことをしないことが目指される。さらには，簡素な食事や，田園のよい空
気が評価され，肉体と精神の鍛錬に努め，子どもをたくましく育てることが求
められる。消極的な身体的配慮をもとにした働きかけが，とりわけ身体的な自
然的欲求に即した教育として繰り返し取り上げられているのである。

　言葉を学習する時期から12歳までの児童期になってくると，身体的のみなら
ず精神的な感覚が少しずつ成熟してくることに伴って，教育も多様化される。
この時期にとくに注意されることは，子ども（エミール）には遊びと楽しみが
必要であり，言葉のみの道徳的教訓や，文学や学問，芸術といった人為的なも
のを通した学習を早期に始めてはならない，ということである。その際具体的
に求められることは，たとえばできるだけ人為的な道具を使用することを避け，
自らの感覚を用いるようにするということである。たとえば，時間を知るのに，
時計を見るのではなく，自らの感覚を用いながら外に出て太陽からくる日差し
の傾きから，時間を割り出すことの重要性が述べられている。あるいはまた，
言葉の習得に際しても，抽象的で形而上学的な概念を現実の事物から切り離し
て学ばせるのではなく，あくまでも自然的で身体的な感覚的接触を介して言葉
を身に付けさせることがいわれている。

　12～15歳の時期になると，思考の発達すべき段階になり，いよいよ本来の学習が始まる。しかしその学習は強制的に与えられるものではなく，子どもが自らみつけ，自ら気づき，学んでいくことが求められる。そこで子どもが問題にする事柄は，生活している実際的な欲求によって現れてくるがゆえに，大地と接する田舎で暮らしていれば，地理や数学や製図などの諸活動がとくになされるようになる。この時期は，事物については学ぶ必要があるが，人間についてはまだ学ぶ必要はない。それゆえ人間が織りなす社会的，道徳的な事柄は子どもからは遠ざけられ，それらが描かれる書物は『ロビンソン・クルーソー』一冊を除いて，与えられないという。ルソーは，事物とは非常に離れた人為的な書き言葉による書物との関わりに，細心の注意を払っているのである。

　15歳前後からは，子どもの自然的な体は，大きく変化するようになる。性的な成熟であり，「第二の誕生」とも目されている。この時期には，性的成熟が人為的に歪められないようにすることが注意される。たとえば，世間に流布されている，性的描写のある書物を読むことが，この時期の子どもの性的興奮を必要以上に煽り，性的成熟を人為的に早めてしまうため，できるだけそのような書物に目をふれさせないことが指摘されている。しかしだからといって，外部からの刺激をすべて遮断することもまた控えなければならない。なぜならこの時期には，世界への欲求が飛躍的に伸びるときだからである。このことと関連して親しい仲間と適切に関わることで，そこから人間，さらには人類への愛情をもつように促すことが求められる。この微妙なバランスを保つことが，教育にはとりわけ求められるのである。

　このような年齢による発達段階に即した様々な働きかけとしての教育は，人為的な虚飾に満ちた習慣や都市の文化によって覆い隠されることのない，人間がもつ自然の重視が前提となっている。そしてその自然は，単に大人のみならず，むしろ子どものうちに大人とはまったく異なった仕方で見出されることになる。そしてその子どもにおいてみられる自然も，簡単に一括りにできない多様性をもっていることに，さらに注目する必要がある。ルソーは次のように，子どもの自然に即した関わりを述べている。

自然は子どもが大人になるまえに子どもであることを望んでいる。この順序をひっくりかえそうとすると，成熟してもいない，味わいもない，そしてすぐに腐ってしまう速成の果実を結ばせることになる。私たちは若い博士と老いこんだ子どもをあたえられることになる。子どもには特有のものの見方，考え方，感じ方がある。そのかわりにわたしたちの流儀を押しつけることくらい無分別なことはない。

(ルソー，1962，162頁)

　このような点からみれば，ルソーの「子どもの発見」とは，「子どものうちに芽吹く自然の発見」ともいい換えることができるように思われる。しかしなぜルソーは，大人が主導する社会的な慣習や文化に隠れがちな子どもの自然に目を向けることができ，またそのような子どもの自然に根ざした教育を構想することができたのだろうか。この問いを考えるには，ルソーの考察の背景をなす歴史的・地理的な時代背景に目を向ける必要がある。

３　子どもへの関心をめぐる時代背景
――アリエス『〈子供〉の誕生』を手がかりに

（１）中世社会の家族と子ども
　子どもを考えるにあたって，同時に問題となるのが，親あるいはその親を含む家族である。子どもは，現実的に一人では生きていけない存在だからである。このような視点から，子どもへの関心が家族の形態の変化において現れてきたことを，歴史的に明らかにしたのがフランス・アナール学派の歴史学の影響も受けながら，独自の生活史・心象史からフランスの歴史を描いたフィリップ・アリエス（Philippe Ariès, 1914-84）である。
　アリエスは『〈子供〉の誕生――アンシャン・レジーム期の子供と家族生活』(1960) において，私たちが当然のことと捉えている，大人と異なる子どもへの眼差しと子ども期，そしてそれを取り囲む家族について，歴史的な変遷を描いている。すなわち，現代のような特別な存在としての子どもと家族は，普遍

的な形態であったわけではなく，歴史的・地理的な影響を受けて，機能的に変化してきた産物であるというのである。とくに16，17世紀のフランスをはじめとするヨーロッパで，現在に直接つながる子ども観と家族観が現れたことをアリエスは描いている。興味深いことは，中世の子ども観と家族観との対比で，近代の子どもと家族のあり方を浮き彫りにしている点である。

　中世において，また近世初頭には，下層階級のもとではさらに長期にわたって，子供たちは，母親ないしは乳母の介助が要らないと見なされるとただちに，すなわち遅い離乳の後何年もしないうちに，7歳くらいになるとすぐ大人たちと一緒にされていた。この時から，子供たちは一挙に成人の大共同体の中に入り，老若の友人たちと共に，日々の仕事や遊戯を共有していたのである。（中略）家族は生命と財産，そして姓名を伝えるというように，ひとつの機能を果たしていたが，意識・感情にまでは深くはいりこんでいなかった。
（アリエス，1980，384頁）

　アリエスによれば，中世の社会では，親と子どもが特別な感情によって結びついてはおらず，親が子どもを出産した後は，子どもは最低限の保護を受けながら，すぐにより広い共同体に組み込まれ，周りの大人と同じように扱われていたという（本書第2章参照）。下層階級の家族においては，子どもは最低限の保護を受けるべき時期を過ぎると，労働力として用いられるか，他家へ奉公人として出された。またそこでは親も，他家において生活することもあった。他方，上層階級においては，多くの使用人と同居人を抱えた，半ば公的な共同体が存在し，子どももその一員に加えられるようになっていった。こうして中世の社会では，多様な年齢や身分が雑然としている共同体的な集団生活に子どもはのみ込まれており，公的生活から区別された私的生活としての家族は存在しなかったという。家族は子どもを授かり，財産を相続するといった物質的・経済的機能しか保持しておらず，精神的・感情的機能はもっていなかったと考えられる。また小さな子どもに対する驚くほどの無関心さも示されている。「小

さな子供は死去する可能性があるゆえに数のうちにははいっていなかったのである。『私はまだ乳呑み児であった子供を２，３人亡くした。痛恨の思いがなかったわけではないが，不満は感じなかった』とモンテーニュは述懐している」（アリエス，1980，123頁）。子どもは死亡率が高い時期を越えるまでは，まだ人間とも十分にみなされておらず，その時期を越えるとすぐに大人と一緒にされていたのである。

　このような事態は，子どもは危うい乳幼児期を過ぎれば大人と同じ存在であり，独自な特徴をもつ子どもとは扱われなかったことを意味している。それをさらに例証するものとしてアリエスはまず，大人の衣服と区別された子ども特有の衣服が存在しなかったことをあげている。すなわち，「習俗という現実のなかでも，当時子供期がほとんど特に区別されていなかったことを，服装もまた証言している。幼児は産衣をはずされると，つまり幼児の身体に巻きつけられていた帯状の布をはずされるとすぐに，自分の属する身分の他の男性や女性と同じ服を着せられていた」（アリエス，1980，50頁）。また遊びも賭け事など大人も行い，大人の遊びから区別されていないものがなされていたことも取り上げられている。「こうしてみると，当時は今日見られるような子供用の遊びと大人が行う遊びの間に厳密な区別は存在していなかったように思われる［カード遊び，賭け事，音楽や演劇など］。同じ遊びが，大人と子供の双方に共通であったのである」（アリエス，1980，65頁）。さらには性的な仕草や言葉が子どもに隠されていなかったこともいわれている。

（2）子ども観と家族観の変化

　この子ども観と家族観が大きく変化していくのが16，17世紀である。ここには大きく２つの流れが関係している。第一は，中世から近代に時代が下るにつれて，産業・技術構造が変化していき社会が発展していく中で，封建的な支配構造が崩れ，上層階級と下層階級の間にブルジョワと呼ばれる中間階層が出現してきたことである。彼らは動揺し分裂しつつある共同体秩序における新しい産業社会を生きるために，自らの子どもにとりわけ関心を向けることになる。

そのためさらに彼らは，家族の中で子どもに特別の愛情を注ぐとともに，未来の社会を生きる上で役に立つ教育をも求めることになる（天野，2007）。それは幼児期・児童期の家族内での特別な感情的結びつきとともに，外の社会とはいったん切り離された職業的な教育が重視されてきたことを意味している。第二は，16世紀初めの宗教改革の影響から，社会の道徳化と宗教の実践的意味の追求がなされ，それに伴って精神的・道徳的な内面の教育が学校において専門的になされるようになっていったことである。この動きは教会の附属学校においてなされる，単に聖職者を養成する学校の取組みを意味しているのではなく，その枠を超えて精神的・道徳的修養とともに，新しい社会に対応した技術・能力の習得がなされるようになった一連の学校改革運動（カトリックのジェズイット派のコレージュやオラトワール）を表している。以上の 2 つの流れは，アリエスによれば，過度の甘やかしと子どもに対する過度の厳しさという相反する見方を生み出すことになったが，いずれにも共通することは，子どもを大人とは区別される成長途上の独立した存在として捉えているということである。

　このことは，近代になって，子どもを中心として家族と学校が再編されたことを意味する。これはさらに，子どもは大人の世界から切り離され，未熟な存在であるがゆえに教育の対象とみられ，未来の社会に生きるために，一時期社会から切り離された学校という場で教育・訓練されなければならないことに結びついていく。こうして近代においてなされた子どもの発見は，歴史的にみるならば，16，17世紀のフランスにおける共同体の社会秩序の動揺を背景として，そこにおいて新たに出現し最も不安定な階層であった中間階層としてのブルジョワジーの教育によせる関心を基点に，精神的なあり方を重視する学校改革運動によってなされたのである。ブルジョワジーにとって子どもは，不確定な社会を生きる上で必要となる教育を施す対象として，強く意識されたのである。そこには，親子の感情的な結びつきのある家族と，専門的な職業教育と道徳教育を行う学校の誕生という要素がともに結合していた。このような歴史的・地理的背景において，ルソーは『エミール』で，子どもにさらに注意を向けて，教育のあり方を吟味するのである。すでに暗に示されているように，アリエス

の描く歴史的な子どもの発見と，ルソーの子どもの発見の間には隔たりがある。新しい社会に適応するための子どもへの関心と，子どもの内在的な自然への注視からくる子どもへの眼差しという違いである。前者は社会的な生活を営むという目的のための手段として子どもの発見が捉えられているのに対して，後者は人間がそもそももつ自然という観点から内在的に子どもを発見しているのである。換言すれば，ルソーの子どもの発見は，単に社会的な市民の育成を超えて，自然に即した人間の形成を意図しているのである（森田，1986）。このような社会的な市民ではなく，職業や身分に関係なく人間自体を教育することを重視するあり方は，フランス国内の市民の形成という枠を超えた大きな影響を世界に与えることになった（レーブレ，2015）。このルソーのある種の普遍的な子どもの発見に最も影響を受けた思想家・教育者の一人が，ドイツ（当時は東プロイセン）の哲学者，カントである。

4　世界市民的子どもの形成——カントの教育学

（1）ルソーからカントへ

　バルト海に面したドイツ屈指の港町・ケーニヒスベルクに住んでいた哲学者カント（Immanuel Kant, 1724-1804）は，ルソーの『エミール』出版後すぐに出されたドイツ語訳にて，『エミール』を読みふけっていた。カントはこの衝撃的な書物を読むのに熱中するあまり，日課にしていた寸分違わない散歩をこのときばかりは中断してしまったほどであった。彼は『「美と崇高の感情に関する観察」への覚え書き』（1764）において，次のように書いている。

　私は，傾向性からしても研究者である。私は認識への全き渇望と，その下で知的好奇心に満ちながらそわそわした状態にあること，つまりまた，あらゆる認識の獲得に際して満足することを感じている。このことだけが人間の名誉をなしうると私は信じ，何も知らない俗衆を軽蔑した時期があった。ルソーが私の誤りを正してくれた。この分別を失った優位性は消え，私は人間

を尊敬することを学ぶ。　　　　　　　　　　　　　　　　　　　　　　（XX44）

　このようにカントは，それまでは知識に基づいた認識を獲得していない無思
慮な人間を低くみていたが，『エミール』によって，その見方が誤っており，
人為的な認識によって覆い隠される傾向にあるもともとの自然こそが重要であ
ると自覚するようになる。認識をもった教養あふれる人間ではなく，ただただ
人間を尊敬するということは，人間がもつ自然の尊さと手段にならない目的自
体としてのかけがえのなさをどこまでも理解するということである。そしてカ
ントはまた，自然に即した人間の教育が，単に特定の市民の形成にとどまるの
ではなく，そのような枠を超えた人間自体への形成へと向かっていることに共
感を覚えたのである。

　もちろん，後年のカントの哲学をみれば，カントがルソーの捉える自然をす
べて受け入れているわけではない。子どもの内的な自然を一方で受け入れ，そ
の自然に従って教育を構想しつつも，粗野な自然的な欲求を戒め，教育的な働
きかけによってそれを抑制したり変形させたりすることを同時に主張している
のである。カントは自然の本来性とともに，その動物的な危うさをも認識する
ようになったがゆえに，自然をある面では受け入れながら，ある面では拒むと
いう両義的な態度をとっている。それでもカントが自らの教育論と重ね合わせ
たのは，限定的な社会の市民を超えた，ある点で普遍的な人間の形成である。
カントはこの特定の市民の形成という枠を超えた教育を前面に出し，自らの道
徳的な実践哲学を踏まえながら，ルソーがほとんど言及していない世界市民と
しての教育を構想するようになる。

（2）カントの世界市民的教育——『教育学講義』を手がかりとして

　カントはケーニヒスベルク大学にて，同僚の教授ともち回りで計4回，「教
育学」を講義している。その講義録が弟子のリンクによって編集されて出版さ
れている。その『教育学講義』（1803）の全体を貫く指針は，次の言葉に凝縮
されている。

　両親は家庭を気遣い，君主は国家を気遣う。両者はともに，世界の最善および，人間性が規定されていると同時にまたその素質をもっているような完全性を究極の目的とはしていない。しかし教育計画のための構想は世界市民的になされなければならない。　　　　　　　　　　　　　　　　　　　　（IX448）

　なぜ両親や君主が行う教育は，退けられるのだろうか。それは，人間の目指されるべきあり方が家族や国家の枠に収まらず，「人間性の理念およびその使命全体にふさわしく教育されるべきである」（IX447）からである。その人間性，さらにはその人間性が外的世界と結びつく世界の最善を目指す人間の形成を，カントは世界市民的教育として求めているのである。

　ここでいう人間性とは，狭義には道徳性とほぼ同じ意味で用いられており，人間そのものに尊厳を見出し人間を単に手段としてではなく同時に目的として扱うあり方を表している。しかし世界市民的教育とは，単に道徳教育と同義であるわけではない。人間性は完全性を内包しているがゆえに，個人の道徳的行為だけでは達成できず，人類社会の発展が求められるために，個人の発達だけでなく，人類社会の発展を見据えた教育という重層的な教育が，世界市民的教育なのである。ここでいう人類社会の発展とは，現実の市民社会の発展と決して切り離されているわけではない。現実の市民社会の発展がおぼつかなければ，人類社会の発展などなされることはないと考えられるからである（VI94）。

　このような世界市民的教育が構想されている場において，子どもはどのように考えられているのだろうか。カントの子どもの理解は，ルソーの子ども観を一つの基盤に据えている。『教育学講義』には，『エミール』からの引用と思われる箇所が，とくに乳幼児期の教育の論述には随所にみることができる。つまりすでにみたように，一方では子どもは大人とは区別された独自な自然的欲求と特徴をもっており，そのような独自な性質にできるだけ即して子どもを教育する必要があるということである。赤ん坊が泣くのは，呼吸をより働かせるとして自然に適っているとし，また大人のように賢しらに遠慮して発言を控えるのではなく，子どもは子どもらしく快活であるべきであるとされる。しかし同

時にカントは，「人間は教育によってはじめて人間になることができる」（IX 443）として，単に子どものうちにある自然が伸び出てくるように人為的な妨げを除く消極教育ではなく，子どものうちの自然をある程度変えていく積極教育を唱える。規則に従って行為することは，将来一貫した法則に従って理性的かつ道徳的に行為する土台をなすものとして，とくに重視されている。このように子どもは，本来伸ばすべき自然をもちながらも，その自然をある面では変えていくべきであるという，潜在的かつ可塑的な存在と捉えられているのである。しかし可塑的な子どもは，単なる特定の地域の市民社会の単なる一員となるべく変形されるのではない。そのような市民社会の一員を超えて，さらに世界市民となるべく形成されるべきであり，かつそのように形成されることができるのである。つまりもともと子どもは，世界市民になりうる存在として大切に見守られているのである。この世界市民になりうる潜在性は，自然から直接きているのではない。子どもがもともと自然をうちにもっており，その子どもが世界市民になりうるという意味では，自然は間接的に世界市民性を帯びているが，自然を人間的な働きかけによって自分や家庭，また国家のみならず世界へと開放させるためには，自然以上の要素が付加されなければならないのである。それではどのように，自然的かつ世界市民的な子どもを教育することが具体的に考えられるのであろうか。

（3）地理教育の根本的役割──世界市民的子どもへの教育

　世界市民とは，言葉からすれば特定の地域や国家に囚われることなく，この世界に住んでいる人間のことを示している。この世界市民という概念は，古代ギリシャのキニク学派のディオゲネスに端を発し，古代ローマ，中世，ルネサンスと連綿と受け継がれてきたものである。しかしながらそのような世界市民がどのような特徴を備えているかは，強調点の様々な相違がある。その中でカントは，次のように世界市民を地上の子と対置させて述べている。

　世界で起こっている事物に抱いている関心に関して，人は2つの態度を取る

ことができる。すなわち地上の子（Erdensohn）と世界市民（Weltbürger）の
立場である。前者においては，仕事や自らの幸せに影響を与えるかぎりでの
事物に関係があるもの以外，いかなる関心ももたれない。後者においては，
人間性や世界全体，事物の根源やそれらの内的価値，また究極目的が，少な
くともそれらのことについて好んで判断するのに十分なほど関心がもたれる。
地上の子の立場は（中略）活動的で有為な人間を作るが，心と視野は狭い。
（中略）それに対して世界市民は世界をその住居とみなし，異質なものとみ
なしてはならない。世界観察者ではなく，世界市民でなければならない。

（XV-2, 517-518）

　地上の子である現実を生きる人間は，世界の事物や事象に対して，自らの仕
事と幸せに関係しているものである限り，関心を抱く存在である。つまり一般
的にいうならば，自らの利益になるものだけに関心を注ぐということである。
このような人間は，広い世界には様々な事物や事象があるにもかかわらず，そ
れらに端的に目を向けるのではなく，自らの利益に適うもののみに注目する。
世界の事物や事象に限定的であっても目を向けるこのような姿勢は，しかしな
がら結局のところ自らの利益になるかどうかが究極目的であり，実はひたすら
自分をみているに過ぎない。他方世界市民は，自らの利益になるかどうかに関
係なく，世界のあらゆる事物や事象に関心をもち，さらにはその世界において
生きる存在である自分との関わりから，世界とそこに生きる人間の価値や目的
にまで視線を向ける存在である。
　さてそれでは，ここからすれば子どもはどのような存在であり，どのように
教育されるべきなのだろうか。子どもは仕事から免れており，また直接的に仕
事に関係する事物や事象のみに関心をもつことはほとんどないといってよいだ
ろう。また様々な経験を通して見出されうる幸せも，どのようなものか理解し
ている子どもは決して多くないだろう。むしろ子どもは，そのような仕事や幸
せに関わる利害関係抜きに，世界に存在する事物や事象に端的に惹かれ，関心
をもって接するのではないだろうか。しかしながら，子どもは両親のもとで，

また為政者のもとで，家族や国家に利益をもたらす特定の能力や技術を身に付けるものとして教育されるように強いられている。そのような中で，カントは世界市民的子どもをそのものとして形成することで，世界市民の形成を目指す切り札として，地理教育を中心に据えるのである。カントは『教育学講義』の中で，以下のようにさらに具体的に述べている。

> それから，目的に合わせて調整されたいわゆる「世界図絵」がとても役に立ち，植物採集や鉱物学，また自然博物誌一般を用いて教化を始めることができる。これらの対象について見取り図を描くことは，図画や工作へと向かうきっかけを与え，そのためには数学が必要となる。最初の学問的・科学的な授業は地理学，つまり数理地理学と自然地理学に関係づけるのが最も有効である。銅版画や地図によって解説が施された旅行記は政治地理学に行き着く。地表の現在の状態から過去の状態へ遡ってゆけば，古代地誌，古代史などにたどりつく。
> (IX474)

ここでいう自然地理学とは，自然の特徴を土台とした総体的な地理的営みを対象としており，地理学と同義である。地理の学びは，ここでも指摘されているとおり，学びの初めに位置づけられるべきものであり，また芸術や数学，政治や歴史など他の分野の学びすら巻き込むことのできる広さを兼ね備えていることが明確に示されている。

地理（Geo-graphy）とは原義からして，大地（Geo）に存在するあらゆるもの――山や川，海といった地質的事物や事象から，大地に生きている植物や動物，そして人間，また人間の営みである文化，風俗，政治，経済，芸術，宗教，哲学に至るまで――を記述する（graphy）ものである。つまり地理の学びにおいては，上記のような細分化可能な世界に存在する事物や事象をすべて同時に含み込みながら有機的に関わり，考えることができるのである。この地理には，自らの仕事や幸せ，また家族や国家にとって役に立つものといった限定を突き破る豊潤さと奥行きがある。このことは，「地理教育」という制約があり，地

理教育が特定の教育的目的をうちに含んでいるにしても，内容そのものがそのような限定的な目的を超えて子どもに作用する力を備えているのである（広瀬, 2017）。したがって，地理教育において，子どもは自らの利益になるかどうかにかかわらず，世界の事物や事象にふれて，驚き感嘆し，さらにその現実的で具体的な世界に関心をもつように促されるのである。

（4）新たな啓蒙へ向かって——世界市民的教育のさらなる展開

　世界市民的子どもを世界市民へと形成することを目指す地理教育が行き着く先の一つは，啓蒙である。啓蒙とは17世紀以降にイギリスやフランス，そして少し遅れて18世紀後半にはドイツにおいても盛んに取り上げられた概念であり，概して理性の光によって，政治的・宗教的偏見や迷信を打破して公正な社会をつくり上げようとするものであった。したがって啓蒙とは，広く人間の教育と社会の改革に結びついていた。カントは『啓蒙とは何か』（1784）において，次のように述べている。

　　啓蒙とは人間が自分自身で責めを負った未成年状態から抜け出ることである。未成年状態とは，他者の指導なしに自らの悟性を用いる能力がない状態である。この未成年状態の原因が悟性の欠如にあるのではなく，他者の指導なしに自らの悟性を用いる決断と勇気の欠如にあるならば，未成年状態の責任は本人にある。あえて賢くあれ！　自分自身の悟性を用いる勇気をもて！　したがってこれが，啓蒙の標語である。　　　　　　　　　　　　　　（Ⅷ35）

　啓蒙とは単に理性的に物事を考えることを意味しているわけではない。他者の指導なしに自分自身で考えることができているか，それがポイントとなる。しかしそれでは，そもそもこのような啓蒙を目指す取組みは可能なのだろうか。というのも，他者の指導なしに自分自身で考えるように他者が促すことは，自己矛盾することになってしまうからである。教育者という他者はそれゆえ，教育が問題となる以上必要不可欠でありながら，啓蒙という観点からすれば，直

接的な関係から距離をとらざるを得ないことになる。カントは啓蒙の遂行を考
えるにあたって，未成年状態にある人間の教育者や後見人のあり方に重きを置
くことなく，未成年状態にある人間がどのように他者の指導なしに自分で自律
的に考えることができるかを考察している。そこで重要となるのは，その未成
年状態にある人間の理性の使用の形態である。他者の指導のもとに他律的に考
えるのではなく，自分で自律的に考えるには，理性を私的にではなく，公的に
使用するようにならなければならないという。

　　自らの理性の公的使用は常に自由でなければならない。そしてその使用のみ
　　が啓蒙を人々の下にもたらすことができる。しかしその理性の私的使用はし
　　ばしば非常に狭く制限されてもかまわないが，だからといって啓蒙の進展が
　　とくに妨げられるわけではない。さて私は自分自身の理性を公的に使用する
　　ことを，学者として読書界のすべての公衆を前に理性を用いることと理解す
　　る。理性の私的使用と私が名づけているのは，ある特定の委ねられた市民的
　　な官職あるいは職務において許される自らの理性使用のことである。

（VIII37）

　理性の私的使用とは，自分が行う職務の規定に従って考えることを意味して
いるのに対して，理性の公的使用とは，そのような職務に縛られることなく一
人の学者として，問題となる事物や事象について考えることを意味している。
たとえば，役所に勤めている人は，職務中に納めるべき税金の是非を議論し，
納税業務を放棄するのをすすめることは職務規定上許されない。しかし職務外
において，果たしてそのような問題となっている税金は本当に妥当なのかと書
物や新聞などで公衆に問うことは許される。前者においてみられるのが理性の
私的使用であり，後者が理性の公的使用である。理性の私的使用は，自らが属
している職場の規定に従わざるを得ないがゆえに，他律的であり，他者の指導
に従って考えているといえる。さらに内容的にみれば，理性の私的使用とは，
自らの仕事を確保するということであり，つまり自らの利益に従っているとい

う意味で自らのうちの他者に従っているとも考えられる。他方理性の公的使用とは，そのような外的・内的他者両方に依存することなく，事物や事象そのものを吟味する思考である。このように考えることを通して，人間は他者の指導なしに自らの理性を用いて考える啓蒙を実現することができるようになるのである。

　この理性の公的使用とは，決して簡単なことではない。むしろ非常に苦しく骨の折れることでもある。わかりやすいように，少し敷衍してこの理性の私的使用と公的使用をみてみたい。

　たとえば，現代では一定の期間をあけつつ，自分たちの代表を選ぶ選挙が行われる。ここで候補者と政党は，それぞれの政策を訴える。そこで有権者が数ある中でどの候補者と政党に投票するかの考察には，2つの形態があるように思われる。第一は，自らの利益に適う政策を訴えている候補者と政党に投票することである。自らが薬剤師であれば，薬局政策や調剤報酬で自らにとって利益になることを政策に掲げている候補先に投票すればよい。あるいは，電力会社に勤めているのであれば，積極的な電力・エネルギー政策を行い，自らの会社にとって有利になる政策を訴える候補先に投票すればよい。この行為は，自らの利益がすでに決まっているので，あとはそれに最も適う候補先を探し投票するだけでよいのである。第二は，自らの利益を括弧に入れ，そもそも社会にとって薬局はどうあるべきか，薬の処方や医療・福祉はどのようにあるべきか，さらには社会や人間にとって望ましい電力・エネルギー政策はどのようなものであるかを考えて，投票先を選ぶ行為がある。これは自らの社会や，ひいては人間のあるべき姿自体を問うており，簡単に答えはでず，思考は逡巡するであろう。

　さてこの2つの思考は，それぞれ理性の私的使用と公的使用のどちらであろうか。すでに理解されるように，前者が理性の私的使用であり，後者が公的使用である。それゆえ理性の公的使用とは，世界の事物や事象のあり方やその価値自体に関心をもって肉迫し，そのあるべき姿を吟味する思考であると捉えることができる。まさに前項でみた，世界の事物や事象に関心をもって関わるこ

とを促す地理教育が，ここにおいて結びつき意味を帯びるのである。

　啓蒙とは，このように世界の事物や事象に驚き関心をもって，そのあり方とさらにはあるべき姿を考察する理性の公的使用によって達成される。換言すれば，啓蒙は理性の公的使用を具体的に後押しする地理教育によって実現に近づくことになる。カントは，啓蒙とは何かを論じており，啓蒙が望ましいかどうかは直接に語っていない。理性の私的使用ももちろん必要である。それがなければ，私たちの利益は得られず，生活すらできなくなってしまう。しかしそれだけではない世界への開かれている啓蒙は，世界市民的教育と重なり合うのであり，家庭や国家という枠を超えた世界に生きる私たちにとって，大きな意味をもつのではないだろうか。

　以上，近代教育において子どもが発見された過程を入り口としつつ，さらには18世紀にとくに興隆を極めた世界市民的教育と啓蒙という教育のあり方を考察してきた。近代教育の出発点は子どもへの丁寧な眼差しである。自然性と世界市民性をもつ両義的な子どもは，世界市民的子どもとして捉え直され，世界市民の形成へと連なっていくのである。すでに暗示されているように思われるが，この世界市民的教育は，決して近代という過去の遺物ではない。むしろグローバル化された世界を生きる人間を育てる，現代の教育にこそ，この世界市民的教育は重要な視座を与えてくれるのではないだろうか。

　＊　カントの著作からの引用は『アカデミー版カント全集』からのものとし，引用に際しては『アカデミー版カント全集』の巻数とページ数を示す。またカント以外からの引用における［　］は引用者によるものとする。

引用文献
天野智恵子（2007）『子どもと学校の世紀——18世紀フランスの社会文化史』岩波書店。
アリエス，フィリップ著，杉山光信・杉山恵美子訳（1980）『〈子供〉の誕生——アンシャン・レジーム期の子供と家族生活』みすず書房。
広瀬悠三（2017）『カントの世界市民的地理教育——人間形成論的意義の解明』ミネルヴァ書房。
森田伸子（1986）『子どもの時代——エミールのパラドックス』新曜社。

第Ⅱ部　思想（家）編

ルソー著，今野一雄訳（1962）『エミール　上』岩波書店。
ルソー著，前川貞次郎訳（1968）『学問芸術論』岩波書店。
レーブレ，アルベルト著，広岡義之・津田徹訳（2015）『教育学の歴史』青土社。
Dörpinghaus, Andreas und Uphoff, Ina Katharina (2011) *Grundbegriffe der Pädagogik,* WBG.
Kant, Immanuel（1920- ）*Kant's gesammelte Schriften, begonnen von der Königlich Preußischen Akademie der Wissenschaft,* Water de Gruyter.

学習の課題

(1)　現代の子ども観は，ルソーの時代の子ども観とどのように異なるだろうか。また自然に即した教育とは，現代社会においてどのようなものを構想することができるだろうか。

(2)　カントが提唱した世界市民的教育にはどのようなメリットとデメリットがあるだろうか。グループに分かれて話し合ってみよう。

【さらに学びたい人のための図書】

矢野智司（1995）『子どもという思想』玉川大学出版部。
　　⇨近代における子どもの発見の意味を，掘り下げて考察することによって，近代の教育思想とは何だったのかが吟味されている。
ボーマン，J.，ルッツ-バッハマン，M. 著，紺野茂樹・田辺俊明・舟場保之訳（2006）『カントと永遠平和』未來社。
　　⇨カントの世界市民性と世界市民的教育の現代的意義が，政治や哲学，教育といった様々な視点から明らかにされている。

（広瀬悠三）

第6章 ペスタロッチ，フレーベルの教育思想
——近代教育学の展開（1）

この章で学ぶこと

　この章では，前章までに論じられてきた近代教育学が，その後どのように継承され展開していったのかについて，ペスタロッチ，およびフレーベルの教育思想を手がかりに考察し，その思想に見出される「人間形成」のための教育の理念とその方法を中心に学ぶ。

　近代教育学は，近代以前の職業訓練的な教育とは異なり，「人間形成」を目的とするという特徴をもつ。その実現のためには，限定的な知識・技術の習得を目的とした教育方法とは異なる，人間の本質に関する理解に基づく教育方法が新たに構想されなければならなかった。ルソーの『エミール』はその一例とみなしうるが，この章ではルソー以後，その方法がどのように展開したのかについて考察したい。

1　人間の本質に基づく教育に向けて

（1）ルソーからの影響

　フランスの思想家，ジャン・ジャック・ルソー（Jean-Jacques Rousseau, 1712-78）の著した『エミール』（1762）は，近代教育学とその誕生を語る上で欠かすことのできない書物の一つである。少年エミールの誕生から結婚までを，彼と彼を導く一人の教師を主人公とする物語の形式で著したこの作品は，そもそもいわゆる論文とは異なるフィクション（物語）の文体が採用されている点もさることながら，内容の面でもそれまでの教育論にはない斬新でユニークな視点を含むものであった。

　とりわけ特徴的なのは，その「子ども」観である。18世紀当時のヨーロッパにおける「子ども」に対する見方は，現代社会を生きる私たちの見方とは大き

く異なっていた。なかでも注目すべきは，幼く未熟な存在である「子ども」に
対して，特別の配慮や保護の必要性がほとんど認められていなかったという点
である。そもそも当時の社会においては，家庭内で両親が手塩にかけてわが子
を養育するというような親子関係そのものが一般的ではなかった。子どもの教
育は修道院や寄宿学校に委ねられるのが通例であり，家庭で行う場合でも，家
庭教師などに任せることが当たり前とされていた。そうした時代に，ルソーは
『エミール』を通じて，大人になる前，子どもが子どもとして過ごす時期とし
ての「子ども期」に対して，その固有の価値を認める見方を提唱し，さらに
「子ども」を教育の対象として捉え直した，いわば「子どもの発見者」であっ
たという意味において，彼の教育論はそれ以前のものとは一線を画するもので
あったといわれるのである。

　以上のように，今日『エミール』といえば，「子ども」の成長やその教育に
ついて論じた書物という評価が一般的である。しかし，実際には『エミール』
は「子ども」についてだけではなく，人間，社会，道徳，宗教等を含めた広範
な内容を扱った作品でもある。それら広範な主題に通底するものとは何かを端
的にいえば，それは「人間とは何か」という問いであるということになるだろ
う。人間の本来的なあり方，人間の本質。それらをめぐる思索の中から，人間
に本来的に備わっている人間としての素質を，なるべく余計な手を加えずに，
自然のままに，阻害することなく引き出す営みとしての教育という，独特の教
育観（自然主義的教育観，ないしは「消極教育」といわれる）が導き出されること
になった。

　なお，『エミール』に言及する際，しばしば引き合いに出されるのが「万物
は造物主の手を離れるときは，すべてが善いものであるが，人間の手にかかる
と，それらがみな例外なく悪いものになっていく」との一節である。ルソーの
いう「消極教育」の発想の原点が読み取れるくだりではあるのだが，この箇所
は読み方によっては，教育も含め，一人ひとりの人間がもつ生まれもった素質
に対して，後から手を加えるような働きかけは，すべて排除することが望まし
いとの意味にも受け取れるかもしれない。しかし，彼は「人間は教育されなけ

ればならない唯一の被造物である」との言で知られるカント（Immanuel Kant, 1724-1804）とは別の意味において，やはり教育の必要性・重要性を論じているのだということを見過ごしてはならない。何ももたずに生まれてくる幼子，か弱く傷つきやすい存在としての「子ども」に対して必要な援助とケアの手を差し伸べること，その上で適切な判断力や分別を身に付けさせること。そうした働きかけ全体を教育と捉える視点から，ルソーもまた，人間は教育を通じて人間になるのだと考えているといえるだろう。

　以上のことを踏まえると，『エミール』は，単に「子ども」の教育を論じた書物であるにとどまらず，人間の本来的なあり方や人間の本質をめぐる根本的な省察をもとに構想された，「人間の教育」についての本格的な書物とみなすことができるものなのである。

　人間の本質をめぐる考察。それに基づいて打ち出された「消極教育」の視点。こうしたルソーの思想が当時の社会に与えた衝撃はきわめて大きかったといえる。けれども，その衝撃の大きさゆえに，当時この作品は，今日のような評価を得ることが叶わなかったばかりか，刊行後まもなくフランス当局によって発禁処分とされ，著者ルソーは亡命を余儀なくされてしまう。亡命先は隣国スイスであった。

　さて，本章でその思想を考察しようとする教育思想家の一人，ヨハン・ハインリッヒ・ペスタロッチ（Johann Heinrich Pestalozzi, 1746-1827）は，スイス，チューリヒ生まれのチューリヒ育ちである。しかも，『エミール』が刊行されたのは，ちょうどペスタロッチが大学に入学する前年の出来事であった。当時のフランス社会に衝撃を与えた『エミール』の影響力は，フランス国内にとどまらず，隣国スイスにも及んでいた（ちなみに，同書は後にスイスでも発禁処分となり，ルソーは同国を離れ，さらにイギリスへと亡命している）。ペスタロッチは当初大学では文献学，および哲学を専攻していたが，当時の学生たちの間での常識的教養の一つとして，『エミール』や『社会契約論』（1762）をはじめとするルソーの一連の著作にふれ，その内容に大いに感化されていたようである（長

尾・福田，2014，30〜31頁）。

　ここで本章の筋書きを先取りしていうと，彼はルソー思想から継承したもの
を，ロックやコメニウスらから受けた影響とも合流させながら，自らの実際の
教育家としての実践を踏まえた上で理論化し，後に「メトーデ（Methode）」と
呼ばれて世間の耳目を集めることになる，画期的な「直観」重視の教育方法へ
と結実させていくことになるのだが，そこへと至る過程はおおよそ平坦なもの
とはいいがたいものであった。

　注目すべきは，次の2点である。すなわち，(1)彼は最初から教育者（教師，
教育学の研究者）の道を志した人ではなかったという点，(2)既存の理論を実践
に適用・応用したのではなく，実践の中から理論を創出した人であるという点，
である。ペスタロッチ思想の特異性とその魅力は，主にこの2点に由来してい
ると考えられる。したがって，「メトーデ」の概説に入る前に，まずは教育と
は縁のなかった前半生にまで遡って，その足跡をたどってみたい。

（2）苦難の連続──ペスタロッチの前半生

　ペスタロッチの詳伝はいくつもあるが，ここでは村井（1986），長尾・福田
（2014）を主に参照しながら，その前半生をたどってみたい。10代の青年ペス
タロッチとルソー思想との出会い。若き日の思想形成において，ルソーの思想
から大いに影響を受けたペスタロッチは，まずは社会活動家として，スイスの
社会改革，政治改革を目指し，急進的な愛国主義的運動へと情熱を傾けていく
ことになる。そこにルソーの思想の現実生活における適用・実践という考えが
影響を及ぼしていたことは十分に考えられる。ただし，先にも示唆したとおり，
その道のりは順調という言葉とはほど遠いものであった。

① 社会活動家として

　若さもあり，情熱的で一途な性格も関係していたようである。社会改革を目
指した愛国主義的な運動に傾注していく中で，大学を中退（19歳の秋[*]）。しかも，
その運動も一定の成果を上げる前に，政府の弾圧によって挫折してしまう。さ
らには，一連の運動の中で，彼自身，政府批判の誹謗文書をめぐる事件に関

わったかどで，数日間にわたり市庁舎に拘留されて取り調べを受けるという事態に至ったこともあり，結果的に以後公職に就く望みを断たれ，やむを得ず生きる道を他に求めざるを得なくなってしまう。

② 農場経営者として

　大学中退，そして公職追放。しかし，生活していくための手立ては必要である。そんなペスタロッチが新たな実践の場として選んだのは農場経営であった。文献学・哲学専攻の学生から農場経営者への転身は，一見すると唐突な印象を与えるかもしれない。しかしながら，その背景には，先の一連の騒動を経てもなお，衰えることのなかった当時の社会に対する批判精神と政治改革への思いがあったともいわれている。いずれにしても，先の運動の挫折から，ルソー的な思想を短絡的に具体的実践へと結びつけることの困難さは十分に痛感したはずのペスタロッチが，それでもなお，社会批判・政治批判の立場を放棄することがなかった点は注目に値する。

　ちなみに，この農場経営もまた，彼に成功をもたらすことはなかった。同時期には生涯の伴侶を得，一人息子が誕生するという私生活における幸福にも与りながら，ほどなくして農場経営は行き詰まり，彼は金策に奔走していたようである。23歳にして着手した農場経営は28歳にして行き詰まり，彼はまたしても生き延びるための新たな仕事を求めざるを得なくなる。

③ 貧民学校の経営者として

　そして，次なる舞台として彼が選んだのが，貧民救済のための貧民学校の開設であった。農業経営から学校経営へ。紆余曲折を経て，ようやくここで「学校」というキーワードが登場する。前節の終わりで言及したように，ペスタロッチが最初から教育者（教師，教育学の研究者）の道を志した人ではなかったというのは，以上のような経緯によるのである。

　学校開設の目的は貧民の救済にあった。ただし，それを当時主流であった福祉的なアプローチ（救貧施設を通じた食料や生活物資等の提供）からではなく，教育的なアプローチ（貧民自らによる貧困の克服に対する援助としての教育）を通じて実現しようと考えたところに，その慧眼ぶりを窺い知ることができる。けれ

ども，この貧民学校もまた，経営的に立ち行かなくなり，1780年に閉鎖（当時34歳）。経営者としてのペスタロッチの人生はまさに苦難の連続で，理想と現実との狭間で苦しみ続けた前半生であったといえるかもしれない。

　ただし，先にも指摘したとおり，社会活動家としての活動の延長線上で，教育の世界に出合うというこのプロセスは，これ以降の教育家ペスタロッチの思想と実践を理解する上で非常に重要な意味をもってくる。先にも述べたように，彼の教育思想，および教育方法は具体的な現実から構想されているという点に特徴があるが，その場合の現実とは，教育現場の現実（実態）という限定的な意味に止まらず，彼の人生経験の全体を指しているのである。

　ペスタロッチは「人間とは何か」という普遍的な命題を追究する傍らで，自らの存在を丸ごと巻き込みながら，現実と格闘する一実践者としての眼差しを維持していた。さらにいえば，その教育思想は，「リアリティとしての現実」（客観的事実）とは別の，「アクチュアリティとしての現実」（個別具体的事実）に根差した実践と理論であったと捉え直すことができるのである。

　　＊　「この中途退学の動機について，伝記作家たちはさまざまな推測をしているが，
　　　真相は不明である」（長尾・福田，2014，31頁）。

（3）「隠者」の立場に身を置くこと

　そのようなペスタロッチのユニークな視点を反映した著作の一つが『隠者の夕暮』（1780）である。前項で見てきたように，数々の挫折や失敗を繰り返しながら，貧民学校もまた閉鎖に至ったわけだが，同書はその学校閉鎖と同じ年に発表されている。後に彼の代表作の一つとなる同書について，まずは有名な冒頭の一節を読んでみよう。

　一　玉座の上にあっても木の葉の屋根の陰に住まっても同じ人間，その本質から見た人間，一体彼は何であるか。　　　　　　　　（ペスタロッチー，1993，7頁）

　問われているのは「人間」の本質である。「その本質から見た人間，一体彼

は何であるか」と，語り手の「隠者」は私たちに問いかける。ここに見出されるのは「玉座の上」にある「人間」と，「木の葉の屋根の陰」に暮らす「人間」とが本質的に共有する何ものかがあるという主張，そしてそれは何かを探究しようとする意志である。続けて，彼はこうも述べている。

　　三　人間の本質をなすもの，彼が必要とするもの，彼を向上させるもの，そ
　　して彼を卑しくするもの，彼を強くしたり弱くしたりするもの，それこそ国
　　民の牧者にも必要なものであり，最も賤しい小屋に住む人間にも必要なもの
　　だ。
　　　　　　　　　　　　　　　　　　　　　　　　（ペスタロッチー，1993，8頁）

　「国民の牧者」，すなわち国の中で指導者的地位にある人にも，「最も賤しい小屋に住む人間」，すなわち貧民にも，共通に必要とされるもの——それは「人間の本質」を解明することであると，語り手の「隠者」はいうのである。つまり，地位や立場，貧富の差にかかわらず，「人間」をその本質から捉え直す視座に立つこと——それこそが「すべての幸福の源」につながるのだという考えがここには示されている。「人間の本質」に基礎を置いた，「人間形成」のための教育への構想の萌芽がすでにここにみて取れるともいい換えられる[*]。
　ところで，ここであらためて注目したいのは，この小品のタイトルである。率直な疑問として，「隠者（Einsiedlers）」とは誰で，「夕暮（Abendstunde）」とは何を意味しているのか。
　まずは「隠者」のほうから考えてみよう。辞書的な定義からいうと「隠者」とは，俗世との交わりを逃れ，孤独な生活を送る人を意味する。その姿には，著者ペスタロッチ自身の実人生が重ねられていると考えるのが妥当であろう。前節までに紹介してきた数々の挫折や失敗，さらに一人息子の病い（当時不治の病いとされたてんかん）までもが重なった苦難の前半生を思えば，30代半ばにして彼が「隠者」を自認するに至っても不思議はない。そのことを念頭に置きながら，次の一節を読んでみるとどうだろうか。

　一八二　おお，太陽よ，汝，神性の力の象徴よ，汝の日は暮れた！　汝は私
　の山の端に沈んでゆく，おお，私の終わりの日よ——おお，来るべき朝の希
　望よ，おお，私の信仰の力よ。　　　　　　　　　　　（ペスタロッチー，1993，39頁）

　一見すると絶望の声，嘆きの声のようにも思える。しかし，後半に出てくる
「希望」という言葉にふれて，意外に思う人も多いのではないだろうか。また，
「夕暮」といえば，日中の喧騒が静まり，すべてが闇へと包み込まれていく手
前の時間。それはときに物悲しいイメージを連想させることが一般的だろう。
けれども，「汝の日は暮れた！」そう語る筆者の口調は存外に勇ましい。この
こともまた，読者に違和感を引き起こすかもしれない。
　ここで思い起こしておきたいのは，ペスタロッチが前述のような経済的・精
神的苦難の最中においてもなお，社会批判・政治批判の立場を手放すことなく，
「人間の本質」を探究し続けていたという事実である。そのことに，「隠者」と
いう言葉がもつもう一つの意味——宗教的な文脈においては，修道生活・修行
生活の一形態を意味する——を考えあわせてみると，どうだろうか。「隠者」
にとってこの「夕暮」は，真理の象徴としての「太陽」が沈み，闇へと至る衰
退・下降のときではなく，「来るべき朝」を信じて待ちのぞむ，祈りのひとと
きを表している。そのことの意味がはっきりと立ち現れてくるのではないだろ
うか。
　経済的には決して豊かとはいえず，公職に就く望みも絶たれている。社会的
にみれば，周縁部に弾き出された弱い立場に身を置いていたともいえるペスタ
ロッチ。しかし，そのような立場に置かれてもなお，彼がその歩みを止めな
かったのは，このような意味での「隠者」を自認していたからだといえるのか
もしれない。
　その場所に身を置かなければみえない課題があり，その場所に立つことでし
か出会うことのできない人たちがいたということ。見えないものを見つめる眼
差し。見えないものの側に立つ情熱と，苦難に耐える受苦的態度。社会の主流
な立場から外れた弱い立場に置かれた人たちへの眼差しと，彼自身の弱さとが

呼応し合うようにして得られた「人間の本質」に関わる洞察が，彼の思想形成における基盤をなしている。同書は，ペスタロッチの人間観，教育観，道徳観や宗教性（神観，信仰観を含む）をはじめとした，これ以降に展開される彼の思想の基本的な要素が凝縮された作品ともいわれており，ペスタロッチ自身が述べているとおり，まさに「すべての著作のための序文」というにふさわしい作品であったといえる。

> ＊　また，他の箇所では教育を含め，当時の社会のあり方が「自然のかしこい秩序」から遠ざかり，「幸福」ではなく「不幸」をもたらすものとなってしまっているとの主張もみられる。そうしたくだりからもルソー流の「自然」重視の消極主義的な教育観の影響や，それを支持する立場も窺われる。

［ 2 ］　「メトーデ」の完成

（1）小説『リーンハルトとゲルトルート』の成功と失敗

『隠者の夕暮』を発表したことで，経営者としては苦難続きだったペスタロッチに，文筆によって身を立てる道筋がみえてくる。ただし，貧民学校開設の理念として，貧民自身による貧困の克服を掲げていたことにも明らかなように，ペスタロッチは普段から小説に親しんでいる層に向けた文章ではなく，「田舎の民衆」にも理解できるような，「民衆のための書物」を著したいと考えていた（長尾・福田，2014，66頁。ここで小説というフィクションの文体に期待したのは，当然ルソーの『エミール』の影響もあってのことだろう）。またそれ以上に重要なことは，かつて自らがルソーの『エミール』に触発され，具体的な社会改革への道を志したのと同様に，彼の小説の読者もまた，この読書体験を通じて，読者が自らの意識改革や生活改善に取り組むようになることを期待したということである。ここには貧民学校経営時代からみられた，自己活動に基づく自己援助のための教育という考え方がみて取れる。目先の不幸を埋め合わせる直接的な援助が，かえって学びに向かう主体的な意欲を削いでしまう可能性に彼は気がついていた。

　小説『リーンハルトとゲルトルート』（1781）はこのような思いに支えられて誕生した。主人公は石大工リーンハルトと，その妻ゲルトルート。スイスの片田舎の小村を舞台に，腐敗した村の改革・改善が実現するまでを描いた物語である。この小説は予想以上の好評を博し，ペスタロッチは文学者として世間にその名を知られることになる。挫折や失敗続きのこれまでを思えば，目覚ましいほどの成功を収めたともいえるだろう。

　しかしながら，実はこの表面上の成功も，見方を変えれば失敗であった。というのも，この小説は「彼の意図した読まれ方もしなければ，彼が期待をかけた人々に意識や生活の変化をもたらすこともなかった」（長尾・福田，2014，68頁）からである。読者として期待した民衆はこの小説を現実に結びつけることができなかったし，また，熱心で好意的な読者となった支配階層の人々も，自らの立場を自覚し，実際の社会改革へと取り組む意欲はもたなかった。これを不服としたのであろうか。彼は35歳で上梓した『リーンハルトとゲルトルート』の続編を，その後44歳に至るまで，約10年かけて刊行し続けることになる。

（2）転機としてのシュタンツ──実践記録としての『シュタンツだより』

　そうした最中の1789年，フランス革命が起こる。隣国スイスにもその余波は及び，国内各地で反政府・反革命運動が起こり，多数の人的・物的被害を生じさせることになった。なかでも親を失い，住まいを失った子どもたち（孤児，貧児）の存在は，深刻な社会問題の一つとして認識されるようになる。

　この出来事は（あえて積極的に捉えるならば）これまでペスタロッチが前半生をかけて取り組んできた社会批判・政治批判について，公の協力も得ながら実践的に取り組む絶好の契機となりうるものであった。1798年，山岳地帯の中心地シュタンツに新設が計画された孤児院における指導者の立場を得て，ペスタロッチは施設長として単身でそこに住み込み，孤児たちと生活をともにしながら教育に従事することになるのである。[*]

　この時期の教育実践について一友人に宛てて書かれた手紙をまとめた『シュタンツだより』（1799）は，一教師による実践記録とみなすことのできるもの

である。「入学してきたときはほとんど歩けないように根の張った疥癬をかい
ている者も多かったし，腫物がつぶれた頭をしておる者も多かったし，毒虫の
たかった襤褸を着ている者も多かったし，痩せ細った骸骨のようになり，顔は
黄色で，頬はこけ，苦悶に満ちた眼をして，邪推と心配とで皺くちゃになった
額をしている者も多かったし，破廉恥きわまるあつかましさで乞食をしたり，
偽善の振舞いをしたり，またどんな詐欺にも慣れているといった者も少しは
あった」（ペスタロッチー，1993，49頁）というのだから，いかにその「現場」が
過酷なものであったかは想像に難くない。しかも，この当時，彼は53歳。もう
決して若くはない。それでもなお，孤児たちと格闘する日々の中で，教育を通
じて変容していく子どもたちの姿を目の当たりにし，そこからつかんだ手応え
は，何ものにも代えがたい価値をもっていた。

　彼はこう記している。

　子どもが多数でしかも不揃いであることが，わたしの仕事を容易にした。年
上でもあればよくできもする兄や姉が，母の眼の前で幼い弟や妹に自分ででき
ることは何でもさっさとしてみせ，このようにして母の代理を務めると，
喜んで得意がるものだが，それと同様に私の子どもも自分にできることを他
の子どもに教えることを喜んだ。彼らの名誉心は目覚めていき，しかも自分
で繰り返すことを他の子どもに真似て言わせることによって彼らは二重に学
んだ。このようにしてわたしはたちまちわたしの子どものなかに助手や協力
者まで見つけた。（中略）わたし自身も彼らといっしょに学んだ。孤児院で
は万事があまりにも技巧のない素朴な状態にあったが，わたしのように教え
たり学んだりすることを潔しとするような教師は一人もいなかったろう。

（ペスタロッチー，1993，97〜98頁。中略は筆者）

　決して整った環境とはいえない施設ではあるが，年齢も性別も異なる子ども
たちがともに学ぶことにより，自然と学ぶ喜びが共有され，子どもたちの間に
学び合いの関係が生まれてきたこと。また，教師であるペスタロッチ自身が

「彼らといっしょに学んだ」というように，子どもたちに対して一方的な指導
や管理を行う態度ではなく，愛情深く子どもたちと関わり，学び続ける態度を
身に付けた教師であったということ，そしてそのような態度が当時としては斬
新なものであったこともまた読み取れる。このような発見と学びの日々の中で，
彼は以下のような確信を抱くようになる。

　教育上の命題というものは，現実の諸関係と切離せない直観的な経験を考慮
　して初めて正しいものとして確かめられるのだ。（中略）そのような背景の
　ない真理は，彼ら［＝子どもたち］にとっては多くはなお不適当で厄介な単
　なる玩具に過ぎない。

（ペスタロッチー，1993，87頁。［　］内の説明および中略は筆者）

　ここには彼の教育思想を特徴づける「直観」についての言及がみられるとと
もに，子どもたちを取り巻く現実や，彼らがそこで直面している課題とは無関
係に，教師や学校があらかじめ決定した知識や技術を一方的に伝達するだけの
教育の不備が指摘されているともいえるだろう。
　残念ながら，このシュタンツの孤児院もまた，政府の都合により廃止され，
結果的にペスタロッチが同施設長を務めたのは約半年というわずかな期間に終
わったが，その後，赴任したブルクドルフの小学校（「ブルクドルフの下町に住む
市域外住民（非市民）の子供たちのための学校であった」（長尾・福田，2014，113頁））
での教師としての経験も経て，ついに彼は『ゲルトルートはいかにしてその子
を教うるか──子どもをみずからの手で教育しようとする母親への手引書　書
簡形式による一つの試み』（1801）を著す。世間の耳目を集めた「メトーデ」，
すなわちその独自の教育理論，および教育方法が提唱されることになるのは，
同書においてである。
　　＊　一人の家政婦を除いて協力者はおらず，彼は「院長として，教師として，また父
　　　として母として，更にまた彼らの小使い［現在の用務員のような立場］として」
　　　（ペスタロッチー，1987，17頁。［　］内の説明は筆者）働くことになったのである。

（3）直観主義の教育方法──「メトーデ」の提唱

　ペスタロッチが重視したのは，子どもの内側からの発展，子ども自身に備わっている諸能力を伸ばすという姿勢である。つまり，「メトーデ」とは合自然的発達を促す方法だということである。したがって，教師が子どもを決まった枠にはめ込もうとするような，一方向的な伝達型の教授は否定され，子どもたち自身による自己活動が重視されることになる。ここにははっきりとルソー思想からの影響をみて取ることができるだろう。ペスタロッチは次のように述べている。

　　いっさいの教育はその認識部門の最も本質的なものを人間精神の本体のなかに揺らぎなく根づかせ，次いでそれほど本質的でないものをきわめて徐々に，しかし不断の力をもって本質的なものに結びつけ，こうしてその部門のあらゆる部分が，その最末端にいたるまで，この本質的なものと生きた，しかも調和的な連関を保つようにしなくてはならない。（ペスタロッチ，1960，91頁）

　ただし，自然に任せるとはいっても，それは放任を意味するわけではない。なぜなら，「自然」の営みを模倣することは，むしろ子どもを手つかずの自然，つまり「盲目の自然の手から引き離して」（ペスタロッチ，1960，210頁），文化的に形成された諸原理や法則の力に委ねることをも意味しているからである。単なる現状肯定ではなく，「我欲の手段のための闘い」や「矛盾」「暴力」「不遜と虚言と欺瞞」に満ちたこの社会を変えていく力もまた教育に求められている（ペスタロッチ，1960，210頁）。

　このような考えに則り，最も単純で基本的な要素──すなわち，数・形・語についての直観的な把握（「直観の ABC」）──から出発し，そこから子どもの発達に応じた段階的で連続的な教育課程に基づく教育を通じて，直観を拡大・明確化し，体系的な知識の獲得へとつなげていく教育，つまり「メトーデ」による教育が展開されていくことになる。

　以上のように，「メトーデ」成立の背景には，数々の「現場」での経験，そ

れも社会的にみると，疎外された弱い立場に身を置く者たちとの交わりの経験
が，その発想の原点として直接的な影響を及ぼしていることはいうまでもない。
「隠者」の立場から弱さと向き合い，なかでも教育という営みを通じて変容し
ていく人間との出会いの中から立ち上げられた「メトーデ」。それが単なる手
段やハウツーとしての教育方法以上のものとして読まれることになったのは，
こうした背景と無関係のことではないだろう。

　すでに『ゲルトルートはいかにしてその子を教うるか』の刊行以前から，ド
イツやスイスの一部の教育関係者の間では，ペスタロッチの教育実践に関心が
寄せられていたが，同書刊行の反響は甚だ大きく，提唱された「メトーデ」の
新奇性も相まって，その教育思想と実践は以後一段と注目を集めていくことに
なった。

３ ペスタロッチ思想，その後の展開

（１）後世への影響——ヘルバルト，フレーベル

　ペスタロッチの思想は同時代に対してだけでなく，後世にも大いに影響を与
えた。とりわけ，鳥光をはじめ（鳥光，今井編，2009，172頁），多くの教育学者
が指摘するように，ドイツ語圏の教育思想形成への影響は大きく，ドイツの哲
学者であり教育学者であるヘルバルト（Johann Friedrich Herbart, 1776-1841），
そして，同じくドイツの教育家フレーベル（Friedrich Wilhelm August Fröbel,
1782-1852）の２人は，彼ら自身もまた後世の教育界に多大な影響を与えた人物
であるという点で重要である。ヘルバルトは，ペスタロッチ思想に基づく教育
実践を行うことのできる教師の養成を目指し，教師のための教育学（教師教育）
という文脈でその思想を継承し，「教育的タクト」に代表される，教授法の科
学的理論化を展開した。一方のフレーベルは，「メトーデ」にみられる段階的
で時系列的な教育課程の構築という側面を，さらに理論的に整理し，乳幼児期
の人間教育に関する理論を構築し，世界で初めて幼稚園（キンダーガルテン）を
創設したことで知られている。

　1805年，ペスタロッチ59歳の頃，23歳のフレーベルは初めて徒歩で3週間かけてイヴェルドンにペスタロッチを訪ねている。イヴェルドンのペスタロッチ学園は，前出のブルクドルフの学園に次いで建設された第二のペスタロッチ主義に基づく学園で，フレーベルはその後1808年に学園を再訪しているが，その際には自分の教え子も同伴し，2年後に学園を去るまで，「教師であると同時に生徒，教育者であると同時に弟子」（小原・荘司監修，1977，159頁）という時期をそこで過ごした。つまり，フレーベルは学園に対する国際的な評価が非常に高まり，その規模を急速に拡大・発展させていく時期（1809年には6～16歳までの子どもたち150人と教師が40余名もいたという（小笠原，2014，42頁））の学園の実態を目の当たりにしたことになる。

　当時を振り返って書かれたフレーベルの報告（小原・荘司監修，1977，「A　マイニンゲン公宛の手紙」）に目を通すと，初回訪問の直後には賞賛の言葉一辺倒であったものが，次第に調子を変え，子どもの合自然的発達を促す方法としての「メトーデ」の理論的価値については変わらず高く評価しながらも，その実践（現場への適応）については失望していた様子が窺える。たとえば，彼の眼からみると，教材は断片化され，相互に有機的な連関がみられず，むしろペスタロッチの嫌悪した機械的な教え込みになってしまっているように感じられること，子どもの自己活動を重視するはずが，「メトーデ」の想定する子ども像，つまり，あらかじめ設定された発達段階に子どもを当てはめて捉えようとする姿勢がみられる等（鳥光，今井編，2009，173頁），その方法に内在する綻びに関する指摘がみられる。

　以上を踏まえるなら，フレーベルは「メトーデ」に学びながらも，それを批判的に乗り越えていくことを通じて，自らの思想を確立していったといえる。ペスタロッチの学園を後にした彼は，一旦教職を離れて大学で学び，さらには義勇軍に入隊し，1年余りの軍隊経験を経るなどした後，34歳のとき，「一般ドイツ教育施設（学園）」を創設することになる。学園では，ペスタロッチから継承した合自然的教育方法が採用されるとともに，動植物の観察や自然とのふれ合い，共同作業などが重視された。

> すべてのもののなかに，永遠の法則が，宿り，働き，かつ支配している。
>
> （フレーベル，1964，上11頁）

　ここでの実践と省察を経て，44歳のときに書かれた主著『人間の教育』(1826) は，この一文から始まる。本書では，「内なるもの」を「外なるもの」に，「外なるもの」を「内なるもの」にするという，すべての真の人間教育のための根本原則が提唱されている。「統一」あるいは対立を通しての「合一」を基本理念とするこの原則は，「球体法則」（あるいは，永遠の法則）と呼ばれるものだが，それは教育上の原理に止まるものではなく，この世界全体に対する存在論的な規定であるという点に特徴がある。つまり，「球体法則」とは，神，自然，そして人間に関するフレーベル独自の哲学的・宗教的洞察から導かれた根本原理として，その理論と実践の全体を貫くものなのである。

> 　当時わたしの心に浮かんだ最高原理は，一切は統一である，ということでした。すなわち，一切は統一の中にあり，統一から出発し，統一に向かって努力し，そこに至り，そして統一にかえる。　　　（小原・荘司監修，1977，148頁）

　事象相互に有機的なつながりをつくり出していくこと，それこそが「人間生活の中のさまざまな現象の基礎」であり，「このようなさまざまな関係を尊重し，それを認識し，それを統御概括できるように教育されてはじめて，人間は教育され教授されるものだ」(小原・荘司監修，1977，148〜149頁) とフレーベルはいう。ここには「メトーデ」に対する批判的考察を踏まえて，目的と手段との転倒を防ぐことが意識されているだけではなく，人間の根本原理にまで遡った上で，教育内容や方法にいかにして有機的なつながりをもたせるのかという問題意識が明白にみて取れる。

　「さあ，子どもに生きようではないか！ (Kommt, last uns unser Kindern leben！)」。彼の思想を象徴する，周知のこの言葉にもそのことは明白である。この言葉の意味は，子どものために，子どもと一緒に，子どもの中に生きる，

ということに止まらない（フレーベル，1964，下282頁）。というのも「私たちの子ども（unser Kindern）」とは，目の前の教え子のことであると同時に，教師自身の内なる子どものことでもあるからである。つまり，これは「子ども」の中に，理想とする「統一」の姿を見出すとともに，教師自身が「子ども」に学び，その「統一」を回復することも含めて，ようやく十分な教育がなされうるとの考えを表している。つまり，フレーベルの教育思想は，教える者，学ぶ者双方に，自己変容をもたらすものとして構想されているのである。

（2）評価と課題──「アクチュアルな現実」に応える理論／実践の構築へ

　ペスタロッチ，そしてその思想の継承者の一人であるフレーベル。両者の教育思想に共通するのは，教育は人を変容させる力をもった営みではあるが，そこで生じる自己の変容は，一人ひとりの学習者自身の気づきによってもたらされるものであって，教育が関与できるのはその気づきにつながる思考・判断のための基礎を与えることに止まるという見方である。これは現代教育においてもなお色あせることのない重要な発見であったといえる。

　その後，彼らの思想は1890年代から1920年代頃にかけて展開する「新教育」と呼ばれる教育実践，および教育理論へと受け継がれていく。たとえば，国内だけでも，澤柳政太郎（1865-1927），小原國芳（1887-1977），ペスタロッチ研究における世界的権威といわれる長田新（1887-1961）らをはじめ，多数の名をあげることができる。また，さらに近年では，1980年代の北米で誕生したホリスティック教育の思想的源流ともなっている。

　それにしても，生身の実感を伴ったアクチュアルな現実から紡ぎ出されたはずのペスタロッチの理論が，肝心のアクチュアルな現実から徐々に乖離してゆくありようを，私たちはどのように捉えるべきなのだろうか。もちろん，理論や法則のとおりに事が運ばないことは，日常茶飯事ともいえるだろうし，教育に限らず，医療や福祉をはじめとする，いわゆる「現場」という言葉でいい表される領域においては，「現場では理論［だけで］は通用しない」など，一見すると理論の価値を軽視するようないい回しを耳にすることが少なくないのも事

実である。しかし、ペスタロッチほど「現場」に生きた人においてさえも、その教育思想と教育実践との間に同様の乖離が生じてしまったのだとしたら、それは単にありがちなこととして素通りしてはならない問題を含んでいるように思われる。

　亡くなる前年、ペスタロッチは自らの生涯を振り返り『白鳥の歌』（1826）と題する著作を公にした。その冒頭、彼は読者に向けて次のように呼びかけている。

　　すべての点を点検し、よい点はこれを保存し、またもし諸君自身のうちに何
　　かいっそうよい考えが熟してきたら、それを、わたしがこの書において真実
　　と愛とをもって諸君に与えようと試みたものに、真実と愛とをもって付け加
　　えられよ。　　　　　　　　　　　　　　　　　（ペスタロッチ，1959，9頁）

　同書においてペスタロッチはこれまでの理論と実践を総括する新たなキーワード「生活が陶冶する」を提示して、基礎陶冶の理念、および合自然的教育についてあらためて説明するとともに、「これらの理念をまじめに検討しなければならない時の鐘がわたしのために今高らかに鳴った」（ペスタロッチ，1959，270頁）とまで述べている。すでに幾多の検討を重ねて練り上げられたはずの理論について、この上何を検討しようというのか。当時の読者の中にも、驚き、戸惑う者は少なくなかっただろう。

　　すべての点を点検されよ。善き点はこれを保存し、またもし諸君自身のうち
　　に何かいっそうよき考えが熟してきたら、わたしがこの書において真実と愛
　　とをもって諸君に与えようと試みたものに、真実と愛とをもってそれを付け
　　加えられよ。そして少なくともわたしが生涯努力した全体を、すでに解決さ
　　れて何らの検討も要しないものとして放棄するようなことがあってはならな
　　い。それは決して解決されているのではなく、真に疑いもなく検討を要する
　　のである。しかもその検討は決してわたしのために必要なのでもわたしが願
　　うから必要なのでもない。　　　　　　　　　　（ペスタロッチ，1959，270頁）

　同書の結びの言葉である。前半は冒頭に掲げたメッセージとまったく同じである。残りの数行はその意図するところをより明確にしようとして言葉を重ねたのであろう。このとき，ペスタロッチ80歳。自らの死を悟ると美しく歌うといわれる「白鳥」の姿（村井，1986，418頁）になぞらえて，彼は未来の私たちに何を託したのだろうか。

　はっきりとしているのは，最晩年のこの時点においてもまだ，彼が自らの「メトーデ」，基礎陶冶の理論を完結させようとはしていないということである。結ぶのではなく解いていく。閉じるのではなく開いていく。この解き開く姿勢こそ，彼が何にもまして彼の後に続く人たちに受け継いでもらいたいと願ったものなのかもしれない。おそらくそれはその姿勢にこそ，理論と実践との隔たりを，あるいは，両者の間の緊張関係を捉え直す鍵があると考えたからである。前出の長田新によれば，ペスタロッチの教え子にして，後に協力者となったある教育者は，「ペスタロッチーには歴史がなかった」と言っているという。「その意はペスタロッチーはすべてを日々自分で新たに創造して行くので，昨日の教育法は今日は改められて，また新たな教育法が工夫されねばならなかったということである」（ペスタロッチー，1993，197頁）。

　徹底して目の前の一人ひとりの子どもに向き合いながら，現象のただ中で思考し，そこから法則を導き出すこと。そして，導かれた法則を，完成された答えとして当てはめるのではなく，それを発見的な（heuristic）（河合，1995，23頁）仕方で用いること。ここには，複雑さをきわめる現代の教育現場においてもなお検討すべき，重要なメッセージが含まれているといえるのではないだろうか。

引用文献

小笠原道雄（2014）『フレーベル（新装版）』清水書院。

小原国芳・荘司雅子監修（1977）『フレーベル全集第1巻　教育の弁明』玉川大学出版部。

河合隼雄（1995）『臨床教育学入門　子どもと教育』岩波書店。

鳥光美緒子（2009）「ペスタロッチとフレーベル」今井康雄編『教育思想史』有斐閣。

長尾十三二・福田弘（2014）『ペスタロッチ（新装版）』清水書院。

フレーベル著，荒井武訳（1964）『人間の教育　上・下』岩波書店。

ペスタロッチ著，長田新編（1959）『ペスタロッチー全集』第12巻，平凡社。

ペスタロッチ著，長田新編（1960）『ペスタロッチー全集』第8巻，平凡社。

ペスタロッチー著，前原寿・石橋哲成訳（1987）『ゲルトルート教育法，シュタンツ便り（西洋の教育思想6）』玉川大学出版部。

ペスタロッチー著，長田新訳（1993）『隠者の夕暮，シュタンツだより（改版）』岩波書店。

ミラー，ジョン・P.著，吉田敦彦・中川吉晴・手塚郁恵訳（1994）『ホリスティック教育——いのちのつながりを求めて』春秋社。

村井実（1986）『ペスタロッチーとその時代（教育の発見双書）』玉川大学出版部。

ルソー著，桑原武夫・前川貞次郎訳（1954）『社会契約論』岩波書店。

ルソー著，今野一雄訳（1962/1963/1964）『エミール　上・中・下』岩波書店。

（学習の課題）

　ペスタロッチおよびフレーベル思想の特徴や，そこにみられる子ども観について簡潔にまとめてみよう。その上で，その子ども観について自分の考えたことや感じたこともまとめてみよう。

【さらに学びたい人のための図書】

ペスタロッチー著，長田新訳（1993）『隠者の夕暮，シュタンツだより（改版）』岩波書店。
　　⇨「すべての著作のための序文」とされる『隠者の夕暮』。貴重な教育実践記録『シュタンツだより』の2本を収録。

フレーベル著，新井武訳（1964）『人間の教育　上・下』岩波書店。
　　⇨「人間教育」の目標とその教育原理を，自らの教育実践も踏まえながら体系的に論じたフレーベルの主著。

ミラー，ジョン・P.著，吉田敦彦・中川吉晴・手塚郁恵訳（1994）『ホリスティック教育——いのちのつながりを求めて』春秋社。
　　⇨ペスタロッチ，フレーベルらの思想がもつ現代的意義を裏付ける好例としてのホリスティック教育への入門書。

（池田華子）

第7章 デューイ教育哲学

―― 近代教育学の展開（2）

この章で学ぶこと

　この章では，近代教育学のビッグネーム，ジョン・デューイ（John Dewey, 1859-1952）の教育学（教育哲学）を紹介する。代表的著作である『学校と社会（*The School and Society*）』（1899）と『民主主義と教育（*Democracy and Education*）』（1916）を取り上げ，児童（子ども）中心主義，リフレクション（reflection），オキュペーションズ（occupations），民主主義などのキー概念を説明する。デューイ教育学を体系的に捉え，しかしこの体系を確定したものではなく仮説として，ほかの教育学や教育実践と重ねて，それらの理解・批判を行うとともに，自分の教育信条を発展させて，自分なりの教育学を構想し，自分なりの教育実践を進めていく道筋をつかむ。

1　デューイを読むと何が変わるか

（1）一人ひとりが選択・決断するために

　教育はとても複雑で，様々な要因がからみあっている。完全な根拠をもった「正しい教育」はあるのだろうか。

　このような悩みは，育児の最初期から始まる。赤ちゃんには母乳がよいのかミルクがよいのか，予防接種はどれをどううければいいのか……，育児書はたくさんあるが，根拠がしっかり書いてあるわけではない。ときには正反対のものも含む様々な選択肢の中から〈選択・決断〉することが続いていく。

　決断するのは苦しい。とくに教育は子ども・児童生徒・学生など，ほかの人の人生に関わることだから，慎重さが必要で，むしろ，ためらいなく自信満々にこうしなさい，こうすればよいと言っている人がいるとすれば，それは恐ろ

しいことかもしれない。

　決断は苦しいが，日々子どもとの関わりは続くし，「結果」がすぐ「評価」される環境では，自分で決断するめんどうや責任を避けて，誰かに決めてもらって楽をしたくなる傾向も出てくる。国民が下から議論するのでなく，上（国家）に決めてもらい，それに従いたくなる心情はわからなくもない。しかし日本は，それが子どもの死を招く決断であっても「国家に従う」「天皇のために死ぬ」教育を「正しい教育」として行った結果，1945年8月15日の敗戦をむかえることになった。一夜にして「正しい教育」は，全面否定された。

　この経験により私たちは，めんどうでも，時間がかかっても，一人ひとりが選択・決断していくことを基礎にする社会・国家にすることを新しく選択した。決断する主体は〈国民〉になった。それが日本国憲法（1946年），教育基本法（1947年）に謳われた〈個人主義（個人の尊厳）〉，国民主権，〈民主主義〉である。

（2）リフレクション（反省的思考）──合理的決断

　『民主主義と教育』第11章「経験と思考」には以下のような記述がある。

　　熟慮的（reflective）経験（中略）の特徴は，以下の諸点である。
　　（ⅰ）困惑・混乱・疑惑。それは，情況の完全な性格がまだ決定されていない不完全な情況の中に人がまきこまれていることから起こる。
　　（ⅱ）推測的予想──与えられているいろいろな要素についての試験的解釈。それは，それらの要素に一定の結果をもたらす傾向があると主張する。
　　（ⅲ）考究中の問題を限定し明確にするものを，得られる限りすべて，注意深く調査すること（試験，点検，探索，分析）。
　　（ⅳ）その結果起こる試験的仮説の精密化。それによって，その仮説はさらに広い範囲の事実と一致することになるから，それは，さらに正確な，さらに整合的なものになる。
　　（ⅴ）現存の事態に適用される行動の計画として，案出された仮説に一応立脚して見ること。すなわち，予想された結果をもたらそうと，何かを実際

に行ない，それによって仮説を試すこと。

　以上である。明確に熟慮的経験を試行錯誤的水準の経験から区別するもの
は，（中略）第三および第四段階の広さと，精密さである。それらは，思考
そのものを一つの経験にするのである。それにもかかわらず，われわれは決
して試行錯誤的情況を完全に越え出ることはない。

（デューイ，1975，上239〜240頁，行変え追加は筆者）

　ここには，「反省的思考」「省察」などを主張するとき，必ず参照されるべき
〈リフレクション（reflection）〉の基本的考え方が書いてある。反省とは思考
（考えること）そのもので，民主主義の根幹となる一人ひとりの選択の試行錯誤
をより合理的にやりやすくする方法である。不確定要素を排除しておらず，そ
れをすっきり排除した「論理学」（論理実証主義）に比べると，「合理的」には
感じられないかもしれないが，私たちの日々の選択・決断を想起すれば，非合
理を含んでいる方が合理的なのである。また，考えるとは，行動の一時的停
止・保留を伴うことも押さえておきたい。〈立ちどまって〉考えるのである。

　また，ゼミ論文や卒業論文などで，「仮説をもて」「先行研究にあたれ」「問
題意識を明確にせよ」「データを集めよ・改ざんするな」「現場に研究成果を還
元せよ」などとアドバイスされると思うが，その原型がここに書いてある。リ
フレクションは，〈研究〉〈探究〉の基本である。

　教育における決断も同じで，デューイの教育哲学を学ぶことは，決断をより
合理的なものにすることに大変役立つ。

（3）学校での授業・活動

　リフレクション論に引き続く第12章「教育における思考」では，この考えの
授業への適用が述べられている。

　一般的にいえば，教授法の根本的な誤りは，生徒たちの側に経験があるこ
とを当然のこととしてよい，と考える点にある。ここで強調していることは，

思考の開始段階として，現実的な経験的情況が必要だということである。

　（中略）言葉を習得させるのではなく思考を呼び起こすべきだとすれば，学校において何らかの主題へはじめて接近する方法は，できるだけ非学校的であるべきである。経験，あるいは経験的情況とは何を意味するかを真に理解するためには，学校の外で現われるような情況を思い出さなければならない，つまり，日常生活において興味を起こさせ，活動させるような仕事（occupations）を思い出さなければならないのである。

（デューイ，1975，上244〜245頁）

　この考えは，「問題解決学習」「アクティブ・ラーニング」の元となったものだが，こうして読んでみると，「似て非なる」部分も明らかとなる。ここから「問題解決学習」「アクティブ・ラーニング」の問題点を浮き彫りにすることができるだろう。

　一番の違いは，思考の開始段階の「困惑・混乱・疑惑」が，その子どもの，あるいはあなたの，本当の困惑・混乱・疑惑なのかどうかである。自分のものとは思えない「問題」に「アクティブ」に取り組んだ（取り組ませた）として，それに人生上どういう意味があるのだろうか。みかけは活発に進められる授業や，それを可能にする教育技術とはいったい何なのだろうか。自分のものではない問題に時間をとられることは，本当の自分の問題（興味・関心）に取り組む時間を奪われているということでもある。

　デューイを読むことは未来の選択に役立つと同時に，過去に受けてきた教育の〈意味〉を考えることに役立つ。とくに「理不尽」に感じたことが，どう・なぜ「理不尽」だったのか考えるのに役立つ。

2　『民主主義と教育』の体系性

（1）体系的・包括的な把握へ──教育論から教育学へ

　どういう教育を選択して実践するか，自分の問題をもとに探究を始めると，

118

そのつどの試行錯誤を積み上げる段階をへて，次には何らかの〈信条〉をもっ
て，教育実践をしていく段階になる。

　信条といっても，座右の銘や採用試験の志望理由に書く「私の目指す教育」
のようなものから，原理・原則といったものまでいろいろある。シンプルなほ
うが教育の方向性は（一見）みえやすいので，どうしてもキャッチコピー，ス
ローガンのようになり，「○○主義」「生きる力」「ゆとり」などの言葉になっ
てくる。これらに立脚した教育実践の段階を格言的段階と呼んでおこう。

　デューイの思想も，「児童（子ども）中心主義」「プラグマティズム（行為主
義）」「経験主義」「進歩主義」「道具主義」「興味本位主義」「活動主義」「生活
教育」「問題解決学習」などと紹介されてきた。

　第1節での紹介では，「民主主義」「リフレクション」「オキュペーションズ」
をキー概念，キーワードとして強調していることに気づいてもらえると思う。

　このような格言的段階の理解は教育論の段階で，実践に有効な面がある一方，
教育の理解が一面的になってほかの複雑で大切な考えが視野に入ってこなく
なったり，切り捨てられたりする危険がある。つまり，視野が狭くなり全体像
が見えなくなる。キー概念をほかのキー概念との関係で捉え，体系的・包括的
にまとめていくことが必要で，この段階から教育論ではなく教育学という学問
の段階になる。大学では，教育論をディスカッションする段階から進んで，教
育学を学び研究する段階に進んでほしい。

（2）『民主主義と教育』──教育哲学入門

　体系的・包括的な教育学の具体的成果が，デューイ教育哲学＝教育学であり，
主著『民主主義と教育』(1916)である。この著作のサブタイトルは，「教育哲
学入門」で，デューイが自分の教育学の全体像を示したものである。

　図7-1を見てほしい。ここには教育論ないし教育学での議論でよく出てく
る概念が勢ぞろいした趣がある。生命，生活，経験，社会，コミュニケーショ
ン，生長（growth），民主主義，興味，目的，思考，方法，オキュペーション
ズ，科学，労働，個人，職業，教科，教育的価値，認識，道徳……。大事なこ

第Ⅱ部　思想（家）編

Ⅰ：【民主的基準の導出過程論】（⎡1⎤～⎡7⎤）

（《現実》→）《生命＝生活》（相対的安定性をもった共通本性）⇄《環境》⎡1⎤
　　　　　　　＝
　　　　　《経験の連続》
　　　　　　　＝
　　　　　《社会の存続》（世代の更新）⎡2⎤
　　　　　　　＝
　　　　　《コミュニケーションと参加》
　　　　　　　＝
　　　　　《共同生活》→《オキュペーションズ》⎡3⎤‐‐‐‐‐‐→【学校論】への適用
　　　　　　←《4つの規定》
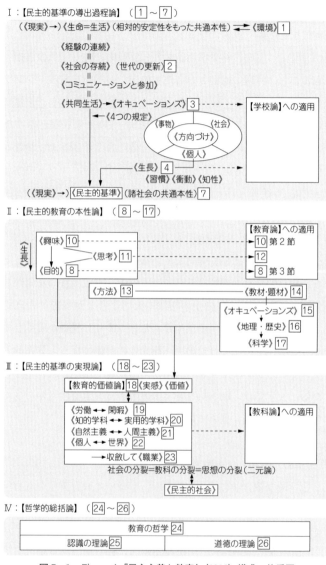
　　　　　（《現実》→）《民主的基準》（諸社会の共通本性）⎡7⎤

Ⅱ：【民主的教育の本性論】（⎡8⎤～⎡17⎤）

Ⅲ：【民主的基準の実現論】（⎡18⎤～⎡23⎤）

Ⅳ：【哲学的総括論】（⎡24⎤～⎡26⎤）

教育の哲学 ⎡24⎤	
認識の理論 ⎡25⎤	道徳の理論 ⎡26⎤

図7-1　デューイ『民主主義と教育』（1916）構成＝体系図

注1：⎡1⎤～⎡26⎤は章をあらわす。Ⅰ～Ⅳの論名は筆者がつけた。
　　2：⎡3⎤の《共同生活》が広義の《オキュペーションズ》で⎡15⎤の《オュペーション
　　　ズ》は，教材・題材の面からみている狭義の意味。
出典：筆者作成。

120

とは，その概念の相互の関係が示され，ひとつながりの体系になっていること
である。第1節で，第11章のリフレクションを第7章の民主主義，第3章・第
15章のオキュペーションズと関係づけて紹介したのも，そのような相互関係の
一例としてであった。

（3）教育学とは

　ここまで，教育学，教育哲学，哲学，思想などと書いてきたが，デューイに
とってこれらは，相互に関係してひとまとまりの体系をなすものと捉えられる。
　『民主主義と教育』の最後のほう，第24章「教育の哲学」になってようやく
この本が教育哲学の著作であり，論理的順序（logical order）を自覚して書かれ
たことが述べられている。まず，狭い意味での哲学を社会と関係づけている。

　　哲学の諸問題は社会的慣行において諸困難が広く存在し，広く感じられて
　いるゆえに生ずる（中略）。（中略）ある哲学体系が影響力をもつようになる
　場合には，いつでも，何らかの社会的調整の計画を必要とするような諸利益
　の衝突とこの体系との関連が必ず見出しうるのである。

（デューイ，1975，下200頁）

そして，哲学は社会とともに教育と関係づけられて広い意味の哲学になる。

　　教育哲学は，（中略）その時代の社会生活の諸困難との関連において正し
　い知的および道徳的習慣を形成するという問題を明瞭に示した理論的表現に
　すぎないのである。それゆえ，哲学について下すことのできるもっとも透徹
　した定義は，哲学は，教育の理論のもっとも一般的な側面である，というそ
　れである。
　　したがって，哲学の改造と，教育の改造と，社会の理想や秩序の改造とは，
　歩調を合わせて進行するのである。今日特に教育を改造する必要があるとす
　れば，そして，この必要が，伝統的哲学体系の基礎的諸観念の再考を迫ると

すれば，それは科学の進歩や産業革命や民主主義の発展に伴う社会生活の徹
底的変化のためなのである。　　　　　　　　（デューイ，1975，下204〜205頁）

　以上を整理し，先に紹介したリフレクションと関係づけて考えると，デュー
イは，哲学を社会の中で生きる人間像の〈仮説〉と捉えているとわかる。次の
段階の探究が教育学であり，仮説を検証すること（その人間像へ教育すること）
が教育（教育実践）なのである。仮説としての哲学は，こうして教育課程，指
導計画（指導案）まで具体化される。哲学を仮説として，教育実践・社会的実
践で検証する——これこそ〈プラグマティズム〉であり，ヨーロッパの検証の
ない思弁哲学や検証させないファシズム思想との決別・対決だったのである。

（4）デューイの生涯

　デューイ（図7-2）の教育哲学は体系的・包括的であった。ここでは，
デューイの生涯を振り返り，生き方の総体性（体系性・包括性）を学ぼう。

　デューイは，1859年にアメリカ合衆国ヴァーモント州の首都バーリントンに
生まれ，1952年，92歳の長寿で死去した。

　デューイの生きた19世紀半ばから20世紀半ばまでのひと世紀にわたる時代は，
アメリカ合衆国が南北戦争の終結によって国内を統一し，巨大な資本主義国家
として成長し，第一次世界大戦，第二次世界大戦を通して世界のリーダーと
なって覇権を握り（帝国主義化），ついにはもう一つの超大国・ソ連（ソビエト
社会主義共和国連邦）と核兵器をもって対峙・対立する冷戦構造に至り，その中
で「熱い」武力対立になってしまった朝鮮戦争（1950〜53年）までである。

　教育制度も，開拓時代の趣が残り小学校がようやく教会から独立して設立・
義務化する頃から，中学校，高等学校制度の創設・拡充，エリートのための大
学から一般国民のための大学制度へ変革拡充する時代まで，大きく変化した。
デューイはこの長期にわたる教育制度改革の当事者として生きた。

　このような時代の中で，デューイは，いわば「社会を変革し行動する哲学
者」の人生を送った。カントやヘーゲルの哲学の研究者から出発し，ミネソタ

大学哲学科教授（29歳），ミシガン大学哲学科主任教授（30歳），シカゴ大学哲学科教育学科主任教授（35歳），コロンビア大学哲学科教授（46歳）と大学教員を歴任する一方，全米ヘルバルト協会，米国心理学会，米国大学教授連合，独立政治活動連盟，産業民主主義連盟，文化自由委員会など全国的な組織の活動をリードした。「トロツキー事件」（1937年）や「ラッセル事件」（1940年）では自由と民主主義擁護の立場から積極的な調査や発言を行い，アメリカ大統

図7-2　デューイ

領選挙の際には，しばしば共和党でも民主党でもない第三党，場合によっては社会党の候補を応援する政治的行動をとった。「アメリカ帝国主義の手先」「ソ連（社会主義）の手先」との「評価」はともに的はずれである。

　まさしく「何らかの社会的調整の計画を必要とするような諸利益の衝突」する時代の中で時々の問題に幅広く丁寧に向き合った人生のありようが，彼の教育学を体系的・包括的なものにしたといえる。

③ 『学校と社会』――〈オキュペーションズ〉をつかむ

（1）児童（子ども）中心主義

　『民主主義と教育』の体系をみた上で，さかのぼってもう一つの代表作『学校と社会』を参考にオキュペーションズについてまとめておこう。

　デューイはシカゴ大学の学部長（哲学・心理学・教育学）だった1896年に，附属の実験学校を開設して実践・指導を行った（初めは児童16人，教師2人。3年間のみで他校へ統合されて終了）。この成果報告とさらなる協力を訴えた講演記録に，関連する研究論文を加えてまとめたものが『学校と社会』で，新教育のバイブルとして世界的ベストセラーとなった。

　デューイが「児童中心主義」と読まれる場合，次の一節が有名である。

　　旧教育は，これを要約すれば，重力の中心が子どもたち以外にあるという

　一言につきる。重力の中心が，教師・教科書，その他どこであろうとよいが，
とにかく子ども自身の直接の本能と活動以外のところにある。それでゆくな
ら，子どもの生活はあまり問題にならない。子どもの学習については多くの
ことが語られるかもしれない。しかし，学校はそこで子どもが生活する場所
ではない。いまやわれわれの教育に到来しつつある変革は，重力の中心の移
動である。それはコペルニクスによって天体の中心が地球から太陽に移され
たときと同様の変革であり革命である。このたびは子どもが太陽となり，そ
の周囲を教育の諸々の営みが回転する。子どもが中心であり，この中心のま
わりに諸々のいとなみが組織される。　　　　　　　　　（デューイ，1957，45頁）

　あなたの教育信条では，何が教育の中心だろうか。ここではコペルニクスの
地動説提唱をイメージしているように，教育全体の本当のあり方を探究してい
るのであって，太陽の中心化は惑星の消滅も軽視も意味していない。子どもを
中心においた上で，教師・教科書などまわりのひと・コト・モノをどう組織し
ていったか，を読み取ることが大事である。このように子どものまわりに組織
された「諸々の営み」がオキュペーションズである。

（2）オキュペーションズの内容と意味

　開拓時代の「大草原の小さな家」には，水くみやろうそくづくりなど生産活
動があり，家族は小さい共同体だった。子どもにも切実な必要性と役割があり，
生活の中で子どもたちは考え，学び生長した。デューイは，学校にそのような
活動，つまり料理，編み物，裁縫，木工，金工，栽培などを導入する。

　導入してみると，子どもたちが生き生きと活発になり表情が明るくなり，活
発に話し合って騒がしくなり，学校の雰囲気が一変した。ここには人間の本
性・内なる自然（human nature）に即した確かな実践的根拠があり，それが世
界中の同じような試みを始めた実践家に広く共有された。

　これらの諸活動をデューイはオキュペーションズと考えた。オキュペーショ
ンズは，活動的作業，仕事，労作，生活などと訳されているが，「占める（oc-

cupy）」という語源からも，「子どもが何かに心を奪われて，何かにとりつかれたかのように熱中・専心している」状態を表している。オキュペーションズは，何よりも子どもたちがやりたくてやっている活動と押さえられる。

　次にデューイはオキュペーションズを〈胎芽的な社会〉と捉え，この芽が価値高く美しく調和のとれた大きな木，すなわち〈大きな社会〉に育つ実践を構想した。このオキュペーションズのあり方が民主主義なのである。

　オキュペーションズには，発達を支える豊かな要素がある。仲間がおり，先達もおり，共通の目的と参加・コミュニケーションと調整がある。問題状況の中でその解決，目的の実現が図られる。各自の居場所があり，役割分担が行われる。直接的な声や想像的な声のやりとりと議論がある。道具を使って集団でものや自然に働きかけ，そのとき情報を使ったり知恵をしぼったりリフレクションしたりして，科学を学び発展させる。必要を感じる生活があり生活陶冶がある。人間本性が開花していく生長がある。一体感があり安らぎがあり達成感がある。人間同士の連帯，自然との共生がある——オキュペーションズは小さくともりっぱに探究的生活共同体だといってよい。あなたの学級にこれらの要素はどう揃っているだろうか。現代の言葉でいえば，子どもの発達に合わせた〈教育的源泉の組織〉，組織したものがオキュペーションズである。

　図7−3を下から見てほしい。日本では，「学級」がそういう学び＝生活する共同体でもありうるが，総合学習のような活動が代表的なオキュペーションズに相当する（Ⅰ）。オキュペーションズはその内部に分化した構成要素（台所・実験室・図書館など。図7−4参照）を複雑に保ちながら，その全体をも学校生活や学生生活としてまとまりをつくりつつオキュペーションズとして発展する（Ⅱ）。細胞分裂と全体の成長をイメージするとよい。そしてついには，大きな社会になる（Ⅲ）。このようにして民主主義的社会が実現する。

　Ⅲのレベルでは，ⅠやⅡでの「共通目的」は「社会的目的」になり（たとえば憲法），「道具」は「生産手段」になり，「役割分担」は「職業」になるなど，同じ構造が内容を社会的に拡大・充実させて出現する。occupation には，「職業」という意味もある。教室での声（voices）のやりとりは，職業・天職

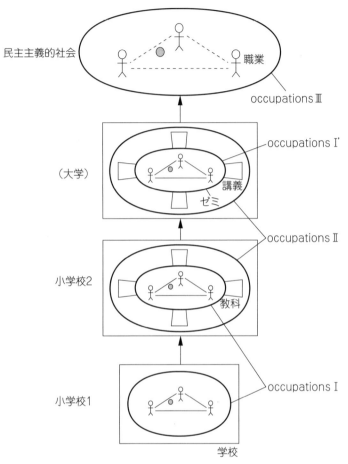

図7-3　オキュペーションズの発展（学級からゼミナール，そして民主的社会へ）

出典：筆者作成。

（vocation, calling）などの，神からでなく人間どうしの社会的なコミュニケーションに発展する。

　理解の補助線として大学のゼミナールを間に入れてみた。日本では，文献研究を手堅く集団で行いながら，フィールドワークや実験に出て行くゼミが増えている。研究室は探究生活共同体ともいえる。総合学習と教科の関係も，ゼミと講義の関係で考えると，二項対立的発想を克服しやすい。とくに中学校（高

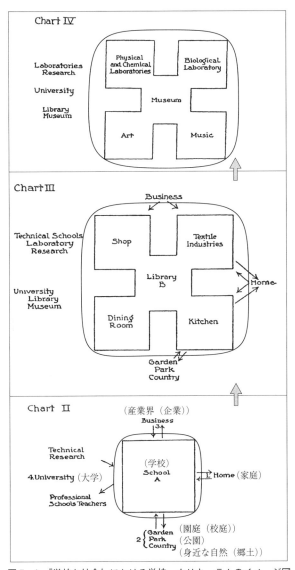

図 7-4　『学校と社会』における学校・カリキュラムのイメージ図

注：学校の囲いと訳語は筆者加筆。図 7-3 と同じく下から上へ発展。

出典：Dewey（1899）chap. 3.

等学校）で「総合的な学習（探究）の時間」で何をしていいかわからないという教師の悩みがあるが，大学時代のゼミを思い起こし，生徒たちと一緒にゼミをやろうと考えてみれば，やりたいことが次々と湧いてくるのではないだろうか。教職課程の開放制を活かし，各学校へのゼミの〈輸出〉を試みてほしい。

（3）学校・カリキュラム論としてのオキュペーションズ

　図7-4を見てほしい。これは『学校と社会』第3章「教育における浪費」に載っていた図から，オキュペーションズに着目して学校やカリキュラムのあり方を展開したイメージ図である（建物の構造ではない）。

　先の図7-3に加え，学校は，家庭，企業，自然（郷土），大学などの〈外〉との相互作用によって，学校内部で，図書館が博物館に，台所が実験室にというように，オキュペーションズが展開・発展していく様子がよくわかる。ここはぜひ『民主主義と教育』の第15～17章の展開ともあわせて読んでほしい。

［4］　デューイの日本の教育への影響

　デューイ教育哲学は，日本に大きく3回にわたってインパクトを与えた。

　初めは，大正新教育の時代で，1919（大正8）年にデューイは来日している。東京帝国大学での講演は『哲学の改造』（1920）として出版された。

　次は第二次世界大戦後，いわゆる「戦後初期」である。デューイは「戦争の違法化（outlawry）」を唱えていたので，最大の影響は，戦争放棄の第9条を含む新社会建設計画でもある日本国憲法の成立（1946年）だろう。各学校では，新しくどういうカリキュラムにするかが話題・運動となり，1948（昭和23）年，「コア・カリキュラム連盟」（1953年に改称し現在「日本生活教育連盟」）の結成をみた（梅根悟，石山脩平ら10人が発起人。学校加盟の学校連合体）。続いて1957（昭和32）年に「日本デューイ学会」も永野芳夫，広池利三郎，大槻春彦らによって創立され，現在も，研究大会の開催，学会紀要の発行など，活発に活動している。

　そして影響の第三波は，教科の組み替えとして「生活科」が導入された20世

紀末から現在である。大学生のみなさんが，デューイ教育学を〈見取り図〉と
して批判的に学び，またこれを仮説としてさらに検証して自分なりの理論に再
構成し，そして実践する――それが続くことを期待する。

引用文献

デューイ，J. 著，宮原誠一訳（1957，原著1899）『学校と社会』岩波書店。
デューイ，J. 著，松野安男訳（1975，原著1916）『民主主義と教育　上・下』岩波書
　店。

学習の課題

(1)　『民主主義と教育』の中で取り上げられているフレーベル，ヘルバルト，ロッ
　　ク，ルソー，モンテッソーリなどの著作を直接読み，あなたのまとめと，デュー
　　イの評価や批判を比較してみよう。
(2)　新学習指導要領・幼稚園教育要領の全体像を検討し，とくに「社会に開かれた
　　教育課程」について，デューイ教育学と照らし合わせて，「似て非なるところ」
　　を明らかにしよう（参考：「『次世代の学校・地域』創生プラン――学校と地域の
　　一体改革による地域創生」2016（平成28）年 1 月25日）。
(3)　教育実践記録，授業記録を読み，オキュペーションズの要素や学校外とのやり
　　とりがどう準備されているか，活かされているかの視点で分析してみよう（行田
　　ほか，2018）。

【さらに学びたい人のための図書】

デューイ，J. 著，松野安男訳（1975）『民主主義と教育　上・下』岩波書店。
　　　⇨解説書だけでなくデューイの著作そのものを読んでほしい。英語のテキストは
　　　無料でネット上にある。章ごとに要約がついている。
鶴見俊輔（1984）『人類の知的遺産60　デューイ』講談社。
　　　⇨生涯や思想の概要がまとめてあるほか，主要著作の解説がある。『民主主義と
　　　教育』体系のキー概念に対応するさらに詳しい著作へのガイドにもなる。
行田稔彦・渡辺恵津子・田村真広・加藤聡一（2018）『希望をつむぐ教育――人間の
　　　育ちとくらしを問い直す』生活ジャーナル。
　　　⇨生活教育の最新の実践記録集。デューイがやろうとした教育の日本での具体的
　　　実践例として，キー概念がどう展開しているかなどの視点で研究してほしい。

（加藤聡一）

第8章

近代教育批判としての脱学校論

この章で学ぶこと

「子どもたちはみな，学ぶために学校に行くことができる」「子どもたち
はみな，学ぶために学校に行かなければならない」。この二文が意味する
ところは異なるが，私たちの多くは，後者が示すように，学校に行くこと
を子どもたちの権利ではなく義務だと捉えてはいないだろうか。「子ども
が学校に行くのは，当たり前でしょう」というように。子どもたちの学び
に対するこのような意味づけの転倒は，「教育」と「学校」をイコールで
結びつけようとする。だが，制度によって正当性を裏書きされた学校に教
育を委ねることは，学習の価値や意味の探究を放棄することになるのでは
ないか。さらには，生活のすべてを制度に依存する「学校化」された人間
を生み出すのではないか。本章は，このような問題意識に導かれて「脱学
校」という教育論を展開したイヴァン・イリイチのテクストを手がかりと
して，教育の「学校化」という問題を検討し，その上で，教育に関わる教
師の「専門性」を捉え直すことを目指している。

1 教育と学校

（1）「教育」をめぐる連想

　筆者は，教育原理（原論）の初回授業を「教育と聞いて一番に思い浮かべる
言葉は何か」と問いかけることから始める。あなたならどのように答えるだろ
うか。筆者の経験において，この問いに「学校」と答える学生は少なくない。
いや，むしろ多数派といってもよい。教師を目指す学生であるから，学校に対
してポジティブなイメージをもっているかと思いきや，そういう訳でもないよ
うだ。学校は「義務」や「強制」といった言葉とセットで語られることが多い

のである。たとえば、「学校は、絶対に行かなければならないところですよね。義務教育というくらいですから。学校に行かなければ社会に出るために必要なことを学ぶことができませんし」というように。

　日本国憲法第26条には「すべて国民は、法律の定めるところにより、その能力に応じて、ひとしく教育を受ける権利を有する。②すべて国民は、法律の定めるところにより、その保護する子女に普通教育を受けさせる義務を負ふ。義務教育は、これを無償とする」とあるように、教育を受けさせることが「義務」なのであって、教育を受けることは「権利」であると明記されている。そして、この権利を保障するのが国家の制度としての義務教育、つまりは小学校と中学校だ。「義務教育」という響きが、学生たちに「学校は強制的に通わさせられる場所」というイメージを連想させるのであろう。さらに、学校を「堅苦しい場所」として経験してきたことがこのイメージを強化しているといえる。だが、「学校に行かなければ、社会に出るために必要なことを学ぶことはできない」という考え方は、いつの時代においても当たり前であった訳ではない。この点について、「学校」の成り立ちに遡って考えてみよう。注目すべきは「みんな同じ」教育を受けるということの意味である。

（2）「みんな同じ」の二面性

　日本における国家の制度としての学校は、明治政府の発足から４年後、1872（明治５）年の「学制」制定において産声を上げる。学制の序文には、人権思想に基づいて「邑に不学の戸なく家に不学の人なからしめんことを期す」という教育理念が謳われている。かつてコメニウス（本書第４章参照）が夢見た「国民皆教育」の理想が、近代国家の体裁を整え始めた日本においても現実のものとなろうとしていた。教育が制度化されるということは、学校に行けば「みんな同じ」「平等な」教育を受けることができるということだ。法のもとで、教育を受ける権利がすべての国民に平等に保障されるという国家による確約が、教育と学校を結び付けることになる。

　ところで、「自由」「博愛」と並んで民主主義を支えるのが「平等」という理

念だ。社会学者の桜井哲夫によれば，出自によって固定化された身分の序列化において機能していた封建社会が崩壊したのち，社会の民主化を推し進めたのは，人々の「平等への情熱」であったという。だが，平等を求めることは，原理的に「みんなと同じ」であることへ向かわざるを得ない。桜井はフランスの政治思想家トクヴィルの，社会の民主化と大衆化（マス＝大きな塊）をめぐる論考を引きながら次のように述べている。

　平等への情熱が最高にたかまるのは，古い秩序がくずれ，諸階層をへだてていた壁がとりはらわれたときである。このとき，人びとは，俺のものだといわんばかりに「平等」のもとへ殺到し，それにすがりつく。こうした排他的な情熱に身をまかせて，人びとは聞く耳をもたなくなる。自由がいつのまにかなくなっていても気にとめないのである。彼らは盲目なまま，全宇宙のなかでほしいと思うものはただひとつのことだけなのだ。「みんなと同じでありたい！」

　　　　　　　　　　　　　　　　　　　　　　　　　　　（桜井，1984，26頁）

　固定された身分から解放され，何にでもなれる自由を得たはずの人々は，その自由から身を引きはがしてでも「みんなと同じでありたい」「みんなと同じものを手に入れたい」と願う。そして，産業社会における大量生産・大量消費が「平等への情熱」に応えることとなる。しかし，その情熱が満たされることは，個人が押し並べられて集団（大衆）に回収されることを意味する。この集団は，どこを切り取っても「みんな同じ」という意味で平等である。いや，ここで実現されるのは平等ではない。そうではなくて，「均質化」なのだ。平等を追求すればするほど，社会は均質化・標準化・規格化へと向かってしまう。均質化としての平等の実現。これは，平等な教育の追求（「みんなと同じ教育を受けたい！」）に応える，制度としての学校による平等な教育の保障においても当てはまる。

（3）「みんな同じ」を規定する学校

　教育の制度化は，「みんな同じ」「平等な」教育を受けることを可能にする。
では，「みんな」とは誰を指しているのだろうか。それは，国家という枠組み
に帰属する「国民」である。近代国家は，国境という境界線によって確定され
た領域（領土）と，そこに居住する人々からなる集団・共同体である。集団A
が独立した国家であるということは，集団Bや集団Cとは明確に区別された独
自の共同体であるということだ。しかし，それぞれの国家は，独自な共同体で
あるにもかかわらず，共同体の維持・発展を目指すという共通の目的に駆動さ
れてもいる。国家が維持・発展する上で，労働力と兵力の継続的な確保は最重
要課題である。そのためにはまず，人々に国家に対する帰属意識が醸成されな
ければならない。制度としての教育は，人権思想に基づいて「みんな同じ」教
育を受けることを保障するとともに，同じ言語・同じ歴史・同じ地理（領土）
を共有する，排他的な集団である国家への帰属を要請する（この要請が人々に意
識化されないとしても，である）。

　さらに学校は，国語の授業を通して，各地で話されていた方言（ヴァナキュ
ラー・ラングリッチ＝土着的な言葉）を標準語（ナショナル・ラングリッチ＝国語）
に置き換え，軍隊の訓練をベースとする体育の授業を通して，近代国家に適合
する形へと身体の動きを規格化していく（本書第2章参照）。そうすることで，
国家の維持・発展に寄与する均質化・標準化・規格化された国民が形成される。
平等な教育の希求が，学校におけるみんなと同じ教育の提供によって叶えられ
ることは，私たちの思考や身体が○○国民として均質化されていくことでもあ
る。つまり，学校には，教育における均質化としての平等を推進する機能が備
わっているのだ。裏を返せば，それは，国家の統治機構が，何をどのように学
ぶことが「みんな同じ」教育であるかを規定するということを意味する。

　ここで少し角度をかえて，「子どもはなぜ学校へ行く必要があるのか」と問
うてみよう。「学校に行かなければ，社会に出るために必要なことを学ぶこと
はできない。だから子どもは学校へ行く必要がある」という答えを思い浮かべ
る私たちの考え方は，それ自体，学校においてみんなと同じ教育を受けてきた

ことによって構成されたとはいえないだろうか。だとすれば，この考え方と制度としての学校とは同時に「誕生した」といえよう。

　私たちは，学校での教育によって社会に役立つ知識や技能を身に付けてきた。これは，学校教育の「社会化」という機能に照らせば当然のことである。ところが，子どもが学校で教育されることを痛烈に批判した思想家がいる。それが，イヴァン・イリイチである（翻訳書によっては「イリッチ」とも表記されるが，本章では「イリイチ」に表記を統一する）。次節では，イリイチの『脱学校の社会』(1977) を読みながら，彼の考える教育の「学校化」という問題を明らかにしていこう。

2　「学校化」された教育

（1）学校化された学習

　オーストリアのウィーンに生まれたイリイチは，ヨーロッパ各地で化学，哲学，歴史，神学を学び，カトリックの神父となるが，後年，司祭の資格を放棄して，先進国主導によるラテンアメリカの近代化・産業化に加担する教会制度を批判する立場に身を置いた。教育学の文脈では，制度化された学校において，子どもがみんな同じ教育を受けることを「学校化」という言葉でフレームアップして批判的に検討したことから，近代教育批判の思想家と目されてきた。

　イリイチは，「学校」を「特定の年齢層を対象として，履修を義務づけられたカリキュラムへのフルタイムの出席を要求する，教師に関連のある過程」（イリッチ，1977，59頁）と定義する。試みに，この定義に照らして日本の学校を説明してみよう。「子どもたちは 6 歳になるとみんな学校に行かなければならない。子どもたちは，あらかじめ定められた時間割通り，遅刻，早退，欠席なく授業に出席しなければならない。学校では，文部科学省により教員免許状を付与された教師が，学習指導要領に則って授業しなければならない。子どもたちは教師が教えることを学習しなければならない」。この説明は，現在の学校のあり方をある程度示してはいる。

　しかしながら，学校での具体的な経験を重ねてきた私たちにとっては，あらためて言語化するまでもない内容だとも思える。学校はすでに個人的な思い出に彩られた場所であるため，制度的な決まりごとが強調されるこの定義に少なからず違和感をおぼえもする。そもそも，この「学校」の定義には，「教育」という言葉が用いられていない。学校は，取りも直さず教育の場であるはずである。だが，イリイチは，学校で行われているのは，教育ではなく「学校化された学習」だと考える。私たちに居心地の悪さを感じさせるイリイチの「学校」の定義は，彼が考える教育の「学校化」という問題を指し示すものでもあるのだ。少し長くなるが，「学校化」という問題を指摘するイリイチの言葉を引いておこう。『脱学校の社会』第1章「なぜ学校を廃止しなければならないのか」の冒頭部分である。

　　多くの生徒たち，とくに貧困な生徒たちは，学校が彼らに対してどういう働きをするのかを直観的に見ぬいている。彼らを学校に入れるのは，彼らに目的を実現する過程と目的とを混同させるためである。過程と目的の区別があいまいになると，新しい論理がとられる。手をかければかけるほど，よい結果が得られるとか，段階的に増やしていけばいつか成功するといった論理である。このような論理で「学校化」されると，生徒は教授されることと学習することとを混同するようになり，同じように，進級することはそれだけ教育をうけたこと，免状をもらえばそれだけ能力があること，よどみなく話せれば何か新しいことを言う能力があることだと取り違えるようになる。彼らの想像力も「学校化」されて，価値の代わりにサービスを受け入れるようになる。　　　　　　　　　　　　　　　　　　　　　　　　　（イリッチ，1977，13頁）

「手をかければかけるほど，よい結果が得られる」「段階的に増やしていけばいつか成功する」という考え方は，学校における学習のセオリー（論理）だ。体育の授業での陸上競技「走り高跳び」を例に考えてみよう。80cm から始めて徐々にバーの高さを上げていく。クラスのみんなが記録を更新していく中，

どうしても 120cm を跳ぶことができない生徒がいる。そうなると，教師の指導にも熱が入る。「助走のリズムを摑むことが大事だよ。踏切の位置を少し下げてみようか。大丈夫，いつか跳べるから」。指導を受けて生徒は練習を重ね，ついに 120cm をクリアする。「ほら，努力すれば必ずできるんだよ」。しかし，そもそも，なぜ走り幅跳びができるようにならなければならないのだろうか。

　当然ながら，走り高跳びという学習課題は教師から提示されたものである。もし走り高跳びを拒否する生徒がいれば，それは教師への「反抗」とみなされるのであって，「この子が必要としている学習課題は別のものなのだ」という理解には（多くの場合）ならない。生徒たちは，教師が提示する学習課題を次々とこなして学年の階段を上がっていく。そして，学年が上がれば上がるほど，より多くを学んだとみなされ，学校を卒業すれば何らかの知識や技能を身に付けたということになる。この過程において，「いまの自分にとってほんとうに必要な学習課題とは何か」といった問いが生徒に生じる余地はない。生徒自身が学習課題や，それを学習することの意味や価値を自ら探究せずとも，学校が「価値あり」と定めてくれているものをただ受け取ればよい。イリイチはこのような学習過程を，学校化された学習と呼ぶのである。

（2）学習価値の一元化

　ここで，私たちが「子どもは学校へ行く必要がある」と考えるのはなぜかを，イリイチに問いかけてみよう。「制度から得られた分別によって，われわれは子供には学校が必要だと考える。そしてまたその同じ分別によって，われわれは子供は学校で学習すると考える。しかし，この制度から得られた分別それ自体が，学校の所産である」（イリッチ，1977，63頁）。私たちは，制度によって定められているがために，子どもは学校に行く必要があり，子どもが学習する場所は学校であると考える。イリイチの答えは，当たり前のことを述べているだけのようにも思える。だがイリイチは，こう指摘することで，「子どもは学校へ行く必要がある」という考え方自体を問い直そうとするのだ。

　私たちは，学校化された学習に対して，とくに疑問をもつことなく，当たり

前のこととして受け入れている。そして，学校が価値ありと定めてくれている
ものを受け取れば学習は達成されると考えている（あるいは，思い込んでいる）。
これは，人々の学習に対する価値観自体が「制度化」（本書第 4 章 [4] 参照）さ
れていることを意味するとイリイチは考える。制度化された学習価値を実現す
るという点において，人々の学校への期待は高まり，その期待に応えるため，
学校は子どもを手厚くサポートする。しかし，実際は，学校が子どもの面倒を
みればみるほど，いまの自分にとっての学習課題は何かという，子ども自身に
よる学習の価値や意味の探究機会は失われる。子どもたちの「想像力も『学校
化』されて，価値の代わりにサービスを受け入れるようになる」。そして，子
どもはますます学校化された学習に慣らされていき，学校への依存を高めてい
く。学習は，制度としての学校があらかじめ準備した知識と技能のパッケージ
を受け取ることへと縮約されてしまっているともいえる。生徒は，徹底的に受
け身の立場となる。また，このような学習は，既製品を買い求める消費活動に
なぞらえることもできるだろう。

　制度化された学習価値の実現における人々の学校への期待と依存は，学校化
された学習の「正当化」へと反転する。

　　就学を義務化することによって貧民が平等性を獲得することはない。それど
　　ころか，どちらの国においても学校があるというだけで，貧民は彼ら自身の
　　学習を自らコントロールする勇気をくじかれ，またそれを不能にされる。世
　　界中で，学校は社会に反教育的な影響を与えている。というのは，学校は教
　　育を専門に行う制度と認められているので，学校が教育に失敗すれば，それ
　　は，教育が非常に費用のかかるもので，複雑であり，いつでも素人にはわか
　　らないもので，しばしば不可能に近い仕事であることの証拠だと大抵の人々
　　に受けとられるのである。　　　　　　　　　　　　（イリッチ，1977，25頁）

教育の制度化は，「みんな同じ」「平等な」教育を受けることを可能にするは
ずであった。しかし，学校化された学習過程への社会的な信頼が高まると，よ

り多く（長く）学校教育を受けた者が有能であり，そうでないものは無能であるという価値観も醸成される。「学校は教育を専門に行う制度と認められている」ため，人々の知識や能力を測るモノサシも，学校化された学習過程が形成する（とされている）「学力」に一元化されていく。学校は，人々の学習に対する価値観を学力の蓄積に一元化した上で，その価値を実現する正当性をもった場所として自らを人々に提供する。学習価値の実現過程が学校に独占されるといってもよい。そして，学力の社会的価値が高まると，より多く（長く）学校教育を受けた者が，社会において優位な役割を担うことができるようになる。学校がつくりあげた学力というモノサシによって，人々は社会的に序列化されることになるのだ。これがいわゆる「学歴社会」である。

（3）平等な教育と学歴社会のパラドックス

　本章第1節で述べたように，平等を求めることは，「みんなと同じ」であることに向かう。だが，社会的な役割の配分においては，「みんなと同じ」教育を受ける中で蓄積されてきた学力をモノサシとして人々を序列化するために，学力のわずかな差異に注目せざるを得なくなる。

　　教授とは学習を便利にする環境を選択することである。（社会的）役割の配分は，その配分を受けるための条件となるカリキュラムを設けて行われ，進級を望む志願者たちはそのための条件としてそれを課される。学校は――学習ではなく――教授する内容をそれらの役割と結びつける。このことは道理に合ったことでもないし，人を自由にすることでもない。道理に合っていないという理由は，それが資格または能力を役割と結びつけるのではなく，その資格を取得すると思われる過程と結びつけるからである。人を自由にすることではない，すなわち教育的ではないという理由は，学校はあらかじめその社会によって是認されている社会統制の手段に適合するような学習をする者にしか教授しないからである。　　　　　　　　　　　（イリッチ，1977，31頁）

　ここでいう「社会によって是認されている社会統制の手段」こそが，学力である。子どもたちは，学校化された学習過程を通して個別性を押し均され，学力という「単位」に規格化される。「みんなと同じでありたい」「みんなと同じものを手に入れたい」と願うことは，逆説的に，学力における他者との差異化と序列化をめぐる競争へと身を投じることでもあるのだ。学校化された学習がもたらすのは，平等の実現ではなく，学力をめぐる競争に「みんな」を巻き込むことなのである。民主主義社会において自由になったはずの人々は，学習価値の実現を学校に期待し，かつ，依存するがために，学力による序列化へと再び囲い込まれることになる。学力の価値が過剰に引き上げられた社会において，教育の平等を実現することは不可能であるとイリイチはいうのだ。

③　「脱学校」という思想

（1）学校化された社会

　制度による教育の平等の実現は，何をどのように学ぶことが「みんな同じ」教育であるかを国家の統治機構が規定することであると先に述べた。私たちは，学校こそが教育の専門機関であるということを（ほとんど）疑わない。だが，ほんとうにそれでよいのか，とイリイチは問う。

> 国家が，全国民の受ける教育に関して何が不足しているかを確認し，それを取り扱う一つの専門化された機関を設立するのをわれわれは許している（中略）われわれもみな，他人にとって何が必要な教育であり何がそうでないかを区別することができるとする妄想を抱いているのである。
>
> 　　　　　　　　　　　　　　　　　　　　　　　（イリッチ，1977，52頁）

　私たちは，教育に限らず，生活に関わるありとあらゆる活動を「専門化された機関」に依存してはいないだろうか。いまの自分にとって，ほんとうに必要なことは何かと自ら考えることを放棄して，制度やそれを支える専門家にその

判断を委ねてしまっているのではないか。第2節で引いた教育の「学校化」という問題を指摘するイリイチの言葉には，次のような続きがある。

　　医者から治療を受けさえすれば健康に注意しているかのように誤解し，同じようにして，社会福祉事業が社会生活の改善であるかのように，警察の保護が安全であるかのように，武力の均衡が国の安全であるかのように，あくせく働くこと自体が生産活動であるかのように誤解してしまう。健康，学習，威厳，独立，創造といった価値は，これらの価値の実現に奉仕すると主張する制度の活動とほとんど同じことのように誤解されてしまう。そして，健康，学習等が増進されるか否かは，病院，学校，およびその他の施設の運営に，より多くの資金や人員をわりあてるかどうかにかかっているかのように誤解されてしまう。
　　　　　　　　　　　　　　　　　　　　　　（イリッチ，1977，13～14頁）

　学習のみならず，健康や安全など，私たちの生活を取り巻くあらゆる価値は，本来，それぞれの人が自ら生きることにおいて実現されるはずである。だが，学校や病院といった制度から，「これこそが学習である」「これこそが健康である」と提供されると，それらの価値の実現は，制度から施されるサービス（奉仕）を受け取ることに読み替えられていく。ひいては，何をするにも，制度や専門家の世話なしには立ち行かないと思い込むようになる。と同時に，それが思い込みであること自体が忘却される。すると，私たちの生活は，常に，それ自体としては充足し得ない状態に置かれることになる。なぜなら，専門家の手を借りなければ，自分の生活に価値があるか否かを判断できなくなるからだ。「裕福な者も貧困な者も同様に学校と病院に依存しており，それらが彼らの生活を導き，世界観をつくり，何が正しく何が正しくないかを示してくれる」（イリッチ，1977，15頁）。生活のすべてを制度に依存する「学校化」された人間の誕生である。イリイチは，人々の活動，生活，人生，そして生命が，制度によって管理され，人間がことごとく受け身に置かれている状況を，社会全般の「学校化」と捉えている。

（専門家による）面倒みのよさは，彼らをより多くの世話をあてにするようにするばかりであり，彼らに自分たちの地域社会の中で，自分たちの経験と資産をもとに，自分たち自身の生活を組織立てていく能力を，ますます失わせることになるのである。　　　　　　　　　　　　　（イリッチ，1977，18頁）

　制度による教育や健康などのサービスの提供と，それに対する人々の期待と依存は，制度化された価値観では測定できない，内的な充足による生活価値の実現機会を奪う。それと同時に，それぞれの人の生活が，地域社会の結びつきを超えて，制度に直接結びつけられるため，人々の相互的な関わり合いや助け合いをも破綻させる。そして，サービスを受けることに慣らされた人々には，「独学は信用できない」「病院に行かないのは無責任だ」というような考え方が当たり前になっていく。制度に依存していない活動は，あまねく信頼性・妥当性を疑われることになるのだ。

（2）ヴァナキュラーな価値

　「学校化」された社会においては，人々の生活すべてが制度に紐づけされるため，人間は，制度化された価値を受動的に消費する存在へと貶められてしまう。そして，制度に依存していない活動の価値もないがしろにされる。だが，私たちは，制度によって定められているがゆえに，「子どもは学校へ行く必要がある」と考えるのではなかったか。「ニワトリが先か，タマゴが先か」のジレンマではないが，制度がなければ，制度化された価値に囲い込まれることもない。イリイチはこの点について，制度化された価値に「ヴァナキュラーな価値」を対置させ，さらに考察を深める。

　「ヴァナキュラー（vernacular）」は，「その土地に固有のもの」「土着的なもの」といった意味の言葉である。ローカルな場所での限りある資源に基づく土着的な活動は，生活にほんとうに必要なことは何かを見極めることに始まる。それぞれの土地に暮らす人々は，お互いに助け合いながらそのつど生活の必要を満たし，ヴァナキュラーな生活の価値を生み出していく。

　ヴァナキュラーな価値の実現においてイリイチが注目するのは，書き言葉に対置される話し言葉，つまり「ヴァナキュラーな言語」の獲得過程だ。書き言葉は，書くことができる者（教師や専門家）から，意図的な働きかけを一定期間受けなければ習得できない。そして，文字を書くためには反復練習が必要である。しかし，教育が制度化される以前の社会では，書き言葉をベースとする標準語（国語）自体が存在しなかった。標準語は，排他的な集団である国家に帰属する国民であることを証するために生み出された，フィクショナルな言語なのである。○○国民として均質化される以前の人々は，ローカルな場所でのみ通用する話し言葉をベースとする方言，つまり，ヴァナキュラーな言語においてコミュニケーションをとっていた。

　では，話し言葉はどのようにして獲得されるのか。『シャドウ・ワーク』の第4章「人間生活の自立と自存にしかけられた戦争」において，イリイチは次のように述べている。

　ヴァナキュラーなものは，（中略）共有されることによって広まった。すなわち，任命された教師や専門家に従属するのではなく，むしろ相互的な互酬のさまざまな形態によって広まったのである。（中略）たいていの文化では，話しことばは日常生活に埋めこまれている会話から，すなわち喧嘩と子守唄，うわさ話，物語，夢に耳を傾けることから生じたことが知られている。

（イリイチ，2006，145頁）

　話し言葉は，「喧嘩と子守唄，うわさ話，物語，夢に耳を傾ける」といった日常的なやり取りの中で，無意図的に生まれ，そして身に付けられていたとイリイチは考える。そこに，教育の制度や専門家が介在する必要はない（そもそも存在すらしない）。ヴァナキュラーな価値を実現するのは，日常的なやり取りにおける，無意図的で非専門的な学びなのである。これが，イリイチが考える教育（あるいは，教育と名づけられる以前の何か）の原風景であるといってよいだろう。

　人々が暮らす土地に根ざしたヴァナキュラーな価値は，モノやコトの個別性を均質化する「貨幣」というモノサシでは測ることができないがゆえに，市場（マーケット）においては交換不可能な価値である。ところが，各地で土着的な生活を営んでいた人たちは，国民国家の成立により，〇〇国民として標準化されるようになる。同時に産業化が昂進して，ヴァナキュラーな活動の個別性は押し均され，あらゆるモノやコトは貨幣価値に換算されて交換可能となる。こうして，あらゆる人たちが「みんなと同じでありたい」「みんなと同じものを手に入れたい」と願う消費社会が到来する。国民として国家に帰属することと，消費への欲望をかき立てられることは，すなわち，外側から与えられたものに従属し，それに価値を見出すことである。こうして，内的な充足において実現するヴァナキュラーな価値は掘り崩されていくことになる。

（3）脱学校化された教育

　制度化された価値を疑うことなく受動的に消費するだけの人々は，その裏返しとして，制度に依存していない活動に疑いの眼差しを向ける。この学校化された人々の考え方を「脱学校化」しなければならない，とイリイチはいう。脱学校化は，人々の相互的な関わり合いや助け合いによって，制度化された価値観では測定できない，内的な充足による生活価値の実現を目指すためにイリイチが生み出した言葉だ。先ほどみたヴァナキュラーな価値の実現過程が，脱学校化された社会のプロトタイプである。だが私たちは，時間を遡って国家や貨幣のない社会へ回帰することはできない。現在の社会において，脱学校化された教育はどのように実現可能なのであろうか。イリイチのアイデアを聞こう。

　イリイチは，教育が脱学校化されるためには「技能を教授することがカリキュラムの束縛から解放されなければならないように，自由教育は学校に通う義務から解放されなければならない」（イリッチ，1977，40～41頁）という。読書算といった基本的な技能は，学校的な教授と機械的な反復練習によって獲得可能である。この場合，それぞれの技能の獲得に別の要素を組み合わせるカリキュラムは不要だ。他方，獲得した技能において何を学ぶのかには，「いまの

自分にとってほんとうに必要な学習課題とは何か」あるいは「いかに生きるの
か」といった個別的な問いが関わらざるを得ない。イリイチは，前者を「技能
訓練（スキル・インストラクション）」，後者を「自由教育（リベラル・エデュケー
ション）」と呼んで区別する。そして，学校から自由教育を解放して，学習者
の手に学習の主導権を取り戻さなくてはならないと提言する。

　学校という制度から解放された自由教育には，カリキュラムも，免許状をも
つ教師も，教室も必要ない。学習を望む者と教える者とのマッチングのみが，
自由教育の条件となる。そのためには，制度に限定されない「生徒と教師」の
つながりが必要だ。

　　最も根本的に学校にとって代わるものは，一人一人に，現在自分が関心を
　　もっている事柄について，同じ関心からそれについての学習意欲をもってい
　　る他の人々と共同で考えるための機会を，平等に与えるようなサービス網と
　　いったものであろう。
　　　　　　　　　　　　　　　　　　　　　　　（イリッチ，1977，44頁）

　学習を望む者と教える者がお互いに関心を開示し合える場があれば，様々な
ヴァリエーションの「生徒と教師」が生まれる。現在であれば，インターネッ
トがこのマッチングの場となりうるかもしれない。学校という制度から解放さ
れることで，教育は新たな相貌をみせることになるのだ。イリイチの言葉にも
う少し耳を傾けよう。

　　技能の交換も，仲間を出会わせることも，ともに次のことを前提にしている。
　　すべての人に教育を与えるというのは，すべての人による教育をも意味する
　　ということである。人々を教育を専門とする制度に強制的に収容することで
　　はなく，すべての人を教育的に活動させることのみが国民文化の形成に通じ
　　ることができる。学習する能力だけでなく他人に教える能力をも行使すると
　　いう各人に平等な権利は，現在では免状をもった教師に占有されている。そ
　　れでは教師はどうかといえば，教師の権限は学校の中で行ってもよい事柄に

限られている。（中略）学校化された社会（schooled society）に根本的にとっ
て代わるものは，単に技能を正式に習得するための正式の新機構を求め，ま
た技能の教育的使用を要求するだけではない。脱学校化された社会（de-
schooled society）は，偶発的な教育あるいは非形式的な教育への新しいアプ
ローチでもある。
（イリッチ，1977，49頁）

　学校では，制度が免許を与えた者しか教えることができない。この意味で，
学校は，生徒のみならず，教師も均質化・標準化・規格化する。それゆえ，教
師も学校から解放されなければならないとイリイチは考えるのだ。様々なヴァ
リエーションの「生徒と教師」の関係において，教育は，教授–学習という形
式にとらわれない，偶然の出会いに彩られた活動となる。そして教師は，制度
に帰属しないゆえに「非専門的」な存在となる。

（4）「教育」が成り立つということ

　イリイチは，学校化された教育を根本的に批判して，学校の役割を基本的な
技能の訓練に限定すべきだと提案する。イリイチが学校の役割に制限を求める
のは，「教育」が成り立つことを，いまだない新しいものが生まれてくる過程
と捉えているためだ。

　社会にはその社会が蓄積してきた記憶があるが，教育が成り立つかどうかは，
その記憶の扉を開く鍵のうちのいくつかをすでに持っている教育者と学習者
の間の関係がどうなっているかに依存している。教育が成り立つかどうかは
また，記憶を創造的に使用するすべての人々が批判的意図をもつかどうかに
依存している。そしてまたそれは，探究者とその相手役に思いもよらない問
題が突然生じて，知識の新しい扉を開くことになるかどうかにも依存してい
る。
（イリッチ，1977，41頁）

　社会には様々な人々が生きているゆえに，「社会が蓄積した記憶」も，本来，

多様であるはずだ。しかし，制度が認めた記憶にしかアクセスできないとすれば，この多様性は失われてしまう。制度としての学校では，記憶の多様性を担保することはできないとイリイチは考えるのだ。学校から解放された「生徒と教師」の関係は，多様な関心において結びつくゆえに，「思いもよらない問題が突然生じて，知識の新しい扉を開くこと」になるかもしれない。それが，イリイチの考える「教育」であり，社会の変化への希望である。

4　教師の専門性を問い直すために

（1）教育という問題

　日本では，1970年代以降，非行，校内暴力，いじめ，登校拒否（不登校）といった新しいタイプの教育問題が噴出した。これらの問題がなぜ「新しい」かというと，それは，制度としての学校そのものが生み出した「教育という問題」であるからだ。近代国家の成立当初の教育問題は，「みんなが平等な教育を受けられるようになること」であった。だが，高等学校への進学率が100%に迫る頃には，「みんなが平等な教育を受けていること」が問題を生むようになったのである。当時のドキュメンタリー映像では，教師への反抗を繰り返す生徒の一人がカメラに向かってこう訴えている。「オレらもそりゃ悪いけど，学校がオレらを悪くさせてるんだ」。

　学校の管理主義的な側面が，子どもたちの主体性を奪い，規律への従属を強いる。さらには，少しでも多くの学力を蓄えるよう常に子どもを急かす。イリイチの『脱学校の社会』は，「よきもの」としての学校教育を問い直さざるを得ない状況において，広く読まれた。学校という制度における他律的で受動的な学習のあり方は，人を，生活の意味や価値を他者とともに互酬的に探究する能動的な学習者ではなく，生活のすべてを制度と専門家に依存する消費者にしてしまう。このようなイリイチの主張は，当時，教育に関わる人々にアクチュアリティをもって受けとめられたといえるだろう。

（2）教師の専門性とは何か？

　イリイチの脱学校という教育論は，「学校に行かなければ社会に出るために必要なことを学ぶことができない」という当たり前を疑うよう私たちに迫る。「子どもたちはみな，学ぶために学校に行くことができる」のであって，「子どもたちはみな，学ぶために学校に行かなければならない」訳ではない。学校は，様々な学びの場のうちの一つに過ぎず，学校がなければ教育が成り立たないという訳ではないのだ。この意味で，オルタナティブ・スクールやホームスクーリングなども，子どもが学習課題を探究する場としての選択肢でありうるだろう。他方で，イリイチの主張する脱学校化された学習が，私たちにとってどれだけアクチュアルなものかは，疑問の余地があるところだ。たとえば，脱学校化された学習を促進するかにみえるインターネットには，クリック一つで誰をも専門家にしてしまうという側面があり，学習を望む者と教える者とのマッチングのみならず，学習すら不要とする。

　最後に，教師を目指す上で，イリイチの思想をどのように受け止めることができるのかを考えておきたい。日本で教壇に立つためには，大学で教職課程を修めて教員免許を取得しなければならない。最近では，教職課程に「コアカリキュラム」が設定されるなど，教師の質保証がこれまで以上に重視されるようになっている。裏を返せば，教師の均質化・標準化・規格化の強化であるともいえよう。教師は，授業の専門家であり，子ども理解の専門家であり，保護者対応の専門家であり，地域連携の専門家である。ここに，道徳教育を加えてもよい。教師は，ますます多くの専門性を備えることが求められている。しかし，教師の専門性は教員免許制度においてのみ保障されると考えてよいのだろうか。

　学校という制度自体が「教育という問題」をはらんでいることが明らかになったいま，学校をただよきものとして受け入れ，学校の現状に無批判であることは，教師としての主体性を放棄することでもある。私たち教師は，「制度による囲い込みから逃れ続ける」という教師の専門性のあり方を考えてみることができるのではないか。そのためには，教師が自ら教育を語ることで，教育の新しい扉を開き続ける必要がある。教育を語る言葉を豊かにすることは，教

育の価値や意味を創造していくことでもあるからだ。私たちはこうして，現在の「私」を形づくった学校という制度を疑うという地平に立ち続けることになるのである。

引用文献
イリッチ，I. 著，東洋・小澤周三訳（1977）『脱学校の社会』東京創元社。

イリイチ，I. 著，玉野井芳郎・栗原彬訳（2006）『シャドウ・ワーク——生活のあり方を問う』岩波書店。

教育思想史学会編（2017）『教育思想辞典（増補改訂版）』勁草書房。

桜井哲夫（1984）『「近代」の意味——制度としての学校・工場』日本放送出版協会。

---**学習の課題**---

(1)　教育を成り立たせるものは何か，あなたの考えを150字程度で書いてみよう。

(2)　(1)で書いた自分の「考え」を分析対象として，あなたが「教育」をどのようなことと捉えているかについても文章化してみよう。

【さらに学びたい人のための図書】

イリッチ，I. 著，東洋・小澤周三訳（1977）『脱学校の社会』東京創元社。
　　⇨自明視されている「学校と教育」の結びつきにおける問題点を，イリイチの言葉を紐解きながら再考してみよう。

イリイチ，I. 著，桜井直文監訳（1999）『生きる思想——反＝教育／技術／生命（新版）』藤原書店。
　　⇨本章で取り上げたイリイチの「脱学校」の思想は，教育という営み自体の徹底的懐疑へと展開する。学ぶことを「生きること」に照らして問い直す，彼の思考のダイナミズムに触れることができる。

（辻　敦子）

第9章 監獄としての学校
―― 「主体性の育成」を問い直す

この章で学ぶこと

現代フランスの思想家フーコーは，学校や，病院，工場，兵営などの施設が，いずれも規律・訓練による管理装置としての働きをもつ点で，監獄に似ていることを明らかにした。規律・訓練による管理装置の本領は，自ら規範に従う，社会にとって有益な，主体＝臣民を育成するという点にある。フーコーによれば，この規律・訓練による管理装置によって生み出される権力は，近現代の社会の隅々にまで浸透している。彼の著作を参照することにより，児童生徒の「主体性の育成」を理念に掲げる近現代の学校教育に孕まれた，匿名の権力による管理統制という問題点に，光があてられることになるだろう。

1 学校は監獄に似ている？

「学校は監獄に似ている」と言われたら，あなたは「たしかに！」と共感を覚えるだろうか，あるいは「まさか！」と驚くだろうか？

筆者が担当している教職課程の授業においては，毎年「学校をほかの何かに喩えるなら？」という課題に取り組んでもらっている。受講生からは，工場，花畑，遊園地，動物園などの回答と並んで，監獄，刑務所，牢屋などの回答も必ず見られる（本書第3章参照）。学校を監獄のように不自由な場所だと感じている学生が，教職課程の履修者の中にさえ一定数存在しているということである。

本章の主題はこの監獄としての学校のイメージである。このようなイメージの背後には，単に校則が厳しいとか，教師が偉そうだとかいう以上に，もっと根深く深刻な問題が隠されている。学校と監獄との類似性に目を向けることに

◆学校と監獄の類似点とは？◆
　学校と監獄に共通の特徴があるとすればそれは何だろうか？　本章の議論の出発点として あなた自身の意見を書きとめておこう。書いたものをもとにほかの受講生と意見交換をしてみるのもよいだろう。
類似点①＿＿＿＿＿＿＿＿＿＿＿＿＿＿＿＿＿＿＿＿＿＿＿
類似点②＿＿＿＿＿＿＿＿＿＿＿＿＿＿＿＿＿＿＿＿＿＿＿
類似点③＿＿＿＿＿＿＿＿＿＿＿＿＿＿＿＿＿＿＿＿＿＿＿

よって，近現代の教育に孕まれた重大な問題点が明らかにされるだろう。この問題点に光をあてることにより，これを克服するための方途に関しても，重要な示唆が得られるものと期待される。

［ 2 ］　規律・訓練による管理

　監獄とは，いささか厳重な兵営であり，寛大さの欠ける学校であり，陰鬱な工場であるが，極端な場合であっても，〔これらとのあいだに〕質的な差異は何ら存在しない。
(Foucault, 1975, p. 235)

　これは，フランスの思想家ミシェル・フーコー（Michel Foucault）の著作，『監獄の誕生』（1975年）にみられる一節である。本書の中でフーコーは，「規律・訓練（discipline）」に基づく管理の徹底に，近代社会の特徴をみて取った。規律・訓練による管理の本領は，自ら規範に従う，社会にとって有益な主体＝臣民（sujet）を育成するという点にある。フーコーによれば，監獄，病院，工場，兵営などと並んで学校も，この規律・訓練に基づく主体＝臣民形成のための装置にほかならない（Foucault, 1975）。
　この規律・訓練による管理装置のモデルとして『監獄の誕生』に紹介されているのが，イギリスの哲学者ジェレミ・ベンサム（Jeremy Bentham）の設計による「一望監視装置」（図9-1，9-2）である。この装置は，円環状に配置された複数の独房と，中央に置かれた監視塔からなっている。監視役は塔からすべての収監者を見張ることができるが，塔の窓には鎧戸が設けられているため，

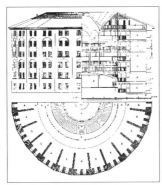

図9-1　ベンサムによる一望監視
　　　　装置の設計図

出典：Wikimedia Commons より転載。

図9-2　一望監視装置をモデルにした監獄

出典：ⒸFriman Wikimedia Commons より転載。

収監者からは監視役の姿を見ることができない仕組みである（Foucault, 1975）。

　このためいつ監視塔から見張られているのか知ることができない収監者は，いつも「見張られているかもしれない」という意識を抱くことになる。だから監視役は常に塔から目を光らせていなくてもよい。たとえ監視塔の中には誰もいなかったとしても，「見張られているかもしれない」という意識によって，収監者は自ら自分を監視することになるからである。

　このようにして，従うべき規範の体現としての監視者の眼差しを，収監者の内面に植えつけることにより，収監者自身に監視者の役割をさせるという点に，規律・訓練による管理の最大の特徴がある。収監者が自ら規範に従うように規律・訓練を施すのは，特定の監視者ではなく，巧妙に設計された管理装置そのものである。このため規律・訓練による管理が成功するところでは，監視者が匿名の脇役となって背景に退く代わりに，自分自身を監視するように躾けられた，従順かつ有益な主体＝臣民が育成されることになる。

3　監視，制裁，試験

　フーコーによれば，この規律・訓練に基づく主体＝臣民の育成は，監視，制

裁，試験という3つの手段によって実現されるという。

① 監　視

　すでに一望監視装置に関する説明にもあったように，規律・訓練による管理にとっては，視線によって人々を見張り，視線によって人々を躾けるといったように，監視が重要な手段となる。規律・訓練の装置における監視には，特定の監視者による監視だけではなく，自分自身による自己の監視，仲間同士の相互の監視などが含まれる。こうした種々の監視によって，人々の素行や性質は白日のもとに曝され，発言や行動は細やかに記録され，規則違反は速やかに取り締まられる。このようにして集積された個々人についての詳細な情報は，彼／彼女らをより従順かつ有益な主体＝臣民へと育成するために，規律・訓練の道具として役立てられることになる（Foucault, 1975）。

② 制　裁

　規律・訓練による管理にみられる制裁は，次の諸点において犯罪者への刑罰とは異なる。第一に，制裁は遅刻，怠慢，不作法，饒舌，だらしない姿勢，下品なふるまいなど，法には問われない些細な違反に関わる。第二に，制裁は違反者への報復としての処罰であるよりは，違反者に一定の所作や技能を学習させる矯正という性格をもつ。第三に，制裁は褒賞と並んで対象となる個人に評価を与えるものであり，これによって，人々の間に技能や適性の違いに基づく序列を生み出す。さらに，この序列そのものが一種の制裁または褒賞としての働きをもつ。以上の特性によって制裁と褒賞は，人々に社会の規範を強く意識させ，規範に適う所作や技能を学ばせ，規範に従うことによる利得を教えるのである（Foucault, 1975）。

③ 試　験

　規律・訓練による管理における試験の役割は，人々の素行，性質，技能，適性などに関する情報を，目に見えるようにして集積することにある。このため試験とは一種の儀式めいた監視の手段であるといえる。試験によって人々は事細かに測定され，素行や性質によって分類され，技能や適性によって比較され，一定の序列の中に配置される。このため試験はまた制裁と褒賞の手段としても

用いられる。一定の尺度に基づく評価を受けることによって，人々は，社会の求める規範への適合の程度を診断され，矯正，修練，治療，教育の対象として扱われることになる（Foucault, 1975）。

［4］　規律・訓練型の権力

　こうして，規律・訓練による管理装置の働きによって，人々のうえに一種の権力（pouvoir プーヴォワール）が行使される。この点に『監獄の誕生』における議論の要点がある。この規律・訓練型の権力にみられる特徴として，この書籍の中でフーコーは次の諸点をあげている。

　第一に，この権力は君主をはじめとする特定の個人や国家によって，特権のように専有されるものではない。規律・訓練による管理装置における権力は，監視，制裁，試験といった手段を通して，この管理装置の働きによって人々の間に醸成される。看守や医師や工場長や教師と同じく，囚人や患者や従業員や生徒もまた，この装置の部品として組み込まれている。規律・訓練型の権力とは，監視，制裁，試験などの手段によって形成される，人々を捕える関係の網目のようなものである（Foucault, 1975）。

　第二に，権力が特定の個人の所有ではないということは，この規律・訓練による管理装置に関わる人々は誰も，この権力の影響から逃れることができないということでもある。囚人や患者や従業員や生徒と同じく，看守や医師や工場長や教師もまた，常に監視されており，制裁や褒賞を与えられ，一定の尺度に基づく評価を受ける。規律・訓練型の権力は，囚人や患者や従業員や生徒だけでなく，看守や医師や工場長や教師にもまた，従順かつ有益な主体＝臣民であることを要求するのである（Foucault, 1975）。

　第三に，規律・訓練型の権力の本領は，単にこの権力を維持・増幅するために人々を処刑したり抑圧したりすることではなくて，個々人を社会の役に立つ人材として育成することにある。近現代の監獄，病院，工場，兵営，学校などにあっては，「権力に従順であること」と「社会の役に立つこと」は，表裏一

体の関係にある。規律・訓練による管理装置にとって重要なのは，生産の増大，経済の発展，教育の拡大，道徳水準の向上など，要するに，「社会の諸力を一段と強くすること」なのである（Foucault, 1975）。

> 規律・訓練を旨とする権力は，実際にその主要な機能としては，搾取や天引きをする代わりに「訓育を課す」のである。あるいはおそらく，もっと巧みに天引きしたり，より多く搾取したりするために，訓育を課すといったほうがよいだろう。
>
> （Foucault, 1975, p. 172）

　フーコーによれば，このような規律・訓練型の権力は，近現代の社会に広く浸透しているという。役に立つ個人を効率よく育成するという機能を備えた，規律・訓練による管理装置は，いまや社会の維持・発展のために重要な役割を果たしている。あまりにも当然のように身近に作用しているため，人々は普段この権力の影響を受けていることにすら無自覚である。こうして権力が透明になり匿名になればなるほど，規律・訓練による管理装置は，ますます効率よく人々を管理することができるようになる。このように，規律・訓練による管理が徹底され，規律・訓練型の権力に浸透された社会のことを，『監獄の誕生』では「規律・訓練型の社会」と呼んでいる（Foucault, 1975）。

5　監獄と学校の類似性（1）——主体性の育成の陥穽

　以上，規律・訓練による管理装置と，規律・訓練型の権力に関するフーコーの議論をみてきた。上述のように，監獄，病院，工場，兵営などと並んで学校もまた，この規律・訓練による管理装置の一種であるというのが，彼の見識であった。以下においては，監獄と学校とがいかなる点で類似しているのかを，具体例を交えて検証していくことにしたい。このさい，フーコーの思想を導きとして現代教育の課題を説き明かした，田中智志（2009）による論考が，貴重な示唆を与えてくれるだろう。

　学校教育法第30条第 2 項，および第49条，第62条には，学校教育のとくに重要な課題の一つとして，児童生徒の「主体的に学習に取り組む態度」を育成すべきことが定められている。これを受けて新学習指導要領にもまた，児童生徒の学びに向かう主体性を育むことが，教育に期待される役割であることが記されている。旧来の学習指導要領も児童生徒の主体性の育成を教育の課題として掲げていたが，2017年の改訂はこの取組みをさらに発展させようとするものである（中央教育審議会，2016）。

　だが『監獄の誕生』における議論をみてきた私たちは，次のような点を問い直さないわけにはいかない。主体性の育成という美名のもとに，実際に多くの学校で行われているのは，教師にとって都合がよく社会にとって使い勝手のよい，主体＝臣民の育成なのではないか。学校に通っている児童生徒は，与えられた規範に自ら従うように仕向けられ，従順かつ有益な人材になるために人生を搾取されているのではないだろうか。規律・訓練による管理装置に関するフーコーの議論は，主体性の育成を主眼とする近現代の教育の理念と実践を，厳しく問い質すことを要求するのである（田中，2009を参照）。

　たとえば，学びに向かう主体性の育成が重要であるといわれるとき，教師や社会にとって都合のよい主体性が暗に想定されていないだろうか。各教科の学習に意欲をもって取り組み，与えられた課題を完璧に仕上げ，授業中の教師の発問には手を挙げて答え，家に帰っても予習・復習を欠かさない——教師や社会にとって扱いやすい「良い子」が，教室の理想とされていないだろうか。反対に，週 3 日は学校を休んで熱心に雲の写真撮影に取り組んでいる児童や，数学の授業中に一心不乱に漫画を描いている生徒などは，学びに向かう姿勢に変わりはないはずなのに，理想に反するものとみなされているのではないか。このように疑問を投げかけてみることにより，耳に心地よい「主体性の育成」という理念の裏に潜んでいる，規律・訓練型の権力の働きを浮かび上がらせ，問い直すための出発点を築くことができる。

　誤解のないように注記しておくなら，個々の教師が子どもたちを支配しようという意図をもっているか否かは，この問題とはまったく関係がない。なぜな

らすでにみてきたように，規律・訓練型の権力とは教師個人によって所有・行使されるものではなく，監視，制裁，試験を手段とする管理装置の働きによって生み出され，人々に効果を及ぼすものだからである。むしろ，児童生徒の健全な成長を願う教師の善意もまた，規律・訓練による管理装置の効率のよい動作のために，匿名の権力によって搾取されているとみることもできる（田中，2009を参照）。

6 監獄と学校の類似性（2）——空間，時間，身体の管理

　もちろん，学校には監獄のような鉄格子の牢屋や独房はなく，一望監視装置に見られたような監視塔も存在しない。だが，児童生徒は朝から夕方まで学校の敷地内に留まることを要求されており，授業中はたいてい教室にいることが当然とされている。また多くの場合，教室においては一人ひとり座るべき座席が決められており，勝手にほかの座席に移動することは許されていない。教卓からはすべての座席を見渡せるようになっており，子どもたちの出欠や遅刻，学習の様子などを，教師は簡単にチェックすることができる。小さな座席に縛りつけられた児童生徒は，授業中には眠ることも水を飲むことも許されず，トイレに行くのにも許可を得なければならない（図9-3）。

　また学校は，空間に関してのみならず時間に関しても，児童生徒の生活を縛りつけている。登下校の時間，朝学習の時間，授業の時間割，休憩時間，掃除の時間，部活動の時間——学校にいる間の子どもたちの生活は，文字どおり分刻みで管理されている。数学の問題を解くのに没頭していて，あとちょっとで答えに辿り着けるというときであっても，英語の授業が始まったら解くのを中断しなければならない。たとえお腹が空いていなくても昼休みには給食を食べなければならず，いくらお腹が空いていてもほかの時間に食事をとることは歓迎されない。体調不良でない限り休憩時間以外に休むことは認められず，授業中は許可がなければ友人と話すことや席を立つこともできない。

　さらに，児童生徒の服装，所持品，姿勢，言動などについても，多くの学校

が厳しい指導を行っている。服装，髪型，髪色，装飾品，所持品に関する厳格なチェック，授業を受けるときの姿勢に関する指導と矯正，教師の発問に答えるときの手の挙げ方や喋り方の規則——子どもたちは，自分の趣味にあった服装や髪型などを選ぶことも，各々がリラックスでき

図 9-3　学校の教室
出典：写真 AC より転載。

る姿勢で講義などを聞くことも，授業によっては自由に発言することすらも認められていない。一方で「個性尊重」とか「自主自律」といったスローガンを掲げていながら，他方ではこのように厳格な規則と指導によって児童生徒の身体を拘束している点に，現代の教育の矛盾をみることもできるかもしれない。

　こうしてあらためて眺めてみることによって，見慣れたはずの学校の風景の中に溶け込んでいる，規律・訓練型の権力の働きが浮かび上がってくる。以上みてきた例のほかにも，学校における子どもたちの生活を管理するための校則や学級の規則は，数えきれないほど存在している。児童生徒はこうしたすべての事柄について，教師による助言，指示，忠告などに，忠実に素早く従うことを求められている。このようにみてくると，学校とは鉄格子のない監獄のようなものだ，と感じている子どもたちがいたとしても，あながち的外れとはいえないということが，あらためて明らかになってくる。

　7　監獄と学校の類似性（3）——主体＝臣民の育成

　以上みてきたような指導・矯正の本質は，「服装は心の鏡」といった標語によく現れている。学校における空間，時間，身体などの管理が目的としているのは，単なる外見や生活の統制ではなく，児童生徒の内面＝精神の統制なのである。身体への介入をとおして精神を統制していくことこそが，規律・訓練による管理装置の重要な機能なのだといえる。

　結果として多くの子どもたちが，上述のような規範——いくつかの極端な例を除けば——を疑うことなく受け入れており，むしろ当然の規則として自らこれらに従っている。逆に，正当な理由もなく学校を休むこと，授業中に教科と関係のない活動をすること，好き勝手な服装や髪型にすることなどは，問題のある行動だという価値観も，非常に広く普及している。ここには，一望監視装置の収監者にみられたのと同じように，教師あるいは社会によって与えられた規範を自己の内面に取り込み，自ら自分を取り締まってこの規範に従う，模範的な主体＝臣民の姿をみることができる。

　　チャイムが鳴って子どもたちがバタバタと席に着く。だが，教壇に立った担任教師は黙ったままで，授業を始めようとはしない。ただ柔和な笑みを浮かべて子どもたちを見ているばかりである。しばらくして一人の女児がハタと立ち上がり，黒板に残っていた前の時間の授業の板書を消しにいった。担任教師はいっそう大きな笑みを浮かべて語りかける。「○○さんありがとう。よく先生のしてほしいことがわかったね。さあ授業を始めよう！」

　規律・訓練による管理統制の効果は，実際には，児童生徒が教師や社会からの期待を先回りして叶えようとする，彼／彼女らの行動において現れてくる。教師や社会の期待を先取りすることによって，子どもたちは，自ら相互に見張り合い，お互いを評価し合い，序列を競い合うようになる。学校や教師もまた，学級委員などを選出したり，学力テストを実施したり，制裁や褒賞を与えたりすることにより，児童生徒の相互監視，相互評価，競争を煽りたてる。見たところ教師が何も指示などしていないように思われるのに，児童生徒らによって教師に都合よく運営されている学級こそが，規律・訓練による管理が行き届いている学級であるといえる。

　もちろん児童生徒の中には，学校をサボって遊びに出かけたり，授業中に漫画を読んでいたり，華美な服装で登校したり，といった事例も決して稀ではないだろう。だが重要なことは，①こうした行動が規範に反することだという価値観が広く共有されていること，②このため規範に従順な子どもたちと従順で

ない子どもたちとの間に明確な序列（褒賞と制裁）が与えられること，③これが学校や家庭や地域社会という装置の働きによって半自動的に行われることである。これにより，規範に従おうとしない児童生徒もまた，権力に逆らうことで権力を増幅させるという形で，規律・訓練による管理装置が効率よく作動するための，歯車として組み込まれる（田中，2009を参照）。

8 規律・訓練型の権力の弊害

　この匿名の権力による管理の主な問題点は次の2点に集約される。①規律・訓練が重視されるところでは個々人の感性や感情が軽視されがちであること，②社会の役に立つことが重視されるため個々人が「人材」として搾取されがちであること。以下順にみていくことにしよう。

　たとえば，あなたが，たまには学校を休んでのんびりテレビを観たいと思いながら，重い足取りで学校に向かうとき。電流と磁場の実験をもっと続けたいと思いながら，次の授業の準備のために理科室をあとにするとき。戦争の悲惨さを描いた VTR を「退屈だな」と思いながら，感想用紙には教師の期待どおりに「平和の大切さ」について綴るとき。このようなとき規律・訓練による管理装置は，自分の感性や感情よりも規範のほうが重要だという価値観を，あなたの精神に植えつけることに成功しているといえる。

　このことが，たとえば，学校や職場に行くのが辛くとも「休みたい」と言えない，代わりに冗談めかして「死にたい」と言ってしまう，または実際に命を絶ってしまうような人々を生んではいないか。あるいは，教師の求める答えを汲みとることに慣れてしまって，模範解答が準備されていないところで実感に基づく意見をもてない，または自分の意見に価値があると思えない人々を生んではいないか。個々人の感性や感情が軽視されるということは，何を喜び，何を悲しみ，何に怒り，何を楽しむのかなど，まさに人間が生きること＝生命の核心に関わる問題が，軽くみられるということである。

　こうして人々が自分の実感よりも規範を重視するようになるということは，

規律・訓練型の権力にとってみれば，人々が社会の役に立つようになるということにほかならない。しかし，社会にとっての有益さという尺度のみによって価値を量られるとき，人間は簡単に取り換えられる機械の歯車と同じように扱われ，代替のきかない個人の尊厳は無視されてしまう。さらに，親子の情愛に満ちた関係も，級友との協働や競争も，芸術作品と出会う感動も，豊かな自然にふれる体験も，あらゆる事柄が有益な人材を養うための「教材」として評価されることになる（田中，2009を参照）。

　何を学ぶのか，いつ学ぶのか，いかに学ぶのか，誰と学ぶのかが統制されているところでは，子どもたち自身の興味関心や学びへの意欲が発揮される余地は非常に狭くなる。規律・訓練による管理が社会全体へと浸透するということは，個々人が生きることそのものに伴う喜怒哀楽や，学ぶことそのものの愉悦や苦悩が，社会貢献を促進するための刺激としてのみ利用されて，あとは顧みられなくなっていくことを意味している。こうなると，学びに向かう主体性を育成するための理念／手法としてのアクティブ・ラーニングも，結局は教師に指示された活動に児童生徒が「自ら」取り組むだけの，規律・訓練による管理のための手段でしかなくなってしまうだろう。

［ 9 ］　規律・訓練による支配からの脱却

　だとすれば私たちはいかにして，現代社会の隅々にまで浸透している，この規律・訓練型の権力による支配から，逃れることができるのだろうか。

　第一に重要なのは，学校，病院，工場，兵営といった施設が，監獄と同じように，規律・訓練による管理装置という性格をもっていることを，私たちが明確に認識することである。規律・訓練型の権力は，目に見えない形で働く匿名の権力だからこそ，人々に「支配されている」と悟られることもなく，広く深く社会に浸透することができた。この規律・訓練による管理装置の特徴を明らかにしたフーコーの『監獄の誕生』は，このような透明な支配の実態に光をあてることによって，私たちがこの支配から自由になるための端緒を築くもので

あるといえる。規律・訓練型の権力による管理の手法と支配の実情を知ることにより，私たちは，いきすぎた管理統制による支配に抵抗するための開かれた視界を得ることができる（田中，2009を参照）。

　第二の課題は，個々人の感性や感情を受け止め合い認め合うことのできる，情動を重んじる人間同士の関係性を育むことである。肝心なのは，他者の感性や感情に思いをよせることであり，ひるがえって，自己の感性や感情にも丁寧に向き合うことである。このためには，学校を休みたいという想いや，理科の実験を続けたいという願い，道徳の教材を「退屈だ」という呟きなどが，正面から受け止められ尊ばれる関係性が重要である。ネガティブな感情をも受け止め合える場において初めて，規範や規則によって統制されることのない，率直かつポジティブな感情もまた解き放たれることだろう。こうした信頼関係は，規律・訓練による管理装置によって与えられた規範に，個々人の感性や感情のほうから問いを投げかけるための，大事な土台となるはずである。

　第三に重要なのは，社会の役に立つか否かという価値基準を離れて，異なる視点から世界や人間を眺めてみることである。生産の増大，経済の発展，教育の拡大，道徳水準の向上，これらは社会の維持・発展という観点からすれば，重要な課題であるに違いない。しかし，たとえば親子の情愛に満ちた関係や，級友との協働や競争，芸術作品と出会う感動，豊かな自然にふれる体験などのように，社会にとっての有益さという尺度のみによっては十全に捉えきれない現象が，私たちの人生には多く生起している。人間が生きることも世界があることも，社会にとって役に立つか否かという価値基準を超えた喜びや悲しみ，情愛や憎悪，驚嘆や退屈などへと開かれているということ。規律・訓練による支配からの脱却は，この点の洞察にかかっているといえる。

　このような課題に取り組むためのモデルとなりうる営みが2つある。1つは「問うこと」である。当然とされている制度や規範に問いを投げかけることにより，私たちは，知らない間に自分たちを支配している権力に光をあて，規律・訓練による管理装置のあり方を問いなおすことができる。もう1つは「遊ぶこと」である。遊びは規律・訓練によって与えられた規範に囚われず，社会

にとっての有益さという尺度にも縛られずに，これらを軽々と跳び越えて生命の躍動を引き起こす，喜びにあふれた自由な営みである（矢野，2006を参照）。学校教育が規律・訓練による管理統制から脱却していこうとするなら，これら「問うこと」と「遊ぶこと」という２つのモデルが，教育の理念と方法の両方にとって重要な示唆を与えてくれるものと思われる。

　　＊　フーコーの『監獄の誕生』の引用に際しては田村訳を参照しながら引用者が訳出した。

引用文献

田中智志（2009）『教育思想のフーコー――教育を支える関係性』勁草書房。
中央教育審議会（2016）「幼稚園，小学校，中学校，高等学校及び特別支援学校の学習指導要領等の改善及び必要な方策等について（答申）」。
矢野智司（2006）『意味が躍動する生とは何か――遊ぶ子どもの人間学』世織書房。
Foucault, M. (1975) *Surveiller et punir. Naissance de la prison*, Gallimard（フーコー，M. 著，田村俶訳（1977）『監獄の誕生』新潮社）.

（学習の課題）

　規律・訓練による支配を生まないような教育は実践されうるだろうか。もし実践されうるとすればそれはどのような教育だろうか。あなたなりの構想を書きとめた上で，他の受講生と意見交換をしてみよう。

【さらに学びたい人のための図書】

桜井哲夫（2003）『フーコー――知と権力（現代思想の冒険者たち Select）』講談社。
　　⇨規律・訓練型の権力や，主体＝臣民などに関するフーコーの思想を，さらに深く広く学んでみたい人に。
ボール，S. ほか著，稲垣恭子・山本雄二・喜名信之訳（1999）『フーコーと教育――「知＝権力」の解読』勁草書房。
　　⇨規律・訓練型の権力に関するフーコーの思想を踏まえて，近現代の教育実践や，教育制度，教育政策を問いなおしてみたい人に。
リヒテルズ直子・苫野一徳（2016）『公教育をイチから考えよう』日本評論社。
　　⇨日本とオランダの教育実践や，教育制度，教育政策を比較しながら，日本の教育の課題と将来の展望を探求したい人に。

（井谷信彦）

第Ⅲ部
（教育）現実編

第10章 教育の現代的な課題

——「いじめ・不登校問題」と教育実践

この章で学ぶこと

　　ここでは，学校教育における「いじめ・不登校問題」について，時代の影響を反映した問題の変遷と政策動向について確認しながら，児童生徒への指導，支援のための教師の実践的課題について検討していく。前半は，いじめ問題に焦点をあてて，ネットいじめを含めたいじめの特徴と初期対応のあり方について検討していく。後半は，不登校問題に焦点をあてて，多様化，複合化する不登校の要因と態様，教師や関係機関によるネットワーク支援のあり方について検討していく。さらに，保護者を励まし連携する視点から，不登校の捉え方と実践的課題，家庭における不登校のわが子との関わり方についても提起している。児童生徒の人権尊重の観点とチームによる指導，支援は，共通して重要である。

1　いじめ問題のいまを問う

（1）「大津いじめ問題」といじめ防止対策推進法

　2011年，滋賀県大津市立Ａ中学校で，中学 2 年の男子生徒が，尊いいのちを自ら絶った。その背景には，学校におけるいじめがあったとして，2012年に，遺族は大津市といじめ行為をしたとされる生徒，保護者を相手に損害賠償を求め民事訴訟を起こした。当初大津市教育委員会は，いじめはなかったとしていたが，遺書がない状況の中で「第三者調査委員会」は，報告書でいじめと自死の因果関係を認めた。その後，2015年には，原告と大津市の間で損害賠償をめぐり和解が成立し，死亡見舞金と和解金が遺族に支払われた。原告は，少年 3 名と保護者に対して損害賠償を求め，訴訟が継続している。

　この自死事件をきっかけとして，国政の場でもいじめ防止対策に関する議論

が進んだ。2013年，国会において「いじめ防止対策推進法」（以下，いじめ防止
法と略称）が成立した。いじめ防止法におけるいじめの定義は，第2条第1項
において，以下のように定められている。

　この法律において「いじめ」とは，児童等に対して，当該児童等が在籍する
　学校に在籍している等当該児童等と一定の人的関係にある他の児童等が行う
　心理的又は物理的な影響を与える行為（インターネットを通じて行われるも
　のを含む。）であって，当該行為の対象となった児童等が心身の苦痛を感じ
　ているものをいう。

　この定義によれば，すべての問題行動は，「児童等が心身の苦痛」を感じた
場合「いじめ」とみなされることになる。また，児童生徒，およびその保護者
等から「心身の苦痛を感じている」と訴えがあった場合，いじめの認知件数に
カウントされることになる。これでは，いじめを定義したことにはならないと
いう見解もある。しかし，この法律の趣旨は，放置すればいじめに発展するよ
うな状況や取り返しがつかないいじめの「重大事態」を引き起こさないために，
初期段階の児童生徒の不安やトラブルに対して，当事者の訴えや周囲の見解を
丁寧に聴き取りながら取り組むことを学校現場に求めた点にあると理解するこ
とはできる。いじめ防止法における定義は，文部科学省による従前の定義を継
承しながらも，これまでの「精神的な苦痛」だけではなく，「心身の苦痛を感
じているもの」とされている点に関しては，大きな変更である。
　2007年以降の文部科学省のいじめの定義では，「(注⑤)『ケンカ等を除く』」
とされていた（文部科学省，2012）。このため学校現場では，児童生徒間の暴力
事象などをめぐって，「いじめなのか，けんかなのか」といった議論が起こり，
「けんかであればどちらにも非があるので両成敗」といった論調が多くみられ
た。「大津いじめ問題」では，生徒がいのちを絶つ1週間ほど前に，トイレで
複数の相手から暴力を受けていた事実を他の生徒が教師に通報した。駆けつけ
た教師が，その場にいた当事者たちに確認したところ「けんか」だと言った

めに，様子をみようという判断がなされたと報告されている。重要なことは，目の前で起きているあらゆる暴力行為や迫害行為に対して，教師，学校がどのように取り組むかにある。

（2）いじめ問題の変遷

1970年代のオイルショックに端を発した経済不況を受けて，学校現場は校内暴力に象徴される「非行・問題行動」で荒れた。「非行・問題行動」に対して，学校は警察との連携を強め，頭髪・服装点検を中心とした管理強化によって，沈静化を図った時期である。

第一のいじめ問題は，1980年代半ばに，「非行・問題行動」の沈静化を図っていった状況の中で一つのピークを迎える。象徴的には，1986年の「東京・富士見中学校いじめ自死事件」があげられる。当時中学2年の男子生徒に対するグループの中での暴力行為がエスカレートし，学級では「葬式ごっこ」と称して，彼を死んだことにして色紙が回され，机には花や写真や線香が立てられるという集団での迫害が行われた。色紙には，クラスの大半と他クラスの生徒も含めて41名が寄せ書きをし，担任をはじめとして4名の教師も署名していた。彼は，2名の生徒の名前を記した遺書を残して，盛岡の駅ビルのトイレでいのちを絶った（朝日新聞社会部編，1986）。

学級集団が，個人を対象にしているようないじめ行為について，森田・清永（1994，46〜52頁）は全国的な調査を行い，被害者，加害者，周囲ではやし立てる観衆，見て見ないふりをする傍観者からなる四層構造をなしていると分析し，いじめ問題への取組みを提起した。

第二のいじめ問題は，バブル経済が崩壊していった1990年代半ばに，暴力行為のエスカレートと多額の金銭恐喝を伴う行為を特徴として起きている。象徴的には，1994年の「愛知・東部中学校いじめ自死事件」があげられる。当時中学2年であった男子生徒に対するグループの中での暴力行為や性的な辱めがエスカレートし，114万円にのぼる金銭恐喝が行われていた。彼は，金銭の要求額がエスカレートする中で，4名の加害生徒の存在を記した遺書をレポート用

紙4枚に書き残し，自宅の裏庭でいのちを絶った（中日新聞本社社会部編，1994）。

このようないじめ行為は，私的なグループの中で起きているために，外からはわかりにくい。いわゆる「パシリ」としての役割を担わされ，抜けたくても抜けられない状況に追いやられることもある。グループの中でのからかいなどが，何かの弾みで急速に歯止めのない迫害行為に転化していくこともある。

第三のいじめ問題は，携帯電話やインターネットが普及する2000年代以降，ネットいじめを特徴として広がってきた（原・山内編，2011）。現在は，これら3つの「いじめ問題」が錯綜して起きているといった状況がある。ネットいじめについて，次に述べておきたい。

（3）ネット・SNS の世界とネットいじめ

不安やコンプレックスとは表裏の関係であるが，ネット・SNS の世界で，自分を大きく見せようとする児童生徒や青年は結構多い。具体的には，1つには，多少の誇張やうそや自慢も含めて，必要以上に自己顕示をしてしまう傾向（自己顕示性）。2つには，偉そうな発言が多くなり，他者に対して攻撃的になってしまう傾向（攻撃性）。3つには，これらの傾向の対極には，必要以上に自虐的な言動を繰り返す傾向（自虐性）である（春日井，2008，269〜271頁）。

実は，このような傾向は，日常の生活の中にもみられる傾向であるが，ネット・SNS がもつ匿名性によって，ブレーキが利かなくなってしまう。攻撃を加える際の直接的な痛みを感じないで済むからである。この結果，自己顕示性，攻撃性，自虐性をネット・SNS 上で発揮している児童生徒や青年は，些細なきっかけから，逆にいじめのターゲットになりやすい。ネット上で集中攻撃を浴びるような事態が多発している。

このように，ネットいじめ（cyber bullying）は，従前のいじめとは少し異なる特徴をもっている。1つには，いじめの加害・被害関係が容易に入れ替わること。2つには，匿名性によって，集団的・個別的な攻撃に歯止めがかかりにくいこと。3つには，攻撃を受ける側にとっては，24時間攻撃の恐怖にさらされること。4つには，攻撃を受ける側の精神的な居場所への侵食によって，追

いつめられた状況を生じさせること。5つには，深刻化する背景には，日常生活におけるトラブルが介在していることである。

　ネット・SNS の活用に際しては，メディア・リテラシー教育として，「情報を活用する能力」「情報を発信する能力」「情報を評価・識別する能力」「情報を批判的に読み取る能力」などを育成していくことが必要である。同時に，自身のプライバシーの保持とともに，他者のプライバシーの侵害，ハラスメント，犯罪などを構成するネット・SNS での言動について理解し，被害者，加害者にならないための学校，家庭での教育が重要となっている。

2 　いじめ問題の捉え方と実践的課題──初期対応を中心に

（1）いじめ問題への初期対応

　中学校在職時に，生徒はいじめをどうみているのかについて学年で調査したことがある。大別して，「からかいや冷やかしなどを伴う行為」「仲間はずれや暴言などを伴う行為」「暴力や脅迫，傷害などを伴う行為」「金銭の恐喝や窃盗などを伴う行為」の4点があげられた（春日井，1995，42〜49頁）。後半の2点は，明らかに犯罪行為である。同様の傾向は，文部科学省調査からも窺うことができる。小中学校でのいじめの態様の1位は「冷やかし・からかい」が共通であり，2位は小学校では「仲間はずれ」，中学校では「言葉でのおどし」である。中学校，高等学校になると，「暴力，恐喝」といった犯罪行為が，上位を占めるようになってくる。

　いじめの態様は，このように多様であり，問題事象に応じた指導，支援が求められている。具体的には，犯罪行為であるような「暴力・恐喝」については，わかった時点で教師や保護者，専門機関など，大人による介入が不可欠である。他方で，「冷やかし，からかい，仲間はずれ」といった，日常の学校生活の中で起こる問題に対しては，保護者との連携を図りながら，まず教師，学校の指導，支援が求められる。成長過程の中で様々なトラブルや失敗を経験し，謝罪・和解，距離のとり方，関係解消などを学んでいくことが指導，支援の柱となる。その

一方で，初期対応に関しては，次のような共通の実践課題があるのではないか。

　1つには，気になる児童生徒の変化を察する姿勢をもつこと。「子どものなぜを自らに問う姿勢」を教師集団として大切にしていく必要がある。たとえば，「なぜあの子は，攻撃的なのか」「なぜあの子は，元気をなくしているのか」「なぜあの子は，登校を渋っているのか」など，そこに問題がすでに発生しているからである。問題事象の初期段階においても，この姿勢が深い子ども理解につながる。

　2つには，担任まかせにしないで，関係者がチームとして取り組むこと。教師個人の力量には限界があり，教育をめぐる諸課題の解決を図るために，①学校内で同僚等とつながっていく「内に開かれた支援ネットワーク」の形成，②学校外の専門機関とつながり協働を図っていく「外に開かれた支援ネットワーク」の形成が重要である。この取組みを通して，学校や専門機関の若手スタッフも，力量を高めていくことができる。

　3つには，チームで手分けをして事実の確認と問題点の整理を行うこと。日時を区切って，関係する教師が当事者双方と周辺から事実の確認を行う。その際に，当事者の主張が，100％一致することはまずない。このときには，一致点と不一致点を明らかにして，不一致点については保留し，一致点から明らかになった問題点に焦点をあてながら，指導，支援を行っていくことが重要である。子どもが，自分や友人，家族を守るために言えないこと，言わないこともある。

　4つには，いじめの問題事象が明らかになったときには，「着火（トラブル，けんか），発火（いじめ），炎上（学級，ネットへの拡散）」という視点をもちながら，指導，支援を行うこと。ネットいじめにおいても，問題の本質は日常生活におけるトラブルにあることが多く，着火点と発火点も異なる。指導，支援に際しては，きっかけとなった着火点にまで遡って感情のズレに焦点をあてて，可視化しながら関係の修復を行うことが重要である。

　5つには，関係修復について，幅広く捉えて指導，支援を行うこと。教師は，児童生徒が同じ学級や学年，部活等に所属するため，和解をゴールとする傾向が強い。しかし，関係修復の中身には，①謝罪を受け入れ和解する，②しばら

く心理的・物理的に距離を取る，③関係を解消するという３つの選択肢がある。相手が，謝罪の意思を示さないこともあり，当事者，とりわけ被害を受けた児童生徒の意向を尊重した関係修復の方向を最優先とする必要がある。

　６つには，相手方に悪意がない場合でも，１対複数・集団で対峙するような場合には，一人で対応した当事者が辛いと感じる場合も多くあり，「構造的ないじめ」が発生すること。その際には，次の点を大切にする必要がある。①このような児童生徒や保護者の話をきちんと聴く姿勢をもつ，②聴く姿勢の中で，とくに情動への応答を大切にすること。感情をきちんと受けとめることが，初期対応におけるズレを防ぐために重要である，③その上で，当事者双方の言動の意味をお互いに理解していくための指導，支援を行う。

（2）「いじめ」という多義的な言葉にとらわれない教育実践を

　冷やかし，からかい，仲間はずれ，誰がしたのか不明ないやがらせ，暴言，暴力，恐喝，窃盗など，犯罪行為をも含むあらゆる問題行動を「いじめ」という言葉で一括りにして定義するということは，必ずしも教育的とはいえない。大切なことは，学校現場で起きている具体的な問題事象に応じて，チームによる丁寧な取組みを蓄積していくことである。現代のいじめ問題は，1980年代以降の状況をすべて含んで錯綜し渦巻いている。それは，学級などでの集団による個人への攻撃，私的なグループ内での個人への攻撃，ネットにおける個人への攻撃である。そこには共通して，個人への「暴力行為」と「迫害行為」，および「共感性の乏しさ」が本質的問題としてある。この背景には何が潜んでいるのか，学校現場で児童生徒を丁寧に見ながら議論を重ねていく必要がある。

　最後に，いじめ問題に関わって，今後の教育実践のあり方について，次の点を強調したい。１つには，「いじめ」という多義的な言葉にとらわれないで，具体的な問題事象に応じた取組みを行う。２つには，発生した個々の問題に応じた事例検討会など，関係する教師がチームを組んで取り組む（内に開かれた支援ネットワーク）。３つには，いじめ問題の本質である「暴力行為」「迫害行為」に対して，児童生徒，教師，保護者を含めて，予防的・開発的対応として，

教科教育，人権教育，キャリア教育，特別活動など，日常の学校生活の様々な機会に児童生徒に問いかけ，話し合いを蓄積していく。4つには，当事者を含めて，児童生徒全員を守る姿勢に立ち，成長のプロセスで発生する問題への取組みを通して，謝罪・和解，距離の取り方，関係解消などについて学ぶ機会としていく。5つには，問題をエスカレートさせないためにも，当事者周辺にいて心を痛めている良心的な児童生徒に依拠した取組みを進める。6つには，問題に応じて，関係する専門機関と連携したコンサルテーションの場を積極的にもち，当事者双方を守っていく（外に開かれた支援ネットワーク）。これらはいじめ問題に限らず，教師，学校がすべての問題事象に対して指導，支援する際に大切な点でもある。

3　不登校問題のいまを問う

（1）不登校の状況

　文部科学省が毎年行ってきた不登校に関する調査によれば，全国の小中学校において30日以上欠席をした不登校の児童生徒数は，1991年に欠席日数を50日以上から30日以上として調査を開始して以降上昇を続け，2001年の13万9000人をピークとして，12万人前後の高水準での横ばいから近年は増加傾向が続いている。不登校の約8割近くは中学生であるが，近年は小学校における増加傾向に拍車がかかっている。1991年から10年間でも児童生徒数が約3分の2に減少する中で，不登校の数は，6万7000人から13万9000人と2倍以上に増加してきた。

　ちなみに「児童生徒の問題行動・不登校等生徒指導上の諸課題に関する調査結果について」（文部科学省，2019）によれば，小中学校における不登校児童生徒は16万4528人（前年比2万497人増）であり，小学校4万4841人（前年比9809人増），中学校11万9687人（前年比1万688人増）と大幅な増加がみられた。問題は個々の児童生徒や家庭にとどまらず，学校や社会と大きく関わって起きている状況にあり，「どの子にも起こりうる」といった構造的な課題として捉える必要がある。

　また，2004年からは，高等学校における不登校を含む長期欠席者の調査も行

われてきた。上記の2019年調査では，不登校の生徒は5万2723人（前年比3080人増）であり，この10年余りは5万人前後で推移してきたが，小中学校，高等学校の不登校は，計21万7251人にのぼる。この児童生徒の1〜2割程度が長期化し，ひきこもりになっていくとされている。

　なお，「不登校」は学校へ行けていないという状態を表しているが，定義については，文部科学省がこの間行ってきた「児童生徒の問題行動・不登校等生徒指導上の諸課題に関する調査」における「何らかの心理的，情緒的，身体的，あるいは社会的要因・背景により，児童生徒が登校しないあるいはしたくともできない状況にある者（ただし，「病気」や「経済的理由」による者を除く。）」という定義を確認しておきたい。

（2）不登校に関する政策動向

　1995年からは，同年に発生した阪神・淡路大震災，少年事件，不登校の増加などへの支援として，「スクールカウンセラー活用調査研究委託事業」が始まり，心理臨床的視点から教師へのコンサルテーション活動を軸としながら，児童生徒，保護者支援の試みが展開されてきた。そして，2001年からは「スクールカウンセラー等活用事業」として地方自治体に委ねられていった。小学校や高等学校への配置も進んでいるが，財政的な課題から週1回半日単位の細切れでの配置も多く，雇用の安定性の確保も含めて課題は多い。

　また，2008年には，同じく文部科学省によって「スクールソーシャルワーカー活用事業」が始まり，虐待問題への対応を主眼として，福祉的視点からの学校，家庭，専門機関との連携，仲介，および環境調整を軸に，学校と家庭への支援の試みが始まった。子どもの貧困，児童虐待などによる不登校への支援などが始まったところであったが単年度で終了し，以降の展開は補助事業として地方自治体に委ねられていった。スクールカウンセラー（以下，SC と略称）と同様に雇用の安定性確保に加えて，人材不足が指摘されている。

　2015年の中央教育審議会答申「チームとしての学校の在り方と今後の改善方策について」の中では，「国は，将来的には学校教育法等において正規の職員

として規定するとともに，公立義務教育諸学校の学級編制及び教職員定数の標準に関する法律（以下，「義務標準法」という。）において教職員定数として算定し，国庫負担の対象とすることを検討する」として，SC やスクールソーシャルワーカー（以下，SSW と略称）の専任化に向けての議論が行われている。

　さらに，2007年からは発達障害を含めて，障害をもつすべての児童生徒を対象とする特別支援教育が制度化され，「特別支援教育コーディネーター」担当教員が誕生し，発達障害等を伴う不登校への支援についても取組みが始まっている。しかし，新たな人的配置はなく，特別支援学級担任などが兼務するといった状況が生まれている。

　不登校，いじめ問題等に対応していくために，2017年の教育相談等に関する調査研究協力者会議による報告「児童生徒の教育相談の充実のために」では，加配措置も含めた「教育相談コーディネーター」の配置とケース会議の開催，教育相談コーディネーターを中心とした教育相談体制が提言されている。

（3）児童生徒，若者の生きづらさと社会環境

　学校現場に SC の配置が始まった1995年以降の20年余りを概観しただけでも，バブル経済崩壊，受験競争，問題行動，児童虐待，体罰問題，貧困格差，発達障害，学力問題，不安定就労等，不登校の背後にある家庭，学校，社会といった児童生徒，若者を取り巻く環境は厳しさを増してきた。児童生徒，若者の生きづらさは，努力が報われにくい社会という受け皿の狭さと，日常生活の中で他者とつながりにくい孤立した人間関係にあり，不登校，ひきこもりといった問題を生み出してきた。

　「若者の意識に関する調査（ひきこもりに関する実態調査）報告書」（内閣府，2010）によれば，複数選択であるが，高等学校，大学卒業までは大きな挫折もなくしのいできたと思われる若者たちが，職場になじめなかった（23.7%），就職活動がうまくいかなかった（20.3%）ためにひきこもりとなってしまったケースが，計44.0%と非常に高い割合を示している。逆に小中学校，高等学校の不登校の延長としてのひきこもりは，11.9%に留まっている。これは何を意

味しているのか。小中学校，高等学校在籍中に不登校となり，SOS が発信できたことの意味は大きいのではないか。そのときに教師，SC，相談員や「親の会」等，児童生徒や保護者にとって援助者とのよい出会いがあったことが，卒業して社会に着地した後も SOS が発信できたり，逆に他者を援助する仕事や生き方の選択につながっているようなケースは，筆者が関わってきた若者の中にも多くみられる（春日井ほか編，2016，2～102頁）。

　とくに，小中学校，高等学校等の学校現場においては，児童生徒理解と取組み方針を深め，担任も支援していくケース会議を行い，支援の道筋の共有化を図っていくことが重要である。ときには，やっと自己決定できた不登校状態も含めて，その中で児童生徒が育つための支援を工夫していくことである。

　また，中学校，高等学校や大学におけるキャリア教育のあり方についても，狭義の進学，就職支援，スキルトレーニングに矮小化するのではなく，広く人間としての生き方やあり方を問うことの意味は大きい。簡単には答えが出にくい問いについてお互いに交流を深め，考えていくような取組みが重要である。これが，不登校に対する予防的，開発的な取組みにもなっていくと考えている。

　　4　　不登校問題の捉え方と実践的課題——子どもの願いを軸に

（1）多様化，複合化する不登校の要因と態様

　不登校の要因について文部省（当時）は，1992年の学校不適応対策調査研究協力者会議報告「登校拒否（不登校）問題について」の中で，家庭や個人の課題に視点を置いてきた捉え方を転換し，「どの子どもにも起こりうる」と初めて言及し，「社会的な要因」「学校の要因」「家庭的な要因」「子ども自身の要因」について指摘した。また，2003年の不登校問題に関する調査研究協力者会議報告「今後の不登校への対応の在り方について」では，取組みの視点として「将来の社会的自立に向けた支援」「連携ネットワークによる支援」「保護者の役割と家庭への支援」等の5点を指摘している。ここでは，虐待問題を意識した初期対応の重要性と「心の問題」から「進路の問題」へと捉え方の重点の変

化がみられる。さらに，2016年の不登校に関する調査研究協力者会議報告「不登校児童生徒への支援に関する最終報告」では，「一人一人の多様な課題に対応した切れ目のない組織的な支援の推進」が強調され，「児童生徒理解と支援シート」の活用による小中高等学校における継続的支援が提起された。

　不登校の態様については，これまで様々な分類がなされてきた。たとえば，①神経症的不登校，②怠学傾向の不登校，③精神障害による不登校，④積極的・意図的不登校，⑤一過性の不登校などである（伊藤，2000，49〜52頁）。しかし，年々その態様は多様化・複合化している。筆者は，積極的・意図的不登校と精神障害の前駆症状による不登校を除いた態様として次の8点を指摘してきた。これは，様々な要因を含んで多様化・複合化している不登校の子ども理解を深めるための指標，取組みを検討する際の視点であり，不登校の子どもを分類するためのものではない。①よい子の息切れなど「過剰適応タイプ」（がんばりすぎの不登校），②友人関係が結びにくいなど「社会的未熟タイプ」（育ちそびれの不登校），③問題行動を伴うなど「問題行動タイプ」（やんちゃな不登校），④低学力など「学力不振タイプ」（授業が苦痛な不登校），⑤学級集団自体に入りにくいなど「集団不適合タイプ」（外では元気な不登校），⑥何に対してもやる気が乏しいなど「意欲喪失タイプ」（なんとなく不登校），⑦家庭での登校への期待が乏しいなど「期待喪失タイプ」（支えの乏しい不登校），⑧学習障害（LD），注意欠陥／多動性障害（AD/HD），高機能自閉症などの症状を伴う「発達障害タイプ」（特別なニーズの不登校）である（春日井，2002，46〜48頁）。

　不登校の態様については，1990年代以降，大きくは，次の3つの傾向が錯綜して存在している。当然，取組みの視点も一様ではない。1つには，保護者の期待に応えようとがんばりすぎてきた児童生徒が「息切れしている不登校」である。ゆっくり休ませながら，保護者の不安を受けとめ支援していくことが大切である。2つには，虐待問題などを伴い児童生徒の「意欲が枯渇している不登校」である。ゆっくり休ませるだけでは回復は期待できない。初期の段階から学校や福祉，医療等の専門機関との連携による家族への支援を行ったり，児童生徒に働きかけ半歩前進の課題を設定して登校を促し励ましていくことが大

切となる。3つには，問題行動を伴い，「学校や家庭に居場所が乏しい不登校」
である。学校が服装・頭髪の規定などで児童生徒を排除しないで学習権を尊重
し，多様な居場所をつくりながら，生活や行動の改善を促していくことである。
このように，自宅にひきこもっているのではなく，積極的な関わりや援助を周
囲に求めている不登校の児童生徒も増えている。

（2）不登校へのネットワーク支援

　筆者は現在，月1回の小学校，中学校，高等学校におけるケース会議を5カ
所で行っている。最近の不登校の事例の特徴について，少し述べておきたい。
1つには，発達障害を含めて，発達特性がみられる児童生徒のケースが増えて
いる。そのために，授業に集中できなかったり，人間関係のトラブルをきっか
けにして，学校に来づらくなることも多い。2つには，とくに私立中高一貫校
の場合，中学校入試で無理をして入ったために，高等学校で学力的に困難をき
たし不安定になり，不登校となって単位制，通信制等に進路変更をしていく
ケースも少なくない。3つには，海外の日本人学校や現地校などから高校受験
のために中学校で帰国する生徒も増えているが，同様の困難さを抱えているこ
ともある。4つには，保護者との心理的な距離が近く，その過剰な期待を担って
がんばってきたような児童生徒が息切れするケースも依然として多い。不登校が，
初めての自己決定であったり，保護者からの自立宣言としての意味をもつことも
少なくない。5つには，自己否定感が強く，自分を責め過ぎたり，傷つけたりす
るような課題を合わせてもっているケースも少なくない。自己肯定感（高垣,
2004, 172〜173頁）の乏しさと表裏の関係で，承認欲求が高いケースもみられる。

　このようなケースも踏まえながら，不登校への取組みとその予防のための
ネットワーク支援のあり方に関して，次の点を強調しておきたい。①アセスメ
ント――児童生徒の発達課題，SOSの中身を把握し，学校と保護者で児童生
徒への共通理解を図る。②作戦会議――具体的な取組み方針に関して保護者と
一緒に作戦会議（懇談会）を行い，学校と家庭でできることを役割分担する。
③ケース会議（事例検討会）――児童生徒や保護者を支援し，担任も支援する

ために，校内で関係者によるケース会議を開く。幼小中学校ブロックにおける
ケース会議等も有効である。④専門機関との協働——SC, SSW, 子ども支援
センター，児童相談所，医療機関等，専門機関との連携，協働を図る。⑤学校
改革——児童生徒にとって安心，安全，信頼の学校づくりという視点から，行
事，授業，生徒指導，教育相談等のあり方を見直していく。⑥子育て支援——
保護者全体に対する子育て支援の取組みを，PTA, 専門機関，地域等と連携
しながら進める。⑦地域の居場所——児童館，青少年活動センター，公民館，
NPO, 地域団体等，校外での多様な居場所との連携を進める。⑧青年との連
携，協働——大学や教育行政等が提携して，若者，学生と不登校の子どもが関
わるボランティアやインターンシップの開発を図る。⑨進路選択の支援——中
学，高等学校卒業後に課題となる進路選択（進学，就職等）への支援と情報提
供の場を学校として継続的につくる。⑩ひきこもり支援——学校や福祉行政等
が連携して，ひきこもり状況にある若者の実態把握と地域での人間関係や就労
支援，社会参加や就業の機会を拡充していく。

　　＊　高垣は，自己肯定感について，「自分が自分であって大丈夫という感覚」と定義
　　　し，「『大丈夫』という安心感，自分の存在がそのまんま許されているという安心感，
　　　それがこの自己肯定感を特徴づける『核心』だと言えるだろう」と述べている。

（3）不登校の子ども，保護者の願いと実践的課題

①　SOS の発信としての不登校

　ここでは保護者との関わりを含めて論じるため，児童生徒ではなく子どもと
表記する。なぜ学校に行きづらくなっているのか，行けなくなっているのか，
子ども自身が明確に理由を述べられるケースはむしろ少ない。筆者も当事者と
関わる中で，「理由を聞かれてもよくわからないから困る」「不登校の理由を聞
かれるのが一番つらい」といった声を聞くことも多い。学校におけるいじめ問
題が背景にあるケースもあるが，それだけではないこともある。大切なことは，
錯綜する不登校の原因探しではなく，不登校という自己決定を通して，子ども
は誰にどんな SOS を発信しているのか，周囲の教師や保護者が心を砕いて

探っていくことである。その背景には，発達障害や精神疾患，虐待・貧困問題等も含まれていることがある。

② 不登校への初期対応

　学級で，突然子どもが不登校になってしまったとき，担任はどうしたらよいのかわからなくて戸惑うことが多い。家庭訪問はどうしたらよいのか，保護者から毎日の欠席連絡は辛いと言われたとき，配布物や授業プリントの扱いなど，わからないことは子どもと保護者に聴いて，意向を尊重した対応をしていくことが支援の基本である。学校の枠にはまることがつらいと訴えている子どもに対して，その子どもに合った枠を子どもや保護者と相談しながら設定し，学校の中に多様な居場所をつくっていくことが，有効な支援となる。

③ 保護者を責めない

　不登校など，子どもが学校生活で苦戦しているときに，保護者を責めても何も生まれない。逆に学校の対応の不十分さを指摘され，溝が深まっていくことも少なくない。保護者は，子どもを真ん中において学校と一緒に支援のあり方について相談する作戦会議のパートナーである。子どもが不登校になった当初は，とくに母親が一人で不安を抱えながらパニックになってしまい，何とか学校へ行かそうとして焦ることも少なくない。保護者をねぎらい，不安を受けとめながら，子どもが家庭で元気を回復していくことを支援の軸にすることが大切である。

④ 短期，中期，長期の視点をもつ

　子どもが不登校になったとき，保護者も教師も，このままでは子どもの将来が見通せないといった不安に駆られ，何とか登校してくれないかと働きかけを強めてしまうことが少なくない。しかし，保護者や教師の不安を押しつけても効果はない。一番不安を抱えているのは子ども自身である。そのときに必要なことは，短期，中期，長期の視点をもちながら支援を行っていくことである。たとえば，短期的には，不登校という子どもの自己決定を尊重し，当面ゆっくり休ませること。保護者の不安を受けとめていくこと。中期的には，小学校や中学校に在籍している6年間，3年間というスパンで，子どもの成長や支援の

あり方，保護者への支援のあり方について考えていくこと。長期的には，近い将来子どもが持ち味を活かして，社会とどうつながって生きていくのかという視点から，支援に関わる関係者がチームで考え継続的に関わっていくことである。

⑤　不登校の回復プロセスへの理解

　子どもの発達段階等を踏まえる必要もあり，不登校の回復プロセスは一様ではない。この点を前提にしつつ，親子関係の変化に焦点をあててみると，回復プロセスについて共通する傾向を窺うこともできる。

　第一には，子ども，保護者にもなぜかよくわからないまま登校しぶりや遅刻，早退等がみられるようになる前兆期。第二には，不登校を始めた時期に子どもも保護者も不安定になり，無理に学校に行かせようとしてパニックになるような混乱期。第三には，保護者も子どもの継続する不登校を受け入れ，昼夜逆転生活やゲームへの没頭等もあるが，見守られる中で家庭では落ち着いてくるような安定期。第四には，家庭生活の中で一定の充電ができたために，気持ちが外に向き始め，少しずつ外出もするといった動きがみられるようになる転換期。第五には，登校を始めたり，次にやりたいことに向かって動き出したりと，自前のエンジンにスイッチが入る回復期である。しかし，動き始めた自前のエンジンは，しばしばエンストすることもある。

⑥　「待つ」ことの意味と広がり

　1996年から始まり，筆者も世話人として関わってきた「登校拒否・不登校問題全国のつどい」では，「信じ，任せて，待つ」ということを保護者，教師も含めた支援者の視点から大切にしてきた。「信じる」とは，子どもの成長を信じること。「任せる」とは，子どもが日常生活で行う一つひとつの自己決定の積み重ねを尊重し任せること。「待つ」とは，子どもの回復段階に応じた働きかけをしながら待つことであり，放置することではない。「待つ」という関わりは，「回復段階に即した継続的支援」（回復段階に応じて関わり続けること）である。その際，子どもと第三者，専門機関等をつなげていくという支援も大切である。

⑦　配慮，支援を受ける側から支援する立場に

　不登校の子どもたちは，決して配慮や支援を受けるだけの存在ではない。そ

の関係は一方向であり，不登校の子どもが「ありがとう」と言ってもらえるような双方向の関わりも大切である。たとえば，ささやかであっても，家族のために何か役に立つようなことを子どもに依頼したり，家族や誰かのために何かできそうなことはないのか，本人に考えさせるような働きかけをしていく。「登校拒否・不登校問題全国のつどい」では，不登校，ひきこもりをしていた若者が分科会や交流会に参加して，自身の不登校経験や変化のきっかけになったエピソード等について語る姿がある。参加した保護者にとっては，若者の発言を通して，わが子の気持ちを理解するきっかけになったりする。家族のためにできることをしたり，自分の経験を語ることで誰かを助けていると実感できたときに，自前のエンジンにスイッチが入ることは多い。

⑧ 学校，教育行政に求められる姿勢と支援課題

　不登校を「克服」することは，人格が変わって学校に行けるようになることではない。むしろ自分の苦手なことを知って，持ち味を活かしながら自分なりのペースで，学校や社会と関わって主体的に生きていこうとすることである。不登校支援は，こうした子どもたちのペースを尊重し応援していくことである。たとえば，感性がとても豊かで，他の人なら気にならないことが，その子どもにとってはつらいこともある。「大勢の人と関わることが苦手」「40人という集団の中に入っただけでドキドキして居心地が悪い」と感じる子どももいる。教師，学校には，既存の学校の中に子どものニーズに合った多様な居場所をつくることが求められている。その一方で教育行政には，子どもにとっての選択の幅を広げていくという視点から，既存の学校復帰に向けた「適応指導教室」ではなく，こうした子どもが安心して通える代替校（オルタナティブスクール）を公的に整備することが求められている。

引用文献

朝日新聞社会部編（1986）『葬式ごっこ』東京出版。

伊藤美奈子（2000）『思春期の心探しと学びの現場』北樹出版。

春日井敏之（1995）『「いじめ・登校拒否」と子どもの未来』あゆみ出版。

春日井敏之（2002）『希望としての教育』三学出版。

春日井敏之（2008）『思春期のゆらぎと不登校支援——子ども・親・教師のつながり方』ミネルヴァ書房。

春日井敏之・櫻谷眞理子・竹中哲夫・藤本文朗編（2016）『ひきこもる子ども・若者の思いと支援——自分を生きるために』三学出版。

高垣忠一郎（2004）『生きることと自己肯定感』新日本出版社。

中日新聞本社社会部編（1994）『清輝君がのこしてくれたもの——愛知・西尾中2いじめ自殺事件を考える』海越出版社。

内閣府（2010）「若者の意識に関する調査（ひきこもりに関する実態調査）報告書」。

原清治・山内乾史編（2011）『ネットいじめはなぜ「痛い」のか』ミネルヴァ書房。

森田洋司・清永賢二（1994）『新訂版　いじめ——教室の病』金子書房。

文部科学省（2012）「平成18年以降のいじめ等に関する主な通知文と関連資料」。

(学習の課題)

(1)　グループの中でいじめられている児童生徒は，なぜそのグループから脱出してSOSが求めにくいのか。直接，間接の体験も含めて話し合ってみよう。

(2)　保護者に大学の進学先を決められ，小学校から塾に通ってきた中学3年の生徒が9月から不登校になった。あなたが担任だったら，誰と相談しどう対応するだろうか。

(3)　いじめや不登校が起きたときに，学校，教師は，関係する児童生徒の保護者にどのように伝え，働きかけていけばよいのか，グループで考えてみよう。

【さらに学びたい人のための図書】

春日井敏之・櫻谷眞理子・竹中哲夫・藤本文朗編（2016）『ひきこもる子ども・若者の思いと支援——自分を生きるために』三学出版。
　　⇨不登校・ひきこもりを経験した6人の若者たち，不登校・ひきこもりへのネットワーク支援に関わる4人の若者たちと研究者が初めて共同で著した。

教育科学研究会編（2013）『いじめと向き合う』旬報社。
　　⇨いじめは厳罰化では解決しないとして，いじめのメカニズムの解明，いじめ解決は子どもの権利，いじめを教育実践の課題にすえることを提起している。

田中孝彦（2009）『子ども理解——臨床教育学の試み』岩波書店。
　　⇨子ども理解をどう深めるのかという問題に対して，実践，研究の領域の違いを越えて取り組むことを，臨床教育学の視点から提起し論じている。

（春日井敏之）

第11章 現代社会を生きる子どもたちの学力と人間関係

この章で学ぶこと

　最近の子どもたちの学力が低下したという議論が喧しい。これは，果たして本当なのだろうか。新学習指導要領では，「学力の三要素」を育てる取組みが企図され，とりわけ，人間関係を取り結びながら協働する力が強調されている。ところが，子どもたちの人間関係は，確実に変化し始めている。ネット社会の影響とばかりはいっていられないが，学力によるグループ分けの色が濃くなり，それぞれのグループ同士の人間関係が取り結びにくくなっている実態を，どのように学力低下の問題と関連づけて考えればよいのだろうか。

　本章では，現代社会の教育課題を考える上において，「学力低下」の問題とその背景にある子どもたちの「人間関係」との関連について，読み解いてみたい。

1　現代社会を生きる子どもたちの実態——学力の三要素に注目して

　新学習指導要領をみると，どの校種であっても「主体的・対話的で深い学び」を育てることに力点が置かれている。こうした学習指導要領の変更に大きな影響力を及ぼしているのが「学力の三要素」をめぐる議論である。

　学力の三要素は，2016年の中央教育審議会答申「幼稚園，小学校，中学校，高等学校及び特別支援学校の学習指導要領等の改善及び必要な方策等について」において，学習指導要領改訂の方向性として示されたものである（図11-1参照）。

　文部科学省は学力を構成する要素として，従来の学力観の主流であった，①基礎的・基本的な知識・技能，②1990年代から注目された新しい学力観の中心

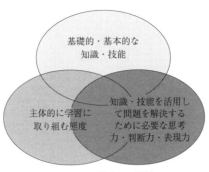

図11-1　学力の三要素

出典：文部科学省ホームページ「高大接続改革の動
向について」より筆者作成。

となった知識・技能を活用して課題を解決するために必要な思考力・判断力・
表現力，③子どもたちの意欲や人間性をも含めて，主体的に学習に取り組む態
度，の３つを指摘した。これは，2015年頃から OECD（経済協力開発機構）で
議論されたキーコンピテンシー（21世紀に生きる子どもたちにとって重要なカギと
なる資質能力）にも対応する形となっている。とりわけ，今回の改訂で最も強
調されているのが，③の主体的に学習に取り組む態度や人間関係を取り結ぶ力
である。これは，「主体的・対話的で深い学び」というアクティブ・ラーニン
グのキャッチコピーや，OECD のキーコンピテンシーでも「主体性」や「他
者と関わる力」が重要とされていることと関連している。AI（人工知能）技術
が進展し，ルーティンワークを中心に機械が担う仕事が増大する中で，人間に
のみ遂行可能な仕事は何かを考えたとき，「協働する学び」や「自分から積極
的に関わる力」がますます重要度を増すことは必然である。

　こうした，これからの社会が求めるコンピテンシーと学習指導要領が関連し，
「ゆとり教育」とは事実上の決別がはかられたことは論を俟たない。学校での
取組みをみても，グループ学習や話し合い活動にさかんに取り組まれ，アク
ティブ・ラーニングが大学のみならず，どの学校種でも実践され，その事例や
取組みの効果が報告されるようになった。子どもたちは好むと好まざるとにか
かわらず，学校では絶えずこうした「他者と協働して取り組む」学習に誘われ

ているのである。

　しかし，こうした学校の取組みとは裏腹に，子どもたちの人間関係は分断し始めているという指摘がある。そうした背景には，まず学力実態に沿った子どもたちの二極化の傾向がある。

　2　子どもたちの二極化をめぐる言説

　学力低下をめぐる問題の中で，子どもたちの学力は一様に落ちたのではなく，階層格差を伴って，家庭環境が劣位にある子どもに大幅な学力低下がみられたことは，多くの先行研究から明らかとなっている。たとえば，後に詳述する苅谷・志水（2004）は，学力の二極化は塾に通っているか否かといった家庭的な文脈に沿って格差が拡大してきたことを指摘する。

　また，P. ウィリス（Willis, 1977＝1985）は，『ハマータウンの野郎ども』の中で，労働者階級の子どもたちが自分らを学校や社会への対抗文化をもった存在として「野郎ども（lads）」と名づけて協調性を高め，反対に，学校文化に親和性の強い富裕層の子どもたちを「耳穴っ子（ear'olds）」と呼んで軽蔑や嘲笑の対象にしていた社会関係の二極化の実態を指摘した。

　そこで，筆者らの研究グループは，こうした先行研究の知見を作業仮説とした上で，子どもたちの二極化とそれぞれのメンタリティに注目して，聞き取りを中心としたナラティブな調査（2006年）を実施した。結果からは，日本においても学力の二極化がもたらした子どもたちの，「おれたち（we）」と「やつら（they）」の分断された関係が存在し，最も学力の低い層にある子どもたちには「どうせおれたちなんて」といった，世捨て人のような自己否定的な価値意識が形成されている現状が明らかとなった（インタビュー結果は後述）。

　2000年頃を境に世間をにぎわす，いわゆる「勝ち組」と「負け組」の用語に代表される格差の問題は，教育の世界にも影響を落とした。規制緩和による教育の市場化，能力別学級編成の進展などはその最たる例である。

　ここで，苅谷・志水（2004, 147頁）による調査データをみてみたい。結果か

表11-1　中学校数学正答率の変化

	1989年			2001年		
	非標準化係数	標準誤差	標準化係数	非標準化係数	標準誤差	標準化係数
定数	44.436	2.004	***	42.326	2.616	***
男子	0.656	0.867	0.015	-1.619	1.309	-0.033
読み聞かせ	2.785	0.944	0.06 **	3.317	1.414	0.063 *
通塾	11.614	0.992	0.269 ***	16.619	1.638	0.338 ***
宿題	6.591	0.723	0.199 ***	6.295	0.921	0.194 ***
勉強時間	0.064	0.012	0.127 ***	0.007	0.019	0.011
全く勉強しない	-0.092	1.518	-0.002	-5.785	2.077	-0.101 **

注：従属変数：1989年数学スコア，N＝2089，F＝71.134，Signf＝0.000，Adj R 2＝0.168
　　従属変数：2001年数学スコア，N＝1133，F＝51.249，Signf＝0.000，Adj R 2＝0.210
　　（***p＜0.01，**p＜0.05，*p＜0.1）
出典：苅谷・志水（2004）147頁。

表11-2　学力層別の SES 構成比（中学校数学Ｂ）

			家庭の社会経済的背景				
			Lowest	Lower middle	Upper middle	Highest	合　計
学力層	A層	2012年	11.1%	17.1%	26.2%	45.6%	100.0%
		2015年	12.7%	18.6%	26.3%	42.4%	100.0%
	B層	2012年	20.7%	24.6%	28.6%	26.1%	100.0%
		2015年	22.4%	24.8%	27.6%	25.3%	100.0%
	C層	2012年	31.4%	26.5%	25.2%	17.0%	100.0%
		2015年	32.7%	26.8%	24.5%	15.7%	100.0%
	D層	2012年	40.1%	26.7%	21.3%	11.9%	100.0%
		2015年	42.0%	26.6%	20.8%	10.5%	100.0%

出典：浜野（2018）。

らは，子どもたちの学力実態は，塾に通っているかどうかで顕著な差がみられることが明らかとなったのである。中学校数学の正答数を従属変数とした重回帰分析を行った結果，正答数に最も大きな影響を与える変数は「通塾」（1989年の通塾の標準化係数0.269，１％水準有意）であり，その特徴が経年変化（同様に2001年0.338，１％水準有意）をみると大きくなっている（表11-1参照）。

　こうした状況は近年になっても改善の兆しはなく，2012年と2017年の中学校

数学Bの得点群別にSES（社会経済的背景）の分布をみた場合，得点群の高いA層においてSESの上位層の子どもは50％近くいるにもかかわらず，SES下位層は10％程度しか存在していない（表11−2参照）。

このように，子どもたちの学力形成においては，どのような家庭環境にあるかどうかが，決定要因として大きく，その特徴は依然として拡大傾向にあることが指摘できる。

3　学力差が人間関係の分断を伴う問題

子どもたちの間で学力の格差が広がってきた影響は，先述したウィリスの研究にみられる「おれたち」と「やつら」のようなメンタルな人間関係の分断にも変化をもたらしたのではないだろうかという作業仮説のもと，以下のようなインタビュー調査を実施した。図11−2はその際のモデル図である。

結論を先に述べると，子どもたちの人間関係をみた場合，まず，塾に通う子どもたちの中に第一階層と呼ばれる学力上位の上位層（Aa層）と，第二階層と呼ばれる学力上位の下位層（Ab層）の間の分断ができており，さらに，Ab層は，塾に通っていない学力下位層（B層）の子どもたちと自分たちは違うことを区別されたいことが通塾のモチベーションとなっていることが明らかとなった。これは，ウィリスが指摘する「おれたち」と「やつら」といった意識の棲み分けが，塾に通う子ども同士の中にも，また，通塾組（A層）と通塾していない子どもたち（B層）との間にも二重にみられたのである。

次節では，子どもたちのメンタリティに注目して通塾による帰属集団の意識の違いを実際の語り（ナラティブ）の中からみてみたい。ここでは，同じ中学校で塾に通う中学生42名と塾に通わない中学生39名に面接法にて行ったインタビュー調査の結果を中心に，子どもたちの帰属意識がそれぞれどのように異なるのかについて明らかにしていく。

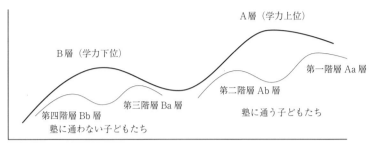

図11-2　現代の子どもたちの学力分布における二極化傾向のモデル

出典：原・山崎（2006）16頁。

4　塾調査からみえてくるもの

（1）学習塾に通う子どもにみられる意識

　この調査では，同一の塾に通う中学2年生のうち，学力上位の「特進クラス」に通う子どもたちと学力下位の「標準クラス」に通う子どもたちを対象にインタビューを実施している。ここでは，特進クラスを第一階層，標準クラスを第二階層として，両者がお互いをどのように考えているか，考察していきたい。

Q：あなたは「標準クラス」に通っている子どもたちをどう思いますか。
A：同じ塾に通ってるけど，なんであんなにできへんのかわからへん。たまに同じ授業を受けたりすることがあるけど，先生の教え方が悪いとかそんなこともないのになんでそんなに点が取れへんのやろう，要領悪いなあ，と思う。
B：たまに近所のおばちゃんとかから，「あの○○くん（標準クラスの生徒）はあんたと同じ塾やのにえらい出来がちゃうわー」とか言われることがあって「うちとアイツはクラスがちゃうんやから一緒にせんといてーな，むかつく」って思った。近所の人らはうちの塾ってだけでひとくくりや。中は全然レベルがちゃうのに，もっとちゃんとみてほしい。

　第一階層の子どもたちが第二階層に対する意識は，同じ塾に通う「仲間」であるにもかかわらず，自分たちとは明らかに違うといった意識をもっているこ

とがインタビューからもうかがえる。それは，塾を離れて，学校でも同様の傾向がみて取れる。たとえ同じクラスになっても，第一階層と第二階層はお互いが「仲間」ではなく，あまり彼らとは関わらないといった態度をとるようである。そして，はっきりと第二階層の子どもたちと一緒にされることは迷惑だ，という態度を表す子どもも少なくない。それは，インタビューの中の「うち（ら）とアイツ」（文中下線部）という言葉に表れているように，自分たちと第二階層の子どもたちは違うことを示したいという意識の表れと考えられる。

　第一階層の子どもたちは，第二階層の子どもたちと一緒に授業を受けることで，自分たちの授業に支障をきたし，学習予定の範囲が狂わされることを極端に嫌う。したがって，学力や進学意識が低い第二階層の子どもたちに対して，第一階層の子どもたちは「一緒にされたくない，迷惑だ」といった意識をもっていることが明らかになった。第一階層の子どもたちは，自分たちと同じ第一階層の子同士を「we」，第二階層の子どもたちを「they」と考えているのである。ウィリスは労働者階級の子弟が「おれたち」であり，裕福層を「やつら」と解釈したが，ここでは塾の子どもたちの中にも，「おれたち」と「やつら」という峻別が起こっていることがわかる。

　それでは，第二階層の子どもたちからみて，第一階層の子どもはどのようにみえるのだろうか。

Q：あなたは特進クラスに通っている子どもたちをどう思いますか。
C：おれはアイツらみたいにめっちゃ勉強できるわけじゃないから。とりあえず今のレベルから落ちへんようにするだけで精一杯。学校の授業以上の勉強なんかしたくもない。何考えてんのかわからん。
D：うちらはあの子らみたいに勉強できへんもん。1回聞いただけで覚えられるわけない。親には「同じ塾行ってるんやから○○ちゃん（特進クラス）みたいにがんばれ」とか言われるけど，頭のつくりがちゃうんやから，ムチャ言わんといてほしい。

　第二階層の子どもたちのインタビューは以上の意見に大別される。一つは自

分たちと第一階層を「おれとアイツ」「うちとあの子」のように「we」と
「they」に分けていることである。これは第一階層が第二階層を「we」と
「they」で区別しているところと同じであり，社会的には学力上位に位置する
通塾生であっても，学力や学習意欲の高さで「おれたち」と「やつら」といっ
た意識をもっていることがわかった。その上で，第一階層と自分たちとを区別
するキーワードとして，子どもたちの口から発せられるのは「頭の出来が違
う」という言葉である。彼らが発する「頭の出来が違う」という言葉は，「誰
でも一生懸命がんばれば100点が取れる」といったことが不可能なことである
と考えていると解釈できる。第二階層の子どもたちは，勉強のできる・できな
いは個人の努力だけではどうにもならないことがあるとわかっているのである。
それが，第一階層に対する羨望となり，彼らに対する自己意識を低下させる要
因となっている。

　以上のように，塾に通う子どもたちの中では，第一階層と第二階層の間で
「おれたち」と「やつら」のように互いに区別し合っていることがわかった。
同じ塾に通い帰属集団が同じであるにもかかわらず，自分が進学クラスか標準
クラスかによって，子どもたちの帰属意識に違いがみられるのである。

（２）塾に通わない子たちの意識はどうなっているのか

　次に，塾に通っていないB層の子どもたちのインタビューを紹介する。ここ
では，塾に通わない中学２・３年生のうち，主要五教科の定期テストの平均点
数が500点満点中100点以上の子どもたちと，100点未満の子どもたちの２グ
ループに分類した。ここでは，前者を標準学力層（第三階層），後者を学力未定
着層（第四階層）とし，彼らがお互いにどのように考えているのかを分析して
いく。

　Q：あなた（第三階層）は，学力未定着層（第四階層）の子どもたちをどう思います
　　　か。
　E：アイツらがおるおかげで，おれの頭の悪さが目立たへんから助かる。だって，ア

　イツら数学とか１ケタやし。あっこまで頭悪かったら大変やろうな，とは思うけど。

F：アイツらはやばい。ほんまに小学校くらいの漢字とか計算があやしいもん。たまに授業中に質問されたりするけど，びっくりする。そりゃテストは１ケタしかとれへんわなって思った。（少し間をおいて）けどアイツらみてると「おれはまだましやな」って安心してる自分もいる。

　インタビューからは，塾に通わない子どもたちの中でも，第三階層は，第四階層を「アイツら」と呼称して意識的に区別していることがわかる。これは比較するとやや学力の高い第三階層が，自分たちより下位の成績位置にいる第四階層よりも学力や学習意欲が高いと認識しており，同じ非通塾の状態であっても，そこにも「おれたち」と「やつら」といった違いがあると考えられる。したがって，塾に通っているかどうかだけではなく，塾に通っていない低学力の子どもたちの中にも通塾者たちと同様の仲間意識の乖離を認めることができる。非通塾のB層の子どもたちは「塾に通っていない」点では共通しており，勉強が苦手という点においてクラス内での帰属集団としては同一のカテゴリーにあるにもかかわらず，わずかな学力や学習意欲の違いによって，仲間意識に差がみられるのである。また，第三階層は第四階層を，「アイツら以上に点数が下がれば，勉強しないといけない基準」とみなしていると考えられる。

　第四階層の子どもは定期テストでも各教科の点数が「１ケタ（10点未満の意味）」であることが普通であり，学習意欲は皆無に等しく，ほとんど学習内容が定着していない「『学び』から逃走した」子どもたちである。第三階層は「まだおれたちはテストで１ケタとるほどじゃないから大丈夫だ」「テストで１ケタとってしまうくらいになったら勉強しよう」といった目で，第四階層を捉えている。そこには，塾に通わない「仲間」という意識をみつけることは非常に難しく，学力の違いによって，「おれたち」と「やつら」という峻別がB層の子どもたちの中にできてしまっているのである。

　それでは，学力の視点からみたときに，最も下位にあたる第四階層は自分たちと同じ非通塾である第三階層をどのように捉えているのだろうか。

Q：あなたは標準学力層の子どもたちをどう思いますか。

G：アイツらめっちゃ勉強できるやん。おれらと違ってテストで2ケタ取れてるし。おれ，絶対無理やし。おれらとは頭のつくりがちゃうから，ええなあ，って思うで。おれももっと勉強できたらええんやけどなあ。でもおれらアホやから，無理やなあ。

H：そりゃ，アイツらはええよ。塾いかんでもそれなりの点とれてるしな。けど，べつにああなりたいとも思わへん。今のまんまでもええかってこの頃はあきらめ入ってるな。

やはり第四階層であっても，第三階層は「アイツら」であり，「おれたち」とは違うといった意見が多く聞かれた。とくに，第四階層が第三階層を「頭のつくりが違う」というのは，通塾生でも第二階層が第一階層との違いをいうときにも使われており，学力の高低差を合理化するときに使われる向きが強い。しかし，第四階層は第三階層のようになりたいとは思っていない子が多い。その理由をあげるときに，「どうせ自分には無理」や，「おれたちにはできひんねん」「そんなことどうでもいい」といった，あたかも「世捨て人」のような厭世的な自己否定的な価値意識がみられる。

　B. エーレンライク（Ehrenreich, 2001＝2006）は，アメリカの低賃金労働者が薬物検査，絶え間ない監視，上司からの叱責といった屈辱の数々から，「上司から，またさまざまなルールによって，階層の序列のなかで低い位置にいることを常に意識させられれば，不幸な現状を甘んじて受け入れるようになる仕組み」を指摘し，低賃金労働者がなぜ日常生活も営めない現状を受け入れ，賃金闘争などのストライキを起こさないのかを明らかにした。

　第四階層の子どもが感じている「自分たちには何もできない」といった自己肯定観の低さは，低賃金労働者が現状を甘んじて受け入れるプロセスに似通った部分が多い。教師からの叱責，親からの失望，同級生からの排除など，学力の低い位置にいることを常に意識させられる。それにより，第四階層の子どもたちも自己否定的な価値意識をもち，現状を甘んじて受け入れるようになる。結果として，第四階層の子どもたちは「おれたちなんて，しょせんがんばって

もどうしようもない」といった意識をもつことになるのである。

　インタビュー調査から，塾に通うＡ層の中学生と，通塾していないＢ層の中学生とでは，人間関係に分断が生じており，お互いに対して「自分たちとは違う」といった仲間とは異なる意識をもっていることがわかる。また，同じ通塾者同士であっても第一階層（Aa層）と第二階層（Ab層）では互いに「アイツらとは違う」と考え，非通塾者同士にも第三階層（Ba層）と第四階層（Bb層）との間に同様の意識の違いがみられることがわかった。

　結果として，子どもたちの学力によって人間関係が限局化されており，どの学力に位置するのかによって，集団への帰属意識が大きく異なることがわかる。昔は一つの大きな山（正規分布）だった子どもたちの学力分布が，苅谷・志水（2004）が指摘する「フタコブラクダ」の背中のように二つの山（二極分布）の形状を示すようになったのは2000年前後からであるといわれる。子どもたちの中に学力の格差が顕在化したことは，背後にこうした人間関係の「分断」を伴って進行していたのである。

　5　　これからの子どもたちに求められる「つながり」の力

　インタビュー調査から得られたのは，中学生の段階ですでに質的に大きく異なる生徒が存在するという実態であった。にもかかわらず，多くの中学校や高等学校ではクラス内での小グループによるグループワークが盛んである。なぜなら，大きなグループで作業を行った場合，質的に大きく異なる生徒を取りまとめることは，教師の大きな負担につながるため，学力の相違をお互いに教え合う活動を取り入れることで格差に対応できるからである。グループワークが学校教育に積極的に導入された結果，高校生や大学生の中に主体的に集団をまとめ，行動できる子が漸増してきているように感じる機会も多い。しかし，それらは同じグループ，同じ学年，同じ学校という一定の枠組みの中にある限定的な「つながり」であるような印象をぬぐえない。

　社会関係資本を論じる研究の中でR. D. パットナム（Putnam, 2001 = 2006）

は，集団の凝集性を高める「結束型」の資本と，異なるグループをつなげる
「橋渡し型」資本の違いを指摘した。前者が排他的なアイデンティティと等質
な集団を強化するものであり，内向きの志向ではあるものの集団内の互酬性と
連帯を高める点に長じている。それに対して後者は異なる外部集団をまとめた
り，広範囲の情報共有を行ったりすることにすぐれており，大きな集団へ向け
たアイデンティティを構築する。子どもたちに求められている「つながり」力
とは，後者の「橋渡し型」に思いを向けることではないだろうか。

　最近の子どもたちをみると，人間関係が2〜4人程度の小グループに分断さ
れ，さらに同質性を伴っていることが特徴である。これを宮台（1994）は「島
宇宙」と名づけた。その宇宙空間に浮かぶ個々の島の間には，相互に驚くほど
の無関心しかない。しかし，目を島の内部に転じると，そこにある人間関係は
非常に強く，現実世界でもネットの世界でも「つながる」ことが強要されてい
るようである。その意味において，子どもたちは結束型の社会関係資本はしっ
かりと身に付けてきているのである。

　しかしながら，自分の島の外にある，異なった島にも目を向けたり，まして
や，島同士をつなげることのできる若者はどのくらいいるのだろうか。主に大
学生に求められている力は，異なった価値観や立ち位置にある人々をどのよう
につなげるのかといった大きな「つながり」力である。そうした現状があるに
もかかわらず，子どもたちを一括りにして，OECD が提唱しているコンピテ
ンシーをつけさせるための大きな「つながり」のための力を身に付けさせるた
めに様々な学習方法を実践している。アクティブ・ラーニングや反転授業など
はこの典型であるといえる。

　近年の教育学研究には，「社会関係資本」が学力に与える影響の大きさを指
摘するものがある。志水（2014, 156頁）は「効果のある学校論」に代表される
「しんどい」地域の学校では，親の社会関係資本の強さが子どもの社会関係資
本に強く影響し，それらが結果として子どもたちの学力を支えていることを指
摘した（図11-3）。

　志水はこうした「つながり」は家庭環境の厳しい家ほど子どもの学力に影響

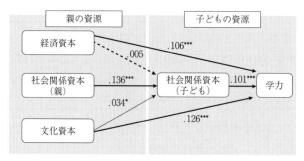

図11-3 社会関係資本と学力との関係
出典：志水（2014）156頁。

する点を強調し，社会関係資本は家庭の経済力である「経済資本」や，家庭での教育的な環境や習慣である「文化資本」をしのぐ力をもっていることを指摘した。子どもたちに「つながる」力をつけることは，学力向上の観点からも重要な意味をもつのである。

　今後必要なのは，小さくなっている子どもたちの「つながり」をいかに大きくするかの方略である。21世紀に求められるスキルとして多様性への寛容や協働性があるのは論を俟たない。しかし，わが国の子どもたちの実態を覗いてみると，学校での姿と日常の姿には大きな乖離がある。多様な価値観や学力をもった子どもたちに対する個別の（学習）支援をどのように最適化しなければならないのか，という視点が今後の教育には不可欠なのである。

引用文献
苅谷剛彦・志水宏吉（2004）『学力の社会学』岩波書店。
佐藤学（2000）『「学び」から逃走する子どもたち』岩波書店。
志水宏吉（2014）『「つながり」格差が学力格差を生む』亜紀書房。
浜野隆（2018）「学力格差の変動——平成25年度と平成29年度の比較分析」お茶の水女子大学『保護者に対する調査の結果と学力等との関係の専門的な分析に関する調査研究』34〜39頁（http://www.mext.go.jp/component/a_menu/education/micro_detail/__icsFiles/afieldfile/2018/07/10/1406896_1.pdf 2019年8月25日アクセス）。
原清治・山崎瞳（2006）「学力問題からみた塾とその機能に関する実証的研究」『佛教大学教育学部学会紀要』第5号，7〜18頁。

宮台真司（1994）『制服少女たちの選択』講談社。

文部科学省ホームページ「高大接続改革の動向について」（https://www.mext.go.jp/component/a_menu/education/detail/__icsFiles/afieldfile/2017/02/15/1381780_3.pdf 2019年8月25日アクセス）。

Ehrenreich, B. (2001) *Nickel and Dimed,* Creative Management Inc.（曽田和子訳（2006）『ニッケル・アンド・ダイムド』東洋経済新報社）.

Putnam, Robert D. (2001) *Bowling Alone : The Collapse and Revival of American Community,* Simon & Schuster（柴内康文訳（2006）『孤独なボウリング』柏書房）.

Willis, P. (1977) *Learning to Labor : How Working Class Kids Gets Working Class Jobs,* Gower Publishing Co.（熊沢誠・山田潤訳（1985）『ハマータウンの野郎ども——学校への反抗，労働への順応』筑摩書房）.

学習の課題

(1)　子どもたちの人間関係が二極化しているといわれている。その要因として何が考えられるだろうか。一緒に考えてみよう。

(2)　社会関係資本は教育学のみならず，様々な学問領域で注目されているキーワードである。なぜ，社会関係資本が今後の社会に必要なのだろうか。みなさんの体験談や今後のことを踏まえて考えてみよう。

【さらに学びたい人のための図書】

ウィリス，ポール著，熊沢誠・山田潤訳（1985）『ハマータウンの野郎ども——学校への反抗，労働への順応』筑摩書房。
　　⇨イギリスの労働者階級の子どもたちがなぜ学校文化になじまず，自分たちの仲間意識を重要視していたのか，ウィリスが様々な視点から明らかにした名著である。これを読むと，今の日本の子どもたちの現状と一致する点が多くみられることに驚くだろう。

耳塚寛明（2013）『学力格差に挑む』金子書房。
　　⇨お茶の水女子大学がこの十数年にわたって行った大規模調査の報告書のうちの一つである。子どもたちの学力格差の要因として，何が浮上してきたのか，これから教師を目指すみなさんにはぜひとも読んでもらいたい一冊である。

＊　本章は，原清治（2010）「『お受験』への直接投資によって獲得される学力と分断される仲間意識」（『都市問題』第101号，56〜64頁）および原清治（2014）「複雑化する生徒指導諸課題の特質——ネットいじめの実態を手がかりとして」（『月刊高校教育』8月号，22〜25頁）に大幅な加筆修正を加えたものである。

（原　清治）

<table>
<tr><td>第12章</td><td>異文化間コミュニケーションと
市民性育成教育</td></tr>
</table>

この章で学ぶこと

　近年英語教育が重視されている。なぜ英語が必要なのであろうか。単に英語を話せるだけでなく，国際社会で活躍できる児童生徒を育成することが真の目的である。現在のグローバル社会では，他文化の人々と交流することが喫緊の課題となっている。本章ではどのようにすれば「異文化間コミュニケーション」が可能になるのか，そしてその際「市民性」という視点からこの問題を考察したい。

1　いま，なぜ「市民性教育」なのか

　2017年3月，小学校・中学校学習指導要領の改訂が公表され，翌2018年度より新学習指導要領で授業が行われることとなった。この学習指導要領は多くの新しいトピックを含んでいるが，まず「外国語活動」「外国語科」について着目したい。これまでの学習指導要領でも小学校高学年で外国語活動が行われてきた。しかし今回の改訂では，さらに高学年の外国語活動が領域から教科「外国語科」へ，さらに中学年においても外国語活動が新設されることとなった。また授業時間数においても，高学年の外国語科が年間70時間，中学年の外国語活動が35時間（現行は高学年が年間35時間）と，相当増加している。なぜこれほどまでで外国語活動が重視されているのであろうか。その背景として，グローバル化をあげたい。世界全体がグローバル化の流れの中にあり，日本もその流れに逆らえない，それゆえ「世界共通語」である英語を小学校段階から学ばせよう，というのが文部科学省の趣旨である。

　しかし現実の世界の政治状況をみると，反グローバリズムともいえる政治的

な動きが各国で起こっている。そもそもなぜグローバル化は必要なのか，また逆になぜグローバル化はこのように批判されるのであろうか。そして学校教育においては，どのような取組みが必要とされるのであろうか（もう少し歩を進めていえば，英語教育だけで十分なのであろうか）。本章では，グローバル化を迎えた日本の学校教育に求められる課題について考察するが，その際「市民性育成」という視点を用いたい。

2　グローバル化をめぐる日本の状況

（1）現在の日本と世界

　まずは日本経済をみることから始めたい。いうまでもなく経済は国の根幹であり，経済的視点を看過することはできない。日本経済の多くはいまだ内需に依存しており，貿易依存率は決して高くはない。しかし今後日本社会は急激な少子高齢化を迎える。その結果，国内人口は減少し，内需が縮小し，経済規模も縮小することが予想される。そこで現在の経済規模を維持するためにも，海外との貿易を積極的に行う必要性が生じる。経済のグローバル化は日本の将来にとって，必須である。さらに日本政府は2016年，TPP（環太平洋パートナーシップ協定）に調印し，大規模な経済圏創設に参画しようとしている。もっともTPPはアメリカの離脱によって当初の予定とは大きく様相が異なってきたが，日本政府はアメリカ抜きでTPP締結を行った（2017年11月）。ここから日本が経済のグローバル化を目指していることを読み取ることができる。

　さしあたっては経済成長を目指す上で，グローバル化が必須であることは納得できる。しかし単に経済成長を目指すためだけに，グローバル化が行われるのであろうか。否，単なる経済的利益のためだけにグローバル化があるのではないであろう。かつてヨーロッパでEEC（ヨーロッパ経済共同体），EC（ヨーロッパ共同体）という経済統一圏が，EU（ヨーロッパ連合）という政治的・経済的統合体へと進んだように，経済的な結びつきが強まれば，政治的な結びつきへと行き着くこともありうる。そして密接な経済的な紐帯が政治的な対立を緩

和し，より戦争のリスクを減らすことができるようになる。つまりグローバル化は，政治的な相互理解を促進する可能性を内包している。

　しかし現在の世界情勢をみると，グローバル化に対する反対意見が噴出している。たとえば2016年には英国が EU から離脱を決定し，世界を驚かせた。またアメリカでは自国第一主義を唱えるドナルド・トランプ大統領が当選した。また2017年10月オーストリアでは右派政党が政権に就き，カタルーニャがスペインからの独立投票を行い，独立を志向している。

　世界の安定や平和という観点から考えれば，統合体に所属するほうがよいと思われる。しかもヨーロッパ連合やヨーロッパ諸国は民主的で緩やかな連合である。それにもかかわらず，多くの国や地域が独立しようとしている。なぜこのような行動に出ようとするのであろうか。一つの理由として考えられるのが，「グローバル化への疑念」である。グローバル化によって地域の生活や価値観が崩壊にさらされているのではないか，という危機感が反グローバリズムにつながっていると考えられる。

　そこで本章では一つのテーマを設定したい。それは教育における「地域愛」（もしくは「郷土愛」）と「グローバル化」（あるいは「他者理解」）との関係という課題である。これから日本はさらにグローバル化を迎えるが，その中でグローバル化を進める考えと，郷土愛やナショナリティを重視する考えとが相克する可能性がある。相互理解を進めるには，グローバル化は避けては通れない道であるが，本章では２つの可能性を探りたい。１つは「郷土愛の延長上にグローバル化がある」という考えである。もう１つは「郷土愛とグローバル化は相容れないので，グローバル化は郷土愛を棚上げして考えなければならない」という考えである。まずは前者から考察したい。

（2）学校教育における「郷土愛」と「他国理解」

　このような問題に対して，日本の学校教育ではどのように対応が考えられているのであろうか。まずは法規的な観点から考えてみたい。たとえば，教育基本法をみてみる。教育の目標が記載されている第２条五では次のように述べら

れている。

　伝統と文化を尊重し，それらをはぐくんできた我が国と郷土を愛するととも
に，他国を尊重し，国際社会の平和と発展に寄与する態度を養うこと。

　さらに学校教育法第21条の「義務教育として行われる普通教育」の目標の三
では，次のような記載がある。

　我が国と郷土の現状と歴史について，正しい理解に導き，伝統と文化を尊重
し，それらをはぐくんできた我が国と郷土を愛する態度を養うとともに，進
んで外国の文化の理解を通じて，他国を尊重し，国際社会の平和と発展に寄
与する態度を養うこと。

　もう少しみておこう。新学習指導要領第1章総則での，道徳教育に関する記
述では次のように述べられている。

　道徳教育を進めるに当たっては，人間尊重の精神と生命に対する畏敬の念を
家庭，学校，その他社会における具体的な生活の中に生かし，豊かな心をも
ち，伝統と文化を尊重し，それらを育んできた我が国と郷土を愛し，個性豊
かな文化の創造を図るとともに，平和で民主的な国家及び社会の形成者とし
て，公共の精神を尊び，社会及び国家の発展に努め，他国を尊重し，国際社
会の平和と発展や環境の保全に貢献し未来を拓く主体性のある日本人の育成
に資することとなるよう特に留意すること。　　　（文部科学省，2017，3〜4頁）

　以上の法令を読んで理解できることは，自国や自文化への理解が直接的に他
国理解・他文化理解へとつながるという観点である。日本の伝統や文化を理解
することは，郷土愛を深めるものである。しかし当然ながら，このような態度
が場合によっては自文化中心主義（エスノセントリズム）に陥る可能性は想定し

うる。だが，日本の教育目的では，そのような悲劇的結末については言及されていない。むしろ「他国尊重」という別の目標に，単純につながると考えられている。もちろん他国を尊重するには，その前提として自らの国や郷土を愛する必要がある。しかしながら「郷土愛」と「他国尊重」とは本来別のテーマであるはずである。それでは郷土愛と他国尊重はどのように結びつくのであろうか。次にその問題について考察したい。

（3）「郷土愛から他国理解への直線的発展」
——シュプランガーの「郷土教育」論を手がかりに

　さてこのような課題を，ドイツの哲学者シュプランガーの議論をもとに考察してみたい。シュプランガーは郷土愛が基礎となり，徐々に他の地域や国への理解が進むとしている。シュプランガーは『郷土科の価値』（1923）という著作において，小学校教育において「郷土科」（現在の日本でいえば生活科に相当）が最も根本の科目であると述べている。郷土科で学んだ知識や学習態度が基礎となって，世界的視野や科学的知識が習得されるとしている。まずシュプランガーは「郷土（Heimat）」の重要性について述べている。「故里は体験しうる，または体験された，土地との全体的結合である。付言すれば，故里は精神的根元感情（geistiges Wurzelgefuhl）である」（シュプランガー，1992，152頁）。子どもたちは自らの住んでいる郷土について知識をもち，そして愛着をもつことが重要とされる。「郷土科では，この現実が同時に一つの客観的な機構として把握される。逆に言えば人間は，この世界構造の中に，自己の特殊な立場を持ちながら存在しているのである」（シュプランガー，1992，159頁）。

　日本のカリキュラムでは生活科に相当するが，社会科や理科の基礎的知識を学ぶのみならず，「郷土愛」を育むことに重点が置かれている。シュプランガーはこのような郷土愛が基礎となって，世界的視野を育むことができると考えている。とくに彼はペスタロッチを高く評価して次のように述べている。「『故里から世界へ』とか『個人から宇宙へ』という思想を，後世に著しい影響を与えつつ伝播させたのは，ほかならぬペスタロッチー学徒なのであった」

（シュプランガー，1992，171頁）。またシュプランガーはハルニッシュが出版した『世界科（*Weltkunde*）』（1816）を高く評価している。この本は3部に分けられ，第1部はシュレジア地方科が，第2部はドイツ国が，第3部は全地球が教材として取り上げられている。自らの郷土から国へ，そして世界全体へと視野を広げていくことのプロセスが述べられている。郷土を中心として同心円的に子どもが視野を広げていくことこそ，郷土教育の目的である。

　このような学習プロセスは戦後日本の社会科の学習論と似ている。戦後新たに創設された社会科では，「同心円拡大方式」という方法が唱えられた。社会科は，1947年，修身・歴史・地理の融合科目として生まれたが，そこでどのようなカリキュラムを組むべきかが探求された。戦前は歴史や地理では体系的知識が教えられていたが，戦後は社会科として統一されたため，同じようなカリキュラムを組めなくなった。そこで考えられたのが同心円拡大方式である（天野編，1999，118頁）。小学校低学年では家庭や近隣の生活が教えられ，中学年では少し視野が広められ，地域社会や都道府県の知識が教えられる。さらに高学年では日本全体に関する知識（地理や産業，農業，交通など）が教えられる。このように地元を中心として，地域，日本，そして世界へと視野を広げていく教育方法が採用された。

　さて筆者はこのように郷土科や同心円拡大方式に内在する特徴を，「郷土愛から他国理解への直線的発展」と名づけたい。社会科の内容を取り上げたが，道徳科においても同じような視点は残っている。小学校学習指導要領の「第3章　特別の教科　道徳」での内容項目C「主として集団や社会との関わりに関すること」において，「郷土愛」と「他国理解」の項目が並置されている。「小学校学習指導要領解説編　特別の教科　道徳」ではその関連性について次のように述べられている。

　　内容項目に規定している「我が国」や「国」とは，政府や内閣などの統治機構を意味するものではなく，歴史的に形成されてきた国民，国土，伝統，文化などからなる歴史的・文化的な共同体としての国を意味するものである。

　したがって，国を愛することは，偏狭で排他的な自国賛美ではなく，また，次の内容項目の「国際理解，国際親善」に関する指導と相まって，国際社会と向き合うことが求められている我が国の一員としての自覚と責任をもって，国際親善に努めようとする態度につながっている点に留意する必要がある。

（文部科学省，2015，58〜59頁）

　ここでは，自らの郷土や文化的背景への愛と，国際親善等のグローバリズムとは矛盾しないと述べられている。もちろんこの視点は重要である。しかし現実には過度の自文化中心主義（エスノセントリズム）が横行している。郷土愛や自己の文化への愛情から始めて，他者理解に進めばよいが，場合によっては自己愛に留まってしまう場合もあるかもしれない。そこで筆者は「郷土愛から他国理解への直線的発展」とは別の道を探ってみたい。さしあたってはそれを「形式的合意を目指す討議倫理学」と名づける。

3　民主主義と学校教育

（1）エスノセントリズムからの脱却は可能か

　エスノセントリズムはネガティブな意味で使用されているが，そのルーツをたどれば，近代ヨーロッパの国民主義・民族主義にまで行き着く。一つの国語をもつ国家が主権をもち，近代国家が成立した。その背景には，ナショナリズム的な側面があったことは間違いがないであろう。日本を例にあげれば，近代日本国家が成立したのは1867（慶応3）年の明治維新以降のことである。もちろん近代日本が成立した背景には，西洋列強と肩を並べる強国をつくらねばならないという，緊迫した国際情勢があった。そのような「外圧」と連動する形で，「日本」という国家像が形成された（坂本，1998）。明治維新では，日本の近代化（産業化・工業化）による強国化のみならず，「日本」という国のあり方が問われていた。「王政復古」という標語のもとで，武家政権や摂関政治以前の天皇親政に遡ることによって，新政府の指導者たちは，日本の「本来」のあ

り方を再発見しようと努力した。もちろんこの政治形態は，多様な日本の政治形態の一つの姿に過ぎない。このように国や文化の多様なあり方を一つの形に限定することは，国家のあり方を強固にすると同時に，排他的な側面をもっていた。もちろん19世紀の厳しい国際情勢の中でやむを得ない側面もあり，当時の日本の政治を簡単に批判することはできないであろう。

　しかしながら現在求められているのは，多様な価値観を認める態度である。つまり自文化中心主義を乗り越える態度が必ず求められる。そもそも先述のようにエスノセントリズムは排他性を内在しているのであるが，どのようにすればエスノセントリズムは乗り越えられるのであろうか。

　　＊　同書によると，1868（明治元）年3月の五箇条の御誓文の発布では，諸侯が天皇
　　　　に誓うのではなく，天皇自らが神に誓うというスタイルがとられている。さらに
　　　　1868年8月の明治天皇即位式では，これまでの宣命が天智天皇に言及するのみで
　　　　あったのが，イザナギ・イザナミ，アマテラス，そしてニニギにまで遡り，天皇統
　　　　治の正統な系譜が重視されるようになった。また同時に即位式では地球儀が設置さ
　　　　れた。日本の近代化が，古代への正統性を模索すると同時に，他国に開かれた国に
　　　　なろうとするという二面性をもっていたといえよう。

（2）「エスノセントリズム」と「文化相対主義」

　エスノセントリズムの問題に関して，以下，異文化間コミュニケーション学者のシタラムの議論を参考に考察したい。シタラムは，ハーコウィッツの議論を踏まえて自説を展開する（シタラム，1985）。ハーコウィッツはエスノセントリズムを「寛大なエスノセントリズム」と「好戦的なエスノセントリズム」に分ける。寛大なエスノセントリズムとは，「自分たちの価値を基準に用いて別の文化の価値体系を判断するが，文化的差異は許容する行為」であり，それに対して好戦的なエスノセントリズムとは，「自分たちの価値を基準に用いて別の価値体系を判断するのみならず，自分たちの価値を相手に強く押しつけようともする行為」である。ハーコウィッツは，「文化相対主義」がエスノセントリズムを克服する方途であるとしている。シタラム自身もこの議論を踏まえて，文化相対主義を肯定的に捉えている。

　さて文化相対主義とは，どのような考えであろうか。筆者なりに解釈したい。それは以下のとおりである。「それぞれの文化には固有の価値がある。したがってその価値は尊重されなければならず，他の文化から一方的に優劣の判定をされてはならない」という考えである。もちろんこの考えは正当である。しかしこのような考えは若干の問題を含んでいるように思われる。たとえば，Aという文化の中で通用している価値観（a）があるとする。その文化の中では「正しい」と思われているが，他の文化（B，C，D……）からみれば「正しくない」ようにみえることがある（明らかに非人道的な価値観など）。このような場合，文化相対主義の立場に立つならば，Aに所属する人々は，「この価値観（a）は，私たちの文化の中では正しい。他人から言われる筋合いはない」と主張することになる。このような態度は，自文化を無条件に肯定する，保守的態度に変じる可能性が高い。つまり文化相対主義は，場合によってエスノセントリズムを擁護することになる。グローバル化の現在，このような考えは通用しないのではないであろうか。

　シタラムはこのような事態に対して，「適応」という姿勢を重視する。「異文化で効果的にコミュニケートするためには，その文化のパーソナリティに適応しなくてはならない。自分の文化について理解すること，受け手の文化について理解することが，この適応のための前提条件である」（シタラム，1985，295頁）。もちろんこのように，他の文化価値を尊重する姿勢は重要であろう。しかしここで問題となっているのは，単にお互いを尊重し合うだけではなく，明らかに誤った価値観に対しては修正を求めることである。とりわけ現在のグローバル化社会では，このような姿勢が求められる。それではどのようにグローバルな異文化理解は可能になるであろうか。ここで筆者は先ほど提示した「形式的合意を目指す討議倫理学」を詳細に議論したい。

（3）討議倫理学と「対話」

　討議倫理学とは何を意味するのであろうか。「討議」という営みが，どのようにしてグローバリズムと郷土愛を結びつけるのであろうか。討議するという

ことは，自らの意見を表明し，同時に他者の意見を受け入れ，共通のコンセン
サスを形成してゆくことである。この姿勢自体は特段奇抜なものではなく，む
しろ現在の民主主義社会に生きる私たちにとっては当然のプロセスである。さ
らにいえば，このようなプロセス自体はあくまでも討論の形式的手続きであっ
て，討論されている価値観や意見等の内容面に立ち入ることはない。それゆえ
討議というプロセスは，それほど重要でないように思われるかもしれない。し
かしながらこの形式的手続きを堅持することこそが，現在のグローバル化社会
における相互理解を可能にすると筆者は考える。なぜなら価値観等の文化の内
容に絶対的尺度を設定することは，現在不可能であるからである。筆者は形式
的手続きを堅持することのみが，ルールとして有効であると考えるのである。
討議倫理学についての，2人の所論をもとにみていきたい。

① 　ヴォルフガング・ニーケ

　現代ドイツの教育学者であるニーケ（Wolfgang Nieke）は，ハーバーマス
（Jürgen Habermas）の議論を踏まえて，異文化間教育について論じている。
ニーケは文化相対主義・価値相対主義を批判する（Nieke, 1995）。相対主義は
何ら正当性を提示することができず，その結果，破壊的状況をもたらす可能性
がある。そのためにニーケは「理性的な意思疎通」を提示する。もちろん異文
化理解のためには，自文化の価値に固執せず，他の価値を受け入れられるだけ
の寛容さをもっていなければならない。場合によっては，自分自身の価値観を
否定することもありうるかもしれない。しかし，先ほどのシタラムと異なって，
ニーケは単に自らの価値観を相対化するのみならず，諸価値が高次の価値観へ
と高め上げられるよう主張する。そのために必要なのが「理性」である。理性
的に議論することによって，よりよい価値観を創出し，理想的共同社会をつく
り出すことが可能となる。このように「理性的」な「議論」という枠組みこそ
が，異文化理解の唯一の原理である。相対主義は，互いの立場を受け入れない
という排他性を有しているため，教育学においては，文化相対主義や価値相対
主値の立場を維持することは不可能である。

　それでは「理性的な議論」とはどのようなあり方であろうか。ニーケは，あ

る文化の内容と別の文化の内容を比較し，優劣をつけるという手法を採らない。そのような内容的な議論ではなく，形式的な合意を主張する（Nieke, 1995）。筆者なりに解釈して，たとえば次のようなケースを考えたい。一つのルールをつくろうとしたとき，ある考え（ｂ）と別の考え（ｃ）が対立しているとする。このようなとき多数決等の形式的手続きによって，ルールをつくるべきとされる。内容的に（ｂ）か（ｃ）のいずれかの妥当性が問題となるのではない。その討議参加者の意見や状況によって，（ｂ）か（ｃ）のいずれかが討議参加者にとって有効であるかを議論することが重要なのである。場合によっては，正当性を有さない考えがルールとなる場合もあるかもしれない。しかしそのルールはいつまでも永続的に保持されるのではなく，また別の議論によって修正される可能性を含んでいる。討論の結果成立するルールは，絶対的正当性をもつものではなく，たえず修正される可能性を有している。

　ニーケはハーバーマスの言葉を引用し「より善き議論の束縛なき束縛」という言葉を取り上げる。それは討論においてはいかなる束縛（先入観念）ももち込んではならないが，討論の結果に対しては，議論の参加者は自己束縛的に遵守しなければならない，という意味合いである。このような討論形式のみが唯一妥当する価値として取り上げられる。したがって討論の結果得られる内容は，決して普遍的な内容ではない。討論によって，結果はそのつど変化する。ニーケは，内容的な面で普遍性や絶対的正当性を求めない。討論という形式のみを普遍的なものとみなしている。ニーケはこのように「議論する」という形式面のみが，異文化理解を可能とすると考えている。次にニーケも引用するハーバーマスについてみてみたい。

② 　ユルゲン・ハーバーマス

　ハーバーマスは現代ドイツの哲学者でフランクフルト学派を代表する。ハーバーマスは現代社会におけるコンセンサス形成の唯一のあり方として，討議倫理学を提示し，その著『討議倫理』の冒頭において，比較的わかりやすく討議倫理について述べている。まずハーバーマスは倫理や道徳を特定の文化的価値に依存せず，普遍的に構築しようとする。「道徳原則が単にある特定の文化や

ある特定の時代の直観にあてはまるだけではなく，一般にもあてはまるということを主張する倫理を，普遍主義的倫理学と名づける」（ハーバーマス，2005，8頁）。もし特定の価値観に依存するならば，私たちはエスノセントリズムに陥ることを避けることはできない。したがって道徳や倫理は常に「形式的」に合意されなければならない。それゆえ「討議」という契機が重要になる。すべての者が討議に参加することで，倫理が実現される。

　ハーバーマスは，特定の伝統や文化的価値に依存してルールをつくることを徹底して拒否する。もちろん現実的には特定の文化を背景に成立するが，そこに留まってはならない。もし特定の文化価値にしがみつくならば，その価値を相対的にみることができなくなる。場合によっては，歴史的に成立した価値観を無条件に認容することになりかねない。「道徳判断はその地域のエートスと結びついたものだというアリストテレス的確信に忠実にとどまろうとするなら，道徳的普遍主義のもつ解放的内容をあきらめ，潜在的な搾取と抑圧の関係の中に埋め込まれている構造的暴力に対して，道徳的に容赦のない批判を加える覚悟を否定せざるをえないことになる」（ハーバーマス，2005，101頁）。ハーバーマスはあくまで理性的に合意することを主張する。その唯一の方途が「討議」である。

　しかしながら一つ大きな問題がある。それは「討議」においては常に参加者が平等な立場にいるとは限らない，という問題である。たとえば話が上手な人や年配の人が討議の主導権をもつ，ということは往々にしてある。このような問題に対してハーバーマスは，討議の参加者は原則的に自由な立場であり，共同的に討議に参加しなければならないと考えている。さらにハーバーマスは，次のようにも考えている。討論においては，人間が傷つきやすく損なわれやすいという点を常に配慮しなければならない，と。人間は本来個人個人独立しているが，社会的統合が進むにつれて，その強力さにのみ込まれ，アイデンティティを保持できないようになる。それゆえ，人間は傷つきやすいという前提に立ち，「相互安全の保証」（ハーバーマス，2005，11頁）を確立しなければならない。「道徳は，それぞれ各人の尊厳に同等の敬意を払うことを要求することに

よって，諸個人の不可侵性を妥当なものとする。しかしそれと同じ程度に，道徳は相互承認という間主観的関係をも保護する」（ハーバーマス，2005，12頁）。このようにハーバーマスは，理性的コンセンサスを重視する立場から「討議」こそがルール構築の方途であると考える。しかし討議に際しての注意事項を忘れていない。

（4）市民性教育の必要性へ

　このように「対話」や「討議」という形式的枠組みこそが，価値多様化社会における尺度である，という考えを概観した。それでは教育の場において，このような態度を子どもたちにどのように身に付けさせることができるであろうか。日本の学校教育であれば，道徳科や特別活動（学級活動など）が本来そのような場にふさわしい。しかし現在の学校教育で，「討議」する態度がそれほど重視されているとはいい難い。そこで外国の学校教育をみてみたい。とりわけ英国のシティズンシップ教育を取り上げたい。なぜならシティズンシップ教育では，特定の価値を伝達することよりも，討議や討論を通して市民性を育成することが目指されているからである。

［4］　市民性教育

（1）英国の市民性教育

　日本の道徳科に相当する教科として，英国では「シティズンシップ」が行われている。英国では，2000年前後より若者の政治的無関心が大きな問題となった（武藤・新井，2007；クリック，2011；長沼・大久保編著，2012）。民主主義を成り立たせるのは国民一人ひとりであるはずであるが，もし若者が政治に興味をもたず成人後も無関心であり続けるならば，民主主義そのものが危機に陥る可能性がある。そこで2002年より中等教育段階で「シティズンシップ」が必修科目として導入された。シティズンシップ導入に大きな影響を及ぼしたクリック（Bernard Crick, 1929-2008）は，シティズンシップの特性を「能動的である」こ

とにみて取る。クリックは古代ギリシアやローマに遡り，次のように述べる。「市民とは，公共の場での見解の表明や投票によって，通常はその両方によって，都市や国家の事柄に対して法的な発言権を持つ人々のことであった。（中略）能動的なシティズンシップは，最重要の徳性と考えられていた」（クリック，2011，15頁）。つまり国民としての務めを果たすことは，受動的に行う義務ではなく，一人ひとりが能動的・積極的に行っていかなければならない営みであると考えられている。

（2）英国の市民性教育

　それでは英国の市民性教育のカリキュラムと目標についてみよう。シティズンシップ教育は「社会的道徳的責任」「コミュニティへの関与」「政治的リテラシー」の3領域から成り立つとされている（クリック，2011；武藤・新井，2007）。政府の指導書では，シティズンシップ教育の内容は以下のように規定されている。「A．特設の時間で教える。B．他の教科，カリキュラム領域，コースの中で教える。C．市民性関連のイベント，活動等で教える」（新井，2007，299頁）。つまり日本の道徳科と同じように特設の時間が設定されているが，その時間に留まらず，他教科でもシティズンシップ教育の内容を組み込むことが求められている（日本において戦後まもなく試みられた「コア・カリキュラム」を想起させる）。さらに日本の道徳科と大きく異なる点は，授業内容にある。日本の道徳科では学習指導要領に定められた内容項目を，小中学校でしっかりと教えることが重要視されている。しかし英国のシティズンシップ教育では，授業で学ぶのではなく，自主的な活動が重視されている。具体的には地域コミュニティなどの連携や，模擬裁判，模擬選挙などがあげられている。たとえばコミュニティからゲストスピーカーを迎えて学校で講演をしてもらうことや，生徒がコミュニティの活動に参加することなどがあげられる（新井，2007）。つまり児童生徒が自ら活動し，社会的知識を単なる知識として学ぶのではなく，自分の活動を通して修得することが求められているといえる。

（3）日本の市民性教育

　日本において，市民性教育が積極的に行われているとはいい難い。しかしながらいくつかの実践が行われている。シティズンシップ教育導入の口火を切ったのは経済産業省であった。2006年に調査会を立ち上げ，「シティズンシップ教育宣言」を出している。シティズンシップ教育とは「公的・共同的な活動」「政治活動」「経済活動」の3領域から成り立つとされた。同宣言では，意識改革や学校自身の改革を謳っている。なぜ経済産業省がこのような取組みを行ったのであろうか。同宣言では自立・自律した市民の育成とそのための学習の重要性を述べている（経済産業省，2006）。さてそれでは実際にシティズンシップ教育はどのように行われているのであろうか。実例をみたい。

　日本で有名なシティズンシップ教育の実践例として，東京都品川区の「市民科」があげられる。品川区では小中学校が一貫化され9年制となっており，1～4年生が「基礎・基本の定着」，5～7年生が「基礎・基本の徹底」，8，9年生が「自学自習の重視」と3段階の目標設定がある。カリキュラム面においても独自の課程編成を行っている。「道徳の時間」「特別活動」「総合的な学習の時間」を統合し，「市民科」という独自科目を設定している。全体を4段階に分け，1・2学年では「基本的生活習慣と規範意識」，3・4学年では「よりよい生活への態度育成」，5～7学年では「社会的行動力の基礎」，8・9学年では「市民意識の醸成と将来の生き方」に目的を置いている。ここからは従来の道徳の時間における「主として自分自身に関すること」から，「主として集団や社会に関すること」が段階的に身に付くように工夫され，さらには公民性を身に付けるように目標化されている。さらに5年生には経済体験学習「スチューデント・シティ」を行い，生産活動・消費生活を体験的に学習する活動が行われている。この活動では8時間の事前学習で，児童は基礎的な経済・金融に関する知識を学ぶ。実際の体験学習では，学校内に企業を再現し企業と消費者の両方を体験する。実際に販売や営業，購入を通して，収益の租税システムを学ぶ。さらに8年生の「ファイナンス・パーク」では，収入や支出，貯蓄やローンなど具体的な生計の立て方を体験学習する。具体的に月々の家賃・食費・被

服費等を考え，自分のライフスタイルを考えさせ，将来のライフスタイルや進路選択に役立たせる。このような教育実践によって，児童生徒の経済的自立が目指されている。

5　市民性育成のために

　このように異文化間コミュニケーションを成り立たせる一つの可能性として，市民性教育を提示した。日本の道徳教育と異なり，シティズンシップ教育では，社会活動を通して自立することが目標化される。本章で述べたように，異文化間コミュニケーションを成り立たせるには，特定の価値内容に優劣をつけるのではなく，形式的枠組みを保持することが重要であった。特定の価値観を教え込んだり，また自文化を称揚したりすることによって，異文化理解が達成されるのではない。価値観の問題を一旦「棚に上げ」，形式的に合意を目指すことが本章では重要とされた。そのための一つの教育的試みとして「市民性教育」を取り上げた。もちろんこの「市民性教育」が完全な解決策というわけではない。なぜなら児童生徒の自主的活動だけに委ねるという姿勢は，価値の多様性を認め合うという姿勢に必ずしも直結しないからである。児童生徒が自主的活動を行うことで，より自分の先入観念を固定化させるだけに終わるということもありうる。しかしながら異文化間コミュニケーションの実現という目標のために，今後も様々な取組みに挑戦していかねばならない。

引用文献
天野正輝編（1999）『教育課程』明治図書。
新井浅浩（2007）「中等学校における PSHE および市民性教育の実践」武藤孝典・新井浅浩編『ヨーロッパの学校における市民的社会性教育の発展　フランス・ドイツ・イギリス』東信堂。
クリック，バーナード著，関口正司訳（2011）『シティズンシップ教育論』法政大学出版局。
経済産業省（2006）「シティズンシップ教育宣言」。
坂本多加雄（1998）『日本の近代 2　明治国家の建設』中央公論社。

シタラム, K. S. 著, 御堂岡潔訳 (1985)『異文化間コミュニケーション——欧米中心主義からの脱却』東京創元社。

シュプランガー, E. 著, 岩間浩訳 (1992)『小学校の固有精神』青山社。

長沼豊・大久保正弘編著, クリック, バーナードほか著, 鈴木崇弘・由井一成訳 (2012)『社会を変える教育——英国のシティズンシップ教育とクリック・レポートから』キーステージ21。

ハーバーマス, J. 著, 清水多吉・朝倉輝一訳 (2005)『討議倫理』法政大学出版局。

武藤孝典・新井浅浩編著 (2007)『ヨーロッパの学校における市民的社会性教育の発展——フランス・ドイツ・イギリス』東信堂。

文部科学省 (2015)「小学校学習指導要領解説編　特別の教科　道徳」。

文部科学省 (2017)「小学校学習指導要領」。

Nieke, Wolfgang (1995) *Interkulturelle Erziehung und Bildung Wertorientierungen im Alltag'*, Opladen.

東京都品川区ホームページ「小中一貫教育の特色ある教育内容・方法」(https://www.city.shinagawa.tokyo.jp/PC/kukyoi/kukyoi-sesaku/kukyoi-sesaku-plan21/kukyoi-sesaku-plan21-zissai/kukyoi-sesaku-plan21-zissai-kyoiku/index.html 2019年12月5日アクセス)。

学習の課題

(1)　現在の日本の学校教育において，市民性を育成することの意義について考えてみよう。

(2)　国際理解・異文化理解教育をどのように学校現場で行うことができるか，考えてみよう。

【さらに学びたい人のための図書】

武藤孝典・新井浅浩編著 (2007)『ヨーロッパの学校における市民的社会性教育の発展——フランス・ドイツ・イギリス』東信堂。
⇨本書ではフランス，ドイツ，英国の市民性教育についてカリキュラムや実践面から詳細に研究されている。

中岡成文 (2003)『ハーバーマス——コミュニケーション行為』講談社。
⇨討議倫理学の哲学者ハーバーマスについての入門書であり，討議のあり方や重要性について述べられている。

（田中潤一）

第13章　難しい現代社会・グローバルな時代において教師・大人であるということ

この章で学ぶこと

現代は自分の生き方を自分の責任で決めていかねばならない時代であるといわれている。また，情報の上でも，生活上においてもグローバル化が進展し，多様な背景・文化をもつ人々とともに生活していくことが求められるようになった。しかし，わかり合えない他者は言葉の違いにかかわらず，すぐ傍にいる人でもある。教師，大人として，他者を他者として認めた上でつながり，どのようにともに生きていくか，その姿をまず子どもに示すことが大切だと思われる。そしてそのために必要な想像力がいかにして養われるかを考えていく。

1　難しい現代社会・グローバルな現代

（1）未来が不確定な時代

2016年12月に出された中央教育審議会答申「幼稚園，小学校，中学校，高等学校及び特別支援学校の学習指導要領等の改善及び必要な方策等について」では，「予測困難な時代に，一人一人が未来の創り手となる」として，これからの学校教育のあり方における方向性が示されている。人工知能の急速な変化が人間の職業を奪うのではないか，いま学校で教えていることは時代が変化したら通用しなくなるのではないかという不安の声，グローバル化が進展する社会の中で，多様な主体が速いスピードで相互に影響し合い，1つの出来事が広範囲かつ複雑に伝播することで，先を見通すことがさらに困難になっているという現状認識がなされている。そして，このような時代を生きる子どもに求められるのは，変化を柔軟に受け止め，感性を豊かに働かせながら，主体的に学び続け，多様な他者と協働し，新たな価値を生み出すために必要な力を身に付け

ることであるとされる。

　予測困難な時代に育つ子どもたちを支える大人，教師として，私たちはどのような使命，責任をもち，未来社会をどのように見据えて生きていくことが必要なのであろうか。本章では，この点に焦点をあて，ともに考えていきたい。

　ポーランド出身の社会学者であるバウマンは，現代社会の特質を不安定性，不確実性，危険性であると規定している。とりわけ先進富裕地域で深刻な苦悩の共通部分として，身分，権利，生活の「不安定性」，永続性と将来の安定の「不確実性」，からだ，自己，財産，近隣，共同体の「危険性」との三層からとして現れ，深刻な問題となっている。こういった今日的状況をもたらしたのは，個人の選択の自由，行動の自由を制限すると疑われる手枷，足枷がことごとく溶かされたことによる。私たちの生きる近代は，個人，私中心の近代であり，範型と形式をつくる重い任務は個人の双肩にかかり，つくるのに失敗した場合も，責任は個人だけに帰せられる（バウマン，2001，11頁参照）。

　私たちには，自分自身の未来を自ら決定し，自ら選びとっていく自由が与えられた。それゆえに，私たちは「不安定」で「不確実」で「危険性」を孕む社会において，自身の範型と形式を「自由」につくっていくこと，そしてその失敗の責任は自らに帰せられるという苦境を生きることになったというのである。

　鷲田（2010，93〜94頁）によれば，存在の自己証明は次のように説明される。近代的な社会革命は，人がたまたまどのような社会に生まれ落ちたかという偶然によってその人の人生のほとんどが決まってしまうような生き方を否定し，家柄とか階層とか性とか民族とかの出自によって差別されない社会を構築することを目指してきた。みなが社会の同じスタートラインにつく，そして学校という場所で，生きるのに最低限必要な基礎的な知識と技能とを学ぶ，その上で，その後この社会において個人として何をなし遂げるかでその人の価値と人生の形が決まってくるという社会を目指した。

　このような社会の中で私たちは，自分がここにいることの理由を問わねばならない，そして自分が存在することの意味を自分で見出さねばならなくなったと鷲田は指摘している。

　すなわち，私たちは「選択の自由」を手に入れた一方で，「選択しなければならないという手枷，足枷」，そして「自らの選択の責任を自らが負うこと」を求められるようになった。たとえば，かつて女性は結婚して家庭に入り，専業主婦となって子どもを2人育てるというモデルが一般的とされた時代があった。「4人世帯・有業者数1人」といういわゆる「標準世帯」は，第一次オイルショック直後の1974年には総世帯数の14.56％を占め，最多であったが，2017年時点では4.60％と少数派となっている。敷かれたレールの上を走ることが求められていた時代は，自ら選択しなくとも，レールに乗っかっていればよかったともいえる。しかし，現代を生きる10代，20代の若者にとって，結婚するか否か，子どもをもつか否か，どのような仕事に就くか，その仕事を終生続けるか等は，個人の選択肢の範疇となっている。私たちは「標準的な生き方，人生モデル」が消失し，未来を見通すことが難しくなったこの時代に，自分の生き方の意味を自分で模索しなければならない。しかも未来がどのようになっていくか自体が不確定でみえない中で選択せざるを得ないのである。

（2）社会のグローバル化

　次に，社会のグローバル化に目を向けてみよう。

　「グローバル化」とは，文部科学省の定義によれば，「情報通信技術の進展，交通手段の発達による移動の容易化，市場の国際的な開放等により，人，物材，情報の国際的移動が活性化して，様々な分野で『国境』の意義があいまいになるとともに，各国が相互に依存し，他国や国際社会の動向を無視できなくなっている現象」とされる。

　たとえば，2018年6月現在，在留外国人は263万7000人を超えている。そのうち，アジア系が219万6000人となっており，南米26万人，ヨーロッパ7万7000人，北米7万3000人，アフリカ1万6000人，オセアニア1万4000人と様々な国と地域からの在留者が日本に暮らしていることがわかる。また，2017年における外国人入国者数は2742万8782人で，前年比で420万9870人増加し，過去最高とされており，日本人出国者数は1788万9292人で，前年比で77万2872人増

215

加している（いずれも法務省入国管理局）。さらに，文部科学省の「日本語指導が必要な児童生徒の受入状況等に関する調査（平成28年度）」によれば，日本語指導が必要な外国籍の児童生徒3万4335人が小学校から高等学校，特別支援学校に在籍している。地域にもよるが，日本で生活している私たちの周囲に，外国籍の人，外国にルーツをもつ人，日本語指導が必要な児童生徒が数多く存在するようになっているといえる。この傾向は今後もさらに続いていくだろう。

　小学校新学習指導要領においては，外国語が教科化されるとともに中学年における外国語活動の時間が設けられ，学習が始まっている。現在の国際社会で事実上の公用語となっている英語を話すことができれば，海外においてだけでなく，身の回りの外国人，日本語での会話が難しい人たちと意思疎通を図ることはある程度容易になるといえるだろう。しかし，英語（あるいは他の外国語）が話せるようになれば，グローバル化に対応していけるというわけではない。多様な文化的背景，多様な価値観をもつ人たちと意思疎通を図り，互いの想いをわかり合い，ともに暮らしていくためには，ただ単に会話ができるというだけではない他者との共生のための心持ちが必要となる。

　現代社会を生きる大人として，そしてこれからの社会を生きていく子どもに向き合う教師として，私たちは未来が予測不可能で不安な時代をどのように見据え，どのように生きていくことが求められるだろうか。多様な価値観をもち，容易には理解し合えないとも考えられる他者とともに生きていくために，私たち大人・教師にはどのような態度が求められるのだろうか。

② 現代において教師，大人であること

（1）大人とは何か

　第2節では，現代において教師，大人であることの意味を考えるために，まず大人とは何か，というテーマで考えてみよう。

　オランダの教育学者ランゲフェルトは，子どもからみた大人の特徴「大人らしさ」の第一の特徴を「責任性」であるとしている。責任性は以下の三層から

なる。

①　自分自身の行為や失敗の結果を引き受けるという「個人としての責任性」。

②　現在および未来のために社会的経済的生活において分かち合う「仲間としての責任性」。

③　子ども，無力な者，弱い者，病人や老人のための「代理としての責任性」。

それゆえ，大人はもはや他人の重荷となることなく，他人を援助することのできるような生活を営むために必要な能力，知識，技能を身に付けていることが求められる。また，自分に適した課題を進んでなし遂げようとし，また実際になし遂げることが求められる（ランゲフェルト，1976，124頁）。

責任は，英語でいえば responsibility であり，リスポンド（応答）する能力を備えているという意味である。すなわち，上述のランゲフェルトの言葉にもあるように，他者からの求めや訴えに応じる用意があるということになる。この前提のもとに，①の「個人としての責任性」を遂行することになる。さらに，この時代を生きる人々とともに社会を形成し，未来の人々への責任を甘受していくことが②の「仲間としての責任性」において語られている。そして最後の③の「代理としての責任性」である。大人や教師は，子どもや自分の生徒の代わりに必要な場面で適切と思われる判断を下し，その結果を引き受ける。しかしそれだけでなく，子どもや生徒がまだ十分に自分で判断できなかったとしても，できうる範囲内で自ら考えを巡らし，自ら判断しようとすることを助け，そしてその判断の結果を大人が引き受ける。こういった意味での「代理」もまた，ここでいわれていると考えられる。

（2）人格化とは

これらの点をもう少し考察するために，山﨑（2004）が「教育」の概念規定のために「文化化」「社会化」「人格化」の意味を整理している部分を参照したい。山﨑によれば，「文化化」とは人が生まれ落ちた社会の文化，具体的には言語・慣習・信仰・芸術・道徳・法律・技術等を自らの中へ取り入れ，その社会の「他のすべての成員と同じように」行動できる「文化の担い手」となる術

を身に付ける過程である。さらに「社会化」とは，個人が自らその成員である社会の価値や規範，役割等を習得して，社会の生活・文化連関の中に統合される過程をいう。これに対して「人格化」は以下のように定義される。

　人格化とは，個人が多様な文化的，社会的基準や要求に対して自ら判断して取捨選択し，それらを受け容れたり，変更したり，統合したりしながら，自己を形成し，「人格」に至る過程を指す。山﨑はさらに，「人格」には以下のような特徴が備わっていると定義する。

① 　社会や文化からの要求や期待に対して選択の自由と一定の距離を保つ能力（＝批判能力）をもっていること。

② 　自発性またはイニシアティブをもっていること。

③ 　自己の行動を自ら決定できる自律性をもっていること。

④ 　自己（の良心）に対してのみならず，他者や社会，場合によっては神や仏，超越に対して責任を自覚していること。

　多元的，力動的な社会の中で，社会からの様々な行動期待や文化的要求に応えながら，必要な場合には，それらを合理的，批判的に解釈し直し，あるいはそれらに代わって自己決定に基づく新たな理想・原則を立て，自己形成と自己実現を可能にする能力をもつことが目指されるのである（山﨑，2004，12～13頁）。

（3）大人になりたいと思わない子ども

　現代の日本において，大人になりたいと思わない子どもが多く存在している。NHK が実施している「中学生・高校生の生活と意識調査」によれば，早く大人になりたいと思わない中学・高校生が半数を超えている（表13-1）。その理由として，「子どもでいるほうが楽だから」（32%），「大人になることが何となく不安だから」（24%）があげられている（図13-1）。

　大人になることは，容易な道のりではない。もっとも，私たちはみなそれぞれその途上であり，迷い，戸惑い，ときに立ち止まりながら，人格の完成に向けての道のりを辿っているといえる。ランゲフェルト（1980）はまた，大人の

表 13-1　早くなりたいか　(%)

	全体	中学生	高校生
そう思う	40.3	39.1	41.5
そうは思わない	52.5	51.9	53.1
どちらともいえない，わからない，無回答	7.3	8.9	5.4

出典：政木（2013）47頁。

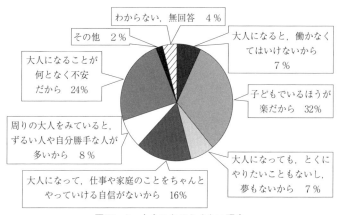

図 13-1　大人になりたくない理由

出典：政木（2013）48頁より筆者作成。

もつ「よるべなさ」をも指摘している。それゆえ，われわれが手を携えて子ど
もを教育すること，社会をともにつくっていくことの意義を強調している。

　子どもたちが大人に憧れ，早く大人になりたいと思うようになるためには，
①大人が大人であることを楽しんで肯定すること，②大人が学び続ける楽しさ
を自ら体現すること，③大人のよるべなさをきちんと肯定し，その上で，よる
べない存在であるからこそ，他者とともに支え合って生きていくことの必要性
を子どもに示していかねばならないだろう。

3　大人としてのあり方

（1）脱中心化の過程としての発達

　ランゲフェルトは，よるべない大人が手を携えて子どもを育て，社会をつくっていくという。それでは，手を携えるためにはどのような心構えが必要だろうか。仲島（2006, 276頁）は，発達とは「脱中心化」の過程であると述べている。つまり，「大人になる」とは，他人は自分と視点・立場・意見などが違う，ということがわかることであると彼は定義する。この認識と表裏一体にあるのが自己の客観視，すなわち自分を「他人の目で」みられることである。

　人は，発達の過程で「心の理論」を獲得し，他者の心の状態を推測できるようになっていく。たとえば，他の子どもに危害を与えたり，悲しくつらい思いをさせてしまった子どもに対して，「〇〇ちゃんの気持ちになってごらん」と諭しても，自分が被害を受けていなかったり，とくに悲しくも苦しくも感じなければ，そのような説論はなかなか子どもの心に届かない。しかし，「心の理論」が育っていくにしたがって，このような状況で，他の子どもの「気持ち」を推し量る，慮ることができるようになっていく。他者の心を推測することは，他者から自分がどのようにみられているかを推し量ることにつながる。こうして，仲島がいうように，自己の客観視が可能になり，他者の感情や置かれた状況を慮る共感性が身に付いていく，すなわち大人へと発達していく。

　類人猿からの進化の過程で，ヒトは「想像する力」を手に入れた。松沢（2011）の実験結果が示すように，ヒトときわめて近い遺伝子をもつチンパンジーは「いま，ここにあるもの」への直感的把握に関してはヒトよりも優れているが，「ここにないもの」，すなわち時間と空間を隔てたものに関しては，想像する力をもたない。私たちは，進化の過程で，目の前にないもの，すなわち過ぎ去った過去を想い，過去から学び，そしていまだ到来していない未来を構想する力を手に入れた。そして，人間は想像力を手に入れることによって，目には見えない他者の気持ちを理解し，共感しようとすることが可能となったの

である。

　吉澤（2012, 63頁）は，「心を砕く」「思いを馳せる」という語を用いて，他者を尊重することの意味を述べている。「私が相手にどのように位置づけられているか，そして他者が他者自身をどのようにアイデンティファイしているかは，他者の心の中で思い描かれていることで，私にはけっして知ることができない」。それゆえ，「思いを馳せる」とは，「他者がその心の自由な空間において，自らをどのように思い描きアイデンティファイしているかを，その唯一性，個別性においてそのまま認める」ことである。さてそれでは，他者を尊重するとは，どういうことなのだろうか。吉澤（2012）は，「他者の心が不可知である」からこそ，「心を砕く」「思いを馳せる」ことが問題となるという。「他者が心の中で，何を感じ，考え，希望し，良く防止，夢を見ているのか，それはけっして誰にもわからない。それをそのまま，つまりわからないまま，わからないということを，ただ受け止め認めるということ」，それが他者の尊厳を尊重することであるという。

　人は「心の理論」を身に付けることで，他者の気持ちを推測することができるようになったが，それは他者の気持ちを「わかる」ようになったこととは根本的に異なっている。あくまでも，他者は不可知である。不可知であるからこそ，「私たちは他者を完全にわかるということはできない」という前提に基づいて行動する必要がある。

（2）他者との共生とは

　先に，外国語が話せるようになっても，グローバル化に対応していけるわけではないと述べた。異なる価値観をもつ人は，実は遠い国からやってきた人だけでなく，私たちのすぐ隣にもいる。親子，きょうだい，クラスメイト，教師と生徒，それぞれがみな完全にわかるということはできない「他者」なのである。そのことを忘れずに，それでも私たちはすぐ傍にいる人とも，日本にやってきた人とも，そして地球の裏側にいる人々とも，ともに生き，ともに未来に向けて社会をつくっていくために，その人の気持ちを想像し，慮り，思いを馳

せる必要がある。

吉田（2015, 132～133頁）は，私たちが「想像力によって，立場をいろいろに変えることができるようになれば，物の見方が豊かになり，今よりもっとたくさんのことを，他の人から学べるようになる」と現象学的な態度でいることの意義を唱える。そして，「他の人からたくさんのことを学べるようになれば，立場をいろいろと変えることができるようになり，物の見方が豊かになる」。そうすることで，「さまざまな世界に入っていって学ぶことができるようにな」り，「生きることが楽しく」なり，「世界を豊かにすることができる」のである。

平田（2012, 69～70頁）は，「対話的な精神」という用語を用いる。「対話的な精神」とは，異なる価値観をもった人と出会うことで，自分の意見が変わっていくことを潔しとする態度のことである。あるいは，できることなら，異なる価値観をもった人と出会って議論を重ねたことで，自分の考えが変わっていくことに喜びさえも見出す態度をいう。これはまた，異なる価値観と出くわしたときに，物怖じせず，卑屈にもならず，粘り強く共有できる部分を見つけ出していくという対話の基礎体力でもある。つまり何かを教え込めばいいということではなく，そうした対話を繰り返すことで出会える喜びも伝えていくことが重要なのである。

バウマンの説いたような不安定化する現代社会において，自分自身を肯定しつつ，他者を理解したい，他者と共生したいという願いをもち，対話をしつつ生きていくこと，これが何よりも私たち大人に求められる態度，生き方であるといえるのではないだろうか。

4　大人として子どもに保障すべきこと

（1）直接的体験の重要性

では，教師は子どもに対し，具体的にどのような活動を保障していくべきなのだろうか。これに関して，近年，教育における直接的体験（自然体験など）の重要性が指摘されている。たとえば，国立青少年教育振興機構の「高校生の

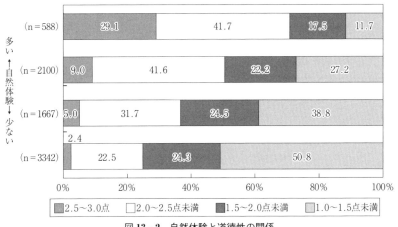

図13-2　自然体験と道徳性の関係

出典：国立青少年教育振興機構（2015）。

生活と意識に関する調査報告書」（2015）によれば，日本，アメリカ，中国，韓国の4カ国の高校生を対象とした調査の結果，「野菜や果実の栽培や収穫などの農作業を体験したこと」「虫を捕ったりペットを育てたりしたこと」「キャンプ，山登りやハイキングなどアウトドア活動をしたこと」といった自然体験活動を多くしたと答えた人ほど，「弱い者いじめやケンカをやめさせたり，注意したこと」「体の不自由な人，お年寄りなどの手助けをしたこと」「道路や公園などに捨てられているゴミを拾ったりしたこと」といった正義感・思いやりのある行動も多い傾向があるという結果が出ている（図13-2）。さらに，自然体験活動と自尊感情にも正の相関がみられる。

　また，平田（2012）は，「たくさん覚える」「早く覚える」という教育から，「よく覚える」という教育へ，教育の質を転換していかなければならないと主張する中で，自然体験活動に大きな可能性を見出している。「教室で習う星座の名前より，キャンプ場でお父さんから習った星座の名前を，子どもたちはよく覚えているでしょう」。このように平田は現場の教師に説明するという。つまり，キャンプ場では，たき木の残り香や川のせせらぎの音，そして何よりお

父さんの優しい笑顔とともに，子どもたちは星座の名前を記憶していくのである。

（2）身体感覚と想像力

このような直接的体験が基盤となって豊かな想像力が育まれ，本やインターネット上の仮想空間における出来事が身体的に感知されるようになる。上述のように，想像力は他の類人猿やホモサピエンス以外の人類には獲得されていない。ホモサピエンスは，進化の過程において思考や言語といった認知的能力を手に入れ，「見たことも，触れたことも，匂いを嗅いだこともない，ありとあらゆる存在について話す能力」でもって，伝説や神話，神々，宗教を創造した。このことによって，私たちホモサピエンスは想像上の紐帯を形づくり，部族や国家といった大きな集団を形成するようになった。しかしそれにもかかわらず，互いに親密に知ることのできる集団の「自然な」大きさの上限は，150人に過ぎないとされている。150人といえば，たとえば大きめの小学校の1学年の人数くらいである。しかし実際，現代の子どもたちがSNSなどを通じて「知り合い」，「コミュニケーション」を交わしているのは，150人という数を大きく超えているともいえる。多くの場合，私たちは自らが親密にその人の人となりを知ることのできる範囲，自分の発言を聞いた人が，そのことをどのように受け止めるのかを想定できる範囲を超えた人々と仮想空間において「対話」しているのである。

ここで求められるのもやはり，想像力であろう。想像力は合理的思考のみならず，感情や身体的感覚によって担保される。他者の痛みに思いを馳せるとき，私たちはその他者の痛みがどのような性質のものであるかを合理的に理解するというよりは，他者が受けていると思しき痛みのありようを自らもその身体で感知することによって「共感」し，「同情」することができるだろう。

すなわち，目の前にいない他者，その人の人となりがすぐに思い浮かばない他者に共感し，その思いを想像するには，私たち自身の身体感覚，感情を豊かに感知できることが必要となる。このためには，「薪がパチパチと音を立てて

燃えるにおい」「キャンプファイヤーの炎の側に近寄ったときの熱さ」「燻った残り火のほんのりとした暖かさ」といった直接的体験を積み重ねることが重要であろう。

（3）理解を超えたものに触れる体験

　大人になるためには，理解を超えたものに触れる体験も必要ではないだろうか。

　陰暦の七夕様になりますと，朝早く夜が明けないうちに蓮の畑に行きまして，露の玉を取ります。七夕の墨をする露でして，私どもの地方では，蓮の葉の上にたまった露を集めて墨をすっておりました。その露がなければ字が上手にならないというので，蓮の葉の露をもらいに，それもお陽さまが出られる寸前くらいのが，一番いい露だと言われていて，子供たちは一斉に早起きして，暗いうちに蓮の葉の露を貰いに行くのです。まだ明けやらぬ薄明の中で，大きな蓮の葉がゆらいでおりまして，その上に小さな露の玉があやうげにころがっております。それを朝闇の中ですかし見ながら屈んで，お陽さまの出を待っておりますと，ちょうどそのころ，葉の下の水面に蓮の蕾も開きかけているのですね。蓮の蕾が泥田の中で開くのと最初の陽が射すのと，蓮の葉っぱの上の露が朝風にほろほろと光るのとほとんど同時ぐらい。
　蓮の蕾は音を立てて開きますけれども，本当に合掌しているような花びらの蕾が開くのと，露の玉がお陽さまに光るのが一緒で……。
　何かいちばん神秘な，命のいちばん最初の形がこの世に生まれ出る。それが露の玉であるような，そしてその小さなその玉に，一番最初の神々しい陽の光が，ぱぁーっと田んぼ一面に山の端から来る。蓮の葉っぱの下に屈んでお陽さまを拝んでいると，そういう世界に包まれる。　（石牟礼，1990，184頁）

　未来においては，様々な作業が自動化され，私たちは便利で多くの労力を必要としない社会に生きることになるかもしれない。しかし，山﨑も指摘してい

たように，人格に備わる特徴として「自己（の良心）に対してのみならず，他者や社会，場合によっては神や仏，超越に対して責任を自覚していること」が認められる。神や仏といった存在に対しては，個々人によって考え方が異なるともいえるだろうが，「超越」すなわち「私たちの理解を超えた，私たちの存在を支えるもの」に触れる経験は，子どもにとって不可欠なのではないだろうか。「何かいちばん神秘な，命のいちばん最初の形がこの世に生まれ出る」。こういった圧倒するような経験，言葉を失うような経験こそが，子どものその後の育ちを根底から支えていく。ふだん自然と触れ合うこと自体が少ない現代の子どもたち，さらにその触れ合いが縮減する危機に立たされうる未来の子どもたちのために，私たちにできることを考えていきたい。

（4）子どもの育ちを待つこと

　最後に，子どもの育ちを待つことの意義を述べて章を閉じることにしよう。鷲田（2006）は陶工の〈待つ〉を次のように描写する。

　「窯変」という言葉がある。陶工はこねた土の上に釉薬を塗るが，窯にそれを入れたあとは，焼き上がるまで待つ。どんな色が滲みでてくるか，ときにどんな歪みがその形に現れるか，それは作家の意図の外にある。気に入った形が現れるまで，陶工は土をこね，焼くということをひたすら繰り返す。割るもの，棄てるもののほうが多いかもしれない。ここで，何かをつくるという意思はかえって邪魔である。作為に囚われている間は，器はいつまでも形を現さない。そのため陶工は，作為を消すために土をこねるかのように，土をこねる。何度も何度も，飽くことなく土をこね，そして焼く。「一人の作者に期待し得ぬような曲折」（和辻哲郎）が現れるまで，偶然に身をゆだね，待つ。まるでおのれの作為を壊すために同じ単純な動作を反復しているかのようである。
　　　　　　　　　　　　　　　　　　　　　　　　（鷲田，2006，119〜120頁）

　私たち大人，教師は，子どもにたくさんのことを「期待」している。○○が

226

できるようになってほしい。○○をしないようになってほしい。○○な大人に
なってほしい。このように多くの期待をもっており，しかもできる限りそれが
「早く」実現することが望まれる。けれども，鷲田が引いている陶工の事例に
ならえば，「何かをつくるという意思はかえって邪魔」であり，「何度も何度も，
飽くことなく土をこね，そして焼く」「偶然に身をゆだね，待つ」こと，ここ
に大人，教師として子どもに対峙するときの心持ちがあるのではないだろうか。
子どもに対して，（適切な範囲で）手をかけ，言葉をかけながら，必要なときは
子どもに代わって判断し，子どもに代わって責任を担いながら，ひたすら待つ。
子どもがやがて育って大人になることをひたすら待つ。子どもが自ら育ってい
く時間を保証することが，大人，教師に求められることではないだろうか。

引用文献

石牟礼道子（1990）『花をたてまつる』葦書房。
国立青少年教育振興機構（2015）「高校生の生活と意識に関する調査報告書」。
子安増生編著（2016）『「心の理論」から学ぶ発達の基礎——教育・保育・自閉症理解
　　への道』ミネルヴァ書房。
是枝俊悟，大和総研コラム「総世帯数の５％にも満たない『標準世帯』」（https://
　　www.dir.co.jp/report/column/20180710_010074.html　2019年２月28日アクセス）。
仲島陽一（2006）『共感の思想史』創風社。
バウマン，ジークムント著，森田典正訳（2001）『リキッド・モダニティ——液状化
　　する社会』大月書店。
ハラリ，ユヴァル・ノア著，柴田裕之訳（2016）『サピエンス全史——文明の構造と
　　人類の幸福　上』河出書房新社。
平田オリザ（2012）『わかりあえないことから』講談社。
政木みき（2013）「"楽しい"学校，ネットでつながる友達」『放送研究と調査』NHK
　　放送文化研究所，１月号。
松沢哲郎（2011）『想像するちから——チンパンジーが教えてくれた人間の心』岩波
　　書店。
文部科学省国際教育交流政策懇談会（第１回）配布資料（http://www.mext.go.jp/b_
　　menu/shingi/chousa/kokusai/004/gijiroku/attach/1247196.htm　2019年１月22日ア
　　クセス）。
文部科学省中央教育審議会答申（2016）「幼稚園，小学校，中学校，高等学校及び特
　　別支援学校の学習指導要領等の改善及び必要な方策等について」。

山﨑高哉（2004）「『教育』という概念の意味」山﨑高哉編著『教育学への誘い』ナカニシヤ出版。

吉澤夏子（2012）『「個人的なもの」と想像力』勁草書房。

吉田章宏（2015）『絵と文で楽しく学ぶ――大人と子どもの現象學』文芸社。

ランゲフェルト，M. J. 著，岡田渥美・和田修二監訳（1976）『続・教育と人間の省察』玉川大学出版部。

ランゲフェルト，M. J. 著，和田修二監訳（1980）『よるべなき両親――教育と人間の尊厳を求めて』玉川大学出版部。

鷲田清一（2006）『「待つ」ということ』角川学芸出版。

鷲田清一（2010）『わかりやすいはわかりにくい？――臨床哲学講座』筑摩書房。

学習の課題

(1) あなた自身はいま大人だと思いますか。その理由について考え，話し合ってみよう。

(2) 日本と諸外国の大人の概念，あるいは規定は異なっていると思いますか。興味のある国について調べてみよう。

(3) 身近な「他者」の他者性について考えてみよう。

【さらに学びたい人のための図書】

鷲田清一（2010）『わかりやすいはわかりにくい？――臨床哲学講座』筑摩書房。
⇨わかったと思ってしまうことの問題を様々な角度から論じている。

小野美由紀（2018）『メゾン刻の湯』ポプラ社。
⇨多様な価値観をもった人がシェアハウスに集い，ぶつかりながらもともに生きていく姿を描いた小説。

綾屋紗月・熊谷晋一郎（2010）『つながりの作法――同じでもなく違うでもなく』NHK 出版。
⇨人と人とが互いの違いを認めた上でなお，つながるためにというテーマで書かれた当事者研究。

（村井尚子）

第14章 教育学・教員養成の新たな動向

この章で学ぶこと

これからの教育を語る重要なキーワードとして，知識社会という用語に着目する。その上で，ウィリアムズとスタンディッシュの議論を手がかりに，そもそも知識とは何かについて検討を加える。理論知か実践知か，といった二項対立が教員養成の議論を痩せ細らせてしまっているのではとの危機感のもと，関わりとしての知識という観点を提示する。その上で「強度をもった没頭状態」を吟味することを通し，知識社会の教員養成のあり方へのヒントを探る。

1 知識社会の中の教員

これからの教育をとりまく状況の変化を考える上でのキーワードの一つとして，知識社会があげられるだろう。アメリカの教育学者で，教員養成の議論に大きな影響力をもつハーグリーブスは，「私たちは（中略）知識社会の中で暮らしている」（ハーグリーブス，2015，2頁）とした上で，「知識社会を理解していなければ，教師たちは未来ある子どもたちの学びと成長を支え，知識社会への備えを用意することはできないだろう」（ハーグリーブス，2015，4〜5頁）と主張する。また，オーストリアの哲学者リースマンも，「われわれは知識社会を生きている」（リースマン，2017，1頁）との認識を示している。ハーグリーブスは，知識社会という語の発生を次のように整理する。「多くの人々が生産業務に従事する産業経済」から，「労働人口がサービスやアイデア，通信にますます集中していくポスト産業経済」への転換がなされたのが現代社会である。そのような社会に対して与えられたのが知識社会との呼称であった，と（ハー

グリーブス，2015，36～37頁）。大まかにいい換えるならば，知識社会の到来とは，均質な農産物なり工業製品なりを大量かつ効率的に生産することが安定的な利益の獲得につながっていた社会から，それまでの生産業務や生活様式自体に抜本的な変革をもたらすようなイノベーションや，独特な経験を提供しうるサービスといったことが利潤を生み出す社会へと変化してきた事態であると受けとめることができるだろう。経営学者のドラッカーも，現代社会の状態を，これまでの社会とは異質のネクスト・ソサエティと呼び，その特質を次のように強調する。「ネクスト・ソサエティは知識社会である。知識が中核の資源となり，知識労働者が中核の働き手となる」（ドラッカー，2002，5頁）。イノベーションにつながる研究・開発にせよ，優れたサービスやアイデアを可能にする情報やコミュニケーションにせよ，専門的な知識こそが利潤の源泉となる傾向が強まっている，ということであろう。

　いや，何らかの知識が利益をもたらすということは，いまに始まったことではなかろう，と疑義を呈する向きもあるかもしれない。特許にせよ顧客の情報にせよ，とうの昔から重要視されていたではないか，と。この点，経済学者の岩井克人は次のように指摘する。知識社会（ポスト産業資本主義，という用語の方を岩井は好んで使用しているが）では，「『新しさ』が価値」であり，「『新しさ』しか価値がない」（岩井，2003，208頁）とすらいえる。なぜなら「どのような独創的な製品も，最先端の技術も，画期的な組織形態も，未開拓な市場も，いつかは必ず他の企業によって模倣されたり，改良されたり，追随されたり，参入されたり」してしまうからである。いっときは「新しさ」をもっていたものが，グローバル化された世界では，以前と比較にならないような速度でもって「標準化」（岩井，2003，238～239頁）されてゆき，「新しさ」は霧散してしまう。ゆえに，知識社会において必要とされる知識とは，特許なり顧客リストなりといったすでに固定化された知的資産というよりも，「まさにそのような知的資産を生み出していくことのできる組織に固有の人的資産の総体」である「コア・コンピタンス」であり，それは「静体的ではなく，動体的な概念」（岩井，2003，258～259頁）として考えるべきである。知識社会における知識の重要性と

は，実体的な知識を保有することの大切さというよりも，むしろ新しい知識を生み出し続ける知識，しかしそれ自体は決して固定化され得ない種類の知識——固定化されてしまった時点で新しさを生み出すことはできなくなってしまうだろう——である（念のため付言するならば，知識社会あるいは知識社会という概念の浸透を，歓迎するか批判するかについては各論によって様々である。たとえばリースマンは辛辣な批判を加えている）。

　こうした議論は，日本の教育政策の検討においても影響を及ぼしており，たとえば国立大学協会が示した「高等教育における国立大学の将来像（中間まとめ）」にも，次のような文章が見受けられる。「将来の産業・社会構造の変化について明確な見通しを持つことは極めて困難な時代ではあるが，高度知識基盤社会が一層進行し，新たに多様な知識・情報・価値を生み出すことにより，それらの変化に対応していくことがますます重要になることは確かだと考える」（国立大学協会，2017，18頁）。ここで述べられている高度知識基盤社会は，知識社会の類義語であると考えてよい。新奇かつ多様な知識・情報・価値の創出と変化への対応，といった事項が強調されていることの影響は，教員養成をめぐる政策議論にも顕著である。中央教育審議会の「教職生活の全体を通じた教員の資質能力の総合的な向上方策について（答申）」では，「社会の急速な進展の中で，知識・技能の絶えざる刷新が必要」であることから，「『学び続ける教員像』の確立」（中央教育審議会，2012，2頁）が不可欠であると記されている。

　さてこうして，知識社会といった概念が，私たちが生きている社会，そして子どもたちが生きていく社会の特質として関心を集めていることを確認してきた。それではその上で，これからの教育，そしてその教育を担っていく教員の養成を，どのように考えることができるだろうか。

　2　学びと知識——「知っている」とはどのようなことか

（1）2つの知識観

　前節では，知識社会といった用語がこれからの教育を考える上で鍵になって

いるという現状を踏まえ，教員養成をどのように考えることができるだろうか，といった問いに行き着いた。そうした関心に対して，そもそも知識とは何か，といった観点から問いを深めていくという経路をとりたい。迂遠な道筋にみえるかもしれないが，これからの社会における教員の役割を原理的に再考するアプローチになりうると考えている。

　英国の教育哲学者ウィリアムズとスタンディッシュは，知識と学びとが密接に結びついていることにふれている。何かを学ぶとは，何かを知るようになる，と理解することができるからである（Williams and Standish, 2015, p. 51）。それでは，何かを知るようになる，とはどういった事態なのか。2人は，哲学において知識という語が使われる際，次の2つの意味合いで用いられることが多いことを指摘している。すなわち，knowing-that と knowing-how である。『知識の哲学』の著者，戸田山和久の訳語を参照し記すとすると，knowing-that は「しかじかということを知っていること」。そして knowing-how は，「どうやってやるかを知っていること」（戸田山，2002, 5〜7頁）である。

　順番に確認していきたい。まずは「しかじかということを知っていること」についてである。これは，記述的な知識，あるいは命題的な知識，と呼ばれる。酸素の元素記号はOであることを知っている。関ヶ原の戦いがあったのは1600（慶長5）年であることを知っている。このような具合に，AはBであること（AはBであるという，記述可能な事実や命題）を知っている，といった種類の知識である。次に，「どうやってやるかを知っていること」である。こちらは，技能やスキルということにいい換えることのできる，技術的な知識である。自転車の乗り方を知っている。バイオリンの弾き方を知っている。こうした場合に使われる「知っている」という言葉で表現されることの内実は，AはBであるといったように記述可能なものではない。「自転車に乗ることとは，サドルに腰かけ，ハンドルの操作でもって方向を定めつつ，ペダルを踏むことによって前進することである」といった記述ができたとしても，実際に自転車の運転ができるとは限らない。

　知識に対するこうした2つの理解は，教育に大きな影響を与え続けていると

いえる。たとえば子どもの学びに関しての議論において,「ペーパーテストのために記述的な知識を詰め込むのではなく,実社会で働き,生きていく上で必要となる実際的なスキルを身に付けさせるべきだ」といった種類の主張が聞かれることはその一つであろう。もちろん,正反対の側からの主張もありうる。理論的に依拠する知識があってこそ,人は仕事や人生といった複雑な事象のさなかで求められる判断力や洞察力を養っていくことができるのだ,といった具合である。

（2）教員養成の二項対立

　2つの種類の知識に根ざしたこのような主張の対立は,教員養成に関する議論においても,理論知か実践知かといった似たような図式でもって展開されている。教員は,教育の思想や歴史,教科の学問的背景に関する理論について,深い見識をもつことが求められているとの立場が一方にある。学術的背景についての理解を欠いたまま,教科書に書いてあることを機械的に子どもに教えたり,行き当たりばったりに子どもの受けをねらったりということであってはならない,といった問題意識に立つならば,説得力のある主張であるように受けとめられよう。他方,教員には,授業の進め方,学級のまとめ方,保護者への接し方といった技術こそが求められているのだ,といった立場もある。優れた科学者だからといって,優れた理科教師になれるという確証はない。科学の理論に通じていることは,理科の教員になるための必要条件ではあっても十分条件ではない,という見方である。こちらの立場も一定の説得力をもつといえよう。

　それでは,知識社会の教員養成において強調されるべきは,理論知なのか,実践知なのか。知識社会においては,知識を更新し続けていくこと,すなわち学び続けることが肝要であるのだから,そうした意味では,学び方というスキルを知ること,すなわち knowing-how のほうの知識を重視すべきであるといった主張もあるだろう。しかし同時に,もし学び続けるスキルとしての知識が強調されるとすれば,それはそのような技法に基づいて学びが展開された結

果，何かしらの記述的な知識（「最新の調査の結果はしかじかである」「この問題に
はこの解決策が有効である」といった，「AはBである」との構造をもつ知識）が得ら
れるからである，と考えることもできる。すなわち，実践知はあくまで理論知
の手段として，重用されているに過ぎないというわけである（Williams and
Standish, 2015, p. 55）。こうした角度からみるならば，実践知を強調すればす
るほど，それが理論知に従属するものに過ぎないことを暴露してしまっている
ことになる。もっとも，このように対立的な図式にあっては，どちらかの優位
を論じるよりも，両者の均衡（理論と実践のバランス）なり，両極の往還（理論
と実践を行ったり来たりしながら，互いを深めるような関係性）なりを精査するほう
が生産的であるともいえる。ただし，バランスや往還といった用語をもち出し
たところで議論が決着するわけではない。すぐさま，どのような状態をもって
バランスのとれた状態と考えるべきなのか，といった議論が始まることとなる。
往還もまた，いついかにしていかなる頻度で理論知と実践知を行き来すること
が可能かつ適切なのか，といった議論となる（ショーン（2007）が示した「反省
的実践家」のイメージはこうした往還モデルの代表であろう）。

（3）第三の知識観

　ここで興味深いのは，ウィリアムズとスタンディッシュが，次のような指摘
をしていることである。2人は，理論知も実践知も対立しているようにみえて，
実は同じ前提を共有していると述べている。すなわち，knowing-that も
knowing-how も，手に入れようとしているものの種類が異なるだけで，
「知っている」とは，それを手中に収めること，把握することであるとの発想
に立っている点では，まったく同じだというのである。手に入れたものが，理
論・事実・命題である場合には knowing-that に分類される。手にしたものが
テクニック・手法・スキルであった場合にはそれが knowing-how になるとい
う話である，と。ここでの手に入れる，手にするという表現は，獲得する，修
得する，といった事柄の比喩であると理解してよいだろう。それはときに，頭
に入れる，身に付ける，といった別の身体的な比喩でもって示される事象でも

ある。共通するのは，自己（の領域・領分）に取り込むといったイメージである。

　このように，一見対立しているかのようにみえる（そして実際に議論の対立を招いてもいる）2つの知識観が，共通の前提に立脚したものであることを指摘した上で，ウィリアムズとスタンディッシュは，それとは前提を異にする，もう一つの知識観に言及する。それは，「見知っていること」という種類の知識，knowing-by-acquaintance である（ちなみに，この語を有名にしたのは英国の哲学者ラッセルである（ラッセル，2005，72〜73頁））。世界史の授業で，教師から「ジュリアス・シーザーを知っていますか」と問われた生徒が，「知っています」と答えた場合，この生徒は記述的な知識を有していることを表明したと考えることができる。「シーザーはローマ帝国の建国者である」「シーザーはブルータスによって暗殺された人物である」などという知識である。しかし，その授業中，教室の窓から校庭を眺めていた生徒が，教師に向かって突如「先生，知らない人が校庭に入ってきています！」と声をあげた場合はどうだろうか。ここでの「知らない」は，「校庭を歩く少年は XX という名前である」「あの少年はY高校の生徒である」という記述的な知識の欠如を示している，と理解するだけでは十分ではあるまい。ここで問題になっている「知らない人」との言明は，面識のあるなし，人格的交流のあるなし，といった事柄が含意されていることが察せられよう。仮に，教師があらかじめ生徒に「今日は，隣の高校の生徒会長が，本校の校長との面談のために来校します」と伝えてあったとしても（すなわち，一定の記述的な知識を生徒がもち合わせていたとしても），生徒同士で「あの人，知ってる？」「隣の高校の生徒会長でしょ。校庭に知らない人がいると落ち着かない」「同じ中学校だったけど，ぜんぜん知らない」といった会話は成立する。記述的な知識をもち合わせていない，という「知らない」ではなく，馴染みがない，親しくない，といった意味合いでの「知らない」であるのだから。

　また，「見知っている」ことは，「どうやってやるか知っている」こととも異なる。小学校から高等学校まで同じクラスだった人物に関して，「あいつのこ

とはよく知っている」というとき，その人物とうまくつきあうスキルをもち合わせている，ということを必ずしも意味しない。高い評価を受けているピアニストが，「私はまだ音楽の楽しさを知らない」と語るとき，ピアノの演奏の技術をもち合わせていないわけでもなければ，楽しみながら演奏するスキル（そのようなスキルがあるとすれば，であるが）の欠如を嘆いているわけでもなかろう。極度の重圧のさなか，喜悦に浸る，そのような境地にはまだ馴染みがない，といったニュアンスの独白と受け取るほうが適切なのではないだろうか。

家庭環境に恵まれずに育った小説の主人公が「私は母の愛を知らない」と孤独をかこつとき。プロ野球の中継で，派手ではないが独特の存在感をもったベテランの選手に対して，解説者が「彼は野球を知っていますね」と感嘆するとき。このようなとき，「見知っていること」としての知識が取り上げられていると考えられる（もっとも，知識をどのように理解するかについては，哲学においては知識論という一つの研究領域が形成されるほど，様々な議論がある。本章ではウィリアムズとスタンディッシュの論に依拠しつつ考察を進めていることをことわっておく）。

（4）関わりとしての知識と教員

では，こうした「見知っていること」としての知識は，教員養成をめぐる議論に，どのような視点を提起しうるのか。ウィリアムズとスタンディッシュは，この3つ目の種類の知識の特質を，次のように明らかにする。

非常に優れた家具職人は，素材である木材にあわせて最高の家具をつくり出す。木材にあわせてといっても，檜の場合はこうして，杉の場合はああしてといった，通り一遍の教科書的な理論知に留まらない。同じ檜でも，一本一本異なる特質に応じて，そして同じ一本でも部分部分によって異なる様相に呼応して，最大限の可能性を引き出す。そこでは，異なる素材への対応技術というような，実践知を超えた知識が作用しているといえる。優れた，美しい家具は，職人の側が保有している技術や技能だけで生み出されたものではなく，素材の側と職人の側との関わりの中で，すなわち素材から語りかけられるもの，訴えかけられるものに職人が応答することの中から，立ち現れるものであると考え

られる。職人が自分で手にしているものよりも，職人が自分ではないもの（この場合には木材や，それを取り巻く環境・状況）から受けとめたもの——あるいは受けとめているということ——とのつながりがここに認められる。「見知っていること」としての知識は，能動的に獲得するような類の知識ではなく，受動，受容，応答といった関わりとしての知識であるといえる。

　もう一つ例をあげたい。青年が，本棚にあった萩原朔太郎の詩集を失恋の後にふと読み直す。いままで何度も目にしていたはずなのに，その日は涙が止まらなくなるほどに心を動かされる。「自分は朔太郎の詩をよく知っていると思っていたのに，実は何も知らなかった。今日，初めて，朔太郎の詩を知った気がする」。そのように日記に書きとめる青年は，そのとき詩人萩原朔太郎やその作品について，何かしら新しい記述的な事実を手に入れたわけではないだろう。ましてや，詩の鑑賞について新規に技能を獲得したともいえまい。青年と詩との間に新たな関係性が取り結ばれた。詩から発せられた新たな声が青年によって聴きとられ，またその声に呼応する声が青年の側に呼び起こされた。ここで「知った」ということで表現された事態とは，このような種類の知識の発現として受けとめることができるだろう。

　教育現場においても，こうした種類の知識は，実は優れた実践家にあっては意識的・無意識的に大切に取り扱われている事柄であると考えられる。優れた技能と深い見識をもった経験豊かな教員が，同一内容の授業を2つの学級において行う際，2回とも同じように学びが展開するわけではない。極端な場合，一方の学級では，教員の問いかけに応じる生徒はいないまま冷ややかな視線だけが教員に注がれ，授業は終わりを迎える。教員による情熱のこもった説明も，わずらわしげな表情をたたえた児童生徒の頭上を虚しく通りぬけるのみとなる。ところが他方の学級では，同じ問いかけにもかかわらず児童生徒たちは我先にと発言を重ね，説明する教員の熱っぽい語り口にあわせ，うなずきや笑顔や驚きの表情が共有されていく。このように記述的な知識と技術的な知識の両者をもち合わせた教員が，同じ教材を扱い，同じ問いを投げかけ，同じ説明をさしはさんだ授業でありながらも，対照的な顛末を迎えることがあるのはなぜか。

それは，何かしらの形で，3 種類目の知識，knowing-by-acquaintance が関係していると考えることができるのではないだろうか。

　教員のもつ理論知や実践知は，子どもの学びを的確に助けることへとつながる。しかし教員がそれらをもち合わせているにもかかわらず，その者が期待するようには子どもの学びが展開しないことはありうる。逆に，理論知や実践知においては未熟な点のあった教員の授業で，驚くような学びが展開されるということもときに起こりうる。そのような事態の背景には，教員の所有物としての知識という知識理解だけでは説明しきれない事柄が影響していると考えられる。そのような事柄の一つに，受けとめること，関わることとしての知識があるように思われる。それは教員の所有物としてではなく，そのとき，その場所で，そのつど，誰と，どのように関わり，どのような声が聴き届けられたか，という関係性の中で生起する事態そのものとしての知識といってもよいだろう。教員の知識をめぐる議論において，いままであまり光が当てられることのなかったこのような観点を見つめ直してみることで，教育や学びをより広くまなざすことが可能になっていくのではなかろうか。

　ウィリアムズとスタンディッシュは，19世紀のアメリカの哲学者エマソンの言葉を引用する。「あらゆるものが，しっかりと摑もうとする私たちの指のあいだからすべりおちてしまう，そのはかなさととらえがたさ」は，「私たち人間の条件の最も醜く／摑みがたい部分」（Williams and Standish, 2015, p. 59；エマソン，1961，182頁（一部改変。スタンディッシュ，2012，529頁の表現を参照した））となる。つかみとるもの，手に入れるもの，自分に取り込むもの，征服するもの，といった行いの対象としての知識とは違った知識の側面がここに示唆されていると解釈できる。すなわち，向き合い続けること，事態そのものに巻き込まれ，自らも変わってゆくこと。そのような関わりとしての知識である。

　ひるがえって昨今の風潮では，「わかりやすい」ということが教育活動において何よりも優先される傾向がある。教員の説明に対して子どもが「わかりやすい」と感想を口にすることは最大限の賛辞と受け取られ，逆に「わかりにくい」「むずかしい」との言は，教員の側の瑕疵を指摘する言葉として受け取ら

れる。確かに，子どもが何かしらの理解に達すること，新しく接した事柄が腑に落ちたときの喜びを感じることは，大きな価値をもっているし，尊いことである。しかしながら，「わかりやすい」ことだけを目指した教育活動は，つかみとるものとしての知識の側面ばかりに偏ってはいまいか。子どもが，謎や不思議，ときには違和や畏れを感じながらも，理解不可能なものや答えの出ない問いに向き合い続けることは，決して意味のないことではなかろう。

　そして何よりも知識社会の教育と教員を考える上で，知識を理論としてであれスキルとしてであれ，掌握すべきものという見方でのみ考えることは，そもそもハーグリーブスをはじめとする論者たちが強調する知識社会の特質とは相反する結論に達することになる。すなわち第1節で確認したように，知識社会では，新たな発想を創出し続けるべく学び続けることが肝要となる。しかし，手に入れるものとしての知識に傾倒することは，そのような学びの継続を妨げる性質をもつ。なぜなら，知識が掌握する対象でしかないなら，学びは知識を掌握した時点で終わってしまうからである（固定化した目的の設定は，教育の継続よりむしろ完結の意味合いをもつとの指摘は，デューイ，1975，第8章に詳しい。掌握・完結を引き続き積み重ねていけばよいではないかとの反論もあるかもしれない。しかしその場合にも，そのような掌握の継続を駆動させる観点，すなわち掌握とは異なる次元で学びを考える観点が，いずれにせよ必要になる）。それでは，関わりとしての知識に根ざすとき，教育の形と教員の姿は，どのような面をみせるだろうか。最終節ではことのことを考えたい。

［3］　学びを超えてゆく教員の学びへ向けて

　前節までの議論では，知識社会において再考されるべきは，獲得の対象として固定化・実体化された知識の収集ではなく，むしろ関わりとしての知識という概念に象徴されるような知識観自体の捉え直しである，といったことが明らかになった。それでは，そのような関わりとしての知識から示唆される教員養成とは，どのようなもので，それはいかにして可能なのか。

　こうしたことを考える上で，スタンディッシュが描写する「強度をもった没頭状態」（スタンディッシュ，2012，580頁）は示唆に富む。以下，少々長い引用になるが，彼が描く独特の瞬間の質感をそのまま提示したい。

　論文を書く経験は，多くの学生にとって，先送りし，回避し，躊躇しながら始められるものである。計画は素描され，それから修正され，あげくの果てに放棄されるかもしれない。いくつかの漫然とした文章をタイプするものの，その仕事は後日に持ち越される。しかしながら，一気にことばが流れ出す瞬間が訪れる。学生はほとんどわれを忘れ，書いているうちにあっという間に一時間が経ってもそのことに気づかず，議論の深みにはまり込んでいるということに突如気づく。時間や諸々の雑念を忘れ，今や書き続けることに集中しているのである。学生は自分がこの作業に夢中になっていることに気づき，そこから離れている時も作業に戻りたくなり，少なくともしばらくの間，この強度は持続される。このことによって，ここでの一番の関心事である最高の状態では，例えば，個別のモジュールの要件を満たし充足するだけで終わるということではなく，もっと学びたいという欲望をもたらすあふれる思いのようなものが生み出されるであろう。（中略）
　このディオニュソス的強度を表わすものとして繰り返されるモチーフは，輪になってぐるぐる回る踊り手たちの様子——マティスの「ラ・ダンス」（*La Danse*）が絶妙に捉えているようなもの——である。踊りから踊り手を見分けることはできない。しかしこれらの例が示し始めているように，エネルギーと強度は，静謐とした一人きりの経験からも伝わってくる。例えば，エンジニアが機械の精密さに魅了されること，芸術作品を熟視すること，数学の方程式に頭を悩ませること，哲学的問題によって特異な混乱を引き起こされること——これらはすべて，強度をもった没頭状態によって特徴づけられる。
　それはまた，教え学ぶことの経験の一部でもある。多くの人たちが自分に最も影響を与えた教師を覚えているのは，言ってみれば，その教師たちが課

程の目標を効率よく達成したからではなく（そうは言っても，試験に合格させ
てくれた教師に対する感謝の念を否定するというわけではないが），彼らが学生の
熱意を引き出し，学生が熱意を分かち合えるようにしてくれたからであろう。
これは，ニーチェが非難したソクラテス主義とは対照的なものとして，また，
「ソクラテス的方法」という近代的な概念ともきわめて異なるものとして，
プラトンの対話の真髄である。大学やそれ以外のところで教えている教師の
多くには，「とてもうまくいった」授業の経験がいくつかあるだろう。試行
錯誤の中で，おそらくは予期せず，授業の経験が勢いを得たような場合であ
る。これは，注意深く計画された授業で，教師が問題となっている題材を巧
みに取り扱い，それがもつ内在的な力が学生を虜にするような場面であった
かもしれない。あるいは，それは予期できない展開が生まれた授業であった
かもしれないが，その場合の決定的な成功の鍵は，これこそが取り上げるべ
き発言であるとか，これこそ追求すべきチャンスであるといった，教師の感
覚である。そのような機会は，ゼミでの白熱した議論，グループプロジェク
トでの集中作業，あるいはウェブ検索を通じた様々な発見に関わるもので
あったかもしれない。しかしこのような機会は，教師のみが話し，学生は沈
黙した恍惚状態の中で耳を傾けている講義室の中でも生じるかもしれない。
これらの機会に共通するものは，学問の対象に強度をもって従事している状
態であり，そこでは，学生が教師の仕事を通じて学問の対象に引き込まれて
いる。こうしたことは，教師のカリスマ性や華やかな教授スタイルによって
生じる場合もあるし，より控えめな抑制や引きこもりから生じる場合もある。
また，挑発によって生じることもあれば，当の作業それ自体に物語らせるこ
とによって生じる場合もある。善き教師は，多様な形で姿を現わす。そして，
そこにレシピは存在しえない。　　　　　　（スタンディッシュ，2012，579〜581頁）

　以上である。誰かによってあらかじめ定められた作業をこなして終わるのが
学びではなく，問いに取り組む中で，そのような学びへの関わりの内側から，
取組みの枠組みそのものが突き崩され，自己や学びや他者への関わり方そのも

のがつくり変えられていくような瞬間こそが学びの核心にあることがここに描かれているといえよう。達成すべき目標，獲得すべき知識・技能といったものに目をそむけるのでもなければ，そうした事柄への対処を器用にこなして終わるのでもない。学びに向き合い，問いを背負いつつ，そもそもそうした学びや問いが設定されていた地平を超え出るような次元で変容を体感することが，学ぶこと，生きることの不思議に関わり続けることにつながってゆくと考えられる。子どもとこうした時間を分かち合うことができるような教員こそが，知識・・・・・・・・・・・・・・社会の知識と社会をつくり変えてゆく教員といえるのではあるまいか。だとすれば，スタンディッシュが描いたような「強度をもった没頭状態」の瞬間——「エンジニアが機械の精密さに魅了される」ときのような，アートの愛好家が「芸術作品を熟視する」ときのような，抽象的な思考の巧者が「数学の方程式に頭を悩ませる」ときのような，自己や世界や人間をわかった気になっていた大人が「哲学的問題によって特異な混乱を引き起こされ」たときのような——に引き込まれうる余地こそが，これからの教育と，これから教員として生きようとする者らに，独自の意味をもっているといえるのではないだろうか。

引用文献

岩井克人（2003）『会社はこれからどうなるのか』平凡社。

エマソン，R. W. 著，小泉一郎訳（1961）「経験」『エマソン選集3 生活について』日本教文社，177〜216頁。

国立大学協会（2017）「高等教育における国立大学の将来像（中間まとめ）」。

ショーン，D. A. 著，柳沢昌一・三輪健二監訳（2007）『省察的実践とは何か——プロフェッショナルの行為と思考』鳳書房。

スタンディッシュ，P. 著，齋藤直子訳（2012）『自己を超えて——ウィトゲンシュタイン，ハイデガー，レヴィナスと言語の限界』法政大学出版局。

中央教育審議会（2012）「教職生活の全体を通じた教員の資質能力の総合的な向上方策について（答申）」。

デューイ，J. 著，松野安男訳（1975）『民主主義と教育 上・下』岩波書店。

戸田山和久（2002）『知識の哲学』産業図書。

ドラッカー，P. F. 著，上田惇生訳（2002）『ネクスト・ソサエティ——歴史が見たことのない未来がはじまる』ダイヤモンド社。

ハーグリーブス，A. 著，木村優・篠原岳司・秋田喜代美監訳（2015）『知識社会の学

校と教師——不安定な時代における教育』金子書房。

ラッセル，B. 著，髙村夏輝訳（2005）『哲学入門』筑摩書房。

リースマン，K. P. 著，斎藤成夫・齋藤直樹訳（2017）『反教養の理論——大学改革の
　　錯誤』法政大学出版局。

Williams, E. and Standish, P. (2015) "Learning and Philosophy," D. Scott and E. Har-
　　greaves (eds.), *The SAGE Handbook of Learning,* SAGE.

学習の課題

(1)　知識社会とはどのような社会で，そこでの教育の課題とはどのようなものか，
　　自分なりの言葉で考えてみよう。

(2)　「知っている」とはどのようなことか。本章で語られた 3 つの知識観の違いと，
　　そこから導き出される学びの違いについて考えてみよう。

(3)　あなたにとって「強度をもった没頭状態」とはどのような瞬間だろうか。そし
　　てそれは，教員を目指す自分にとってどのような影響を与えていると考えられる
　　だろうか。具体的な体験や記憶をもとに語ってみよう。

【さらに学びたい人のための図書（と映画）】

矢野智司・今井康雄・秋田喜代美・佐藤学・広田照幸編著（2009）『変貌する教育学』
　　世織書房。
　　　⇨「限界への教育学に向けて——不可能性と可能性とを横断する銀河鉄道」では，
　　　　発達・達成・獲得といった語法で語られてきた教育の限界に臨む視点にふれる
　　　　ことができる。「去る教師・遣す教師——カベルによる『ウォールデン』解釈
　　　　と「解釈の政治学」」は，本章で引用したエマソンの思想の系譜の最前線で紡
　　　　がれた教師論。

デューイ，J. 著，松野安男訳（1975）『民主主義と教育　上・下』岩波書店。
　　　⇨変化する社会の中で，より善く生きていくことと学び続けることとの関わりを
　　　　論じた不朽の名著。

クロウ，C. 監督（2001）「バニラ・スカイ」パラマウントピクチャーズコーポレー
　　ション。
　　　⇨トム・クルーズ主演の SF 映画。関わりとしての知識という観点を突きつめた
　　　　とき，痛みや苦しみを受けとめつつ，自らを世界に投げ込む感覚も含意されて
　　　　いることに気づかされる作品。

（高柳充利）

索　引

監修者

原　清治（佛教大学副学長・教育学部教授）

春日井敏之（立命館大学大学院教職研究科教授）

篠原正典（佛教大学教育学部教授）

森田真樹（立命館大学大学院教職研究科教授）

執筆者紹介（所属，執筆分担，執筆順，＊は編者）

＊山内清郎（編著者紹介参照：はじめに，第4章）

＊原　清治（編著者紹介参照：はじめに，第11章）

＊春日井敏之（編著者紹介参照：はじめに，第10章）

西村拓生（立命館大学文学部教授：第1章）

関口敏美（大谷大学教育学部教授：第2章）

岡本哲雄（関西学院大学教育学部教授：第3章）

広瀬悠三（京都大学大学院教育学研究科准教授：第5章）

池田華子（大阪府立大学高等教育推進機構准教授：第6章）

加藤聡一（大同大学教養部教授：第7章）

辻　敦子（立命館大学文学部准教授：第8章）

井谷信彦（武庫川女子大学教育学部准教授：第9章）

田中潤一（関西大学文学部教授：第12章）

村井尚子（京都女子大学発達教育学部教授：第13章）

高柳充利（信州大学教育学部准教授：第14章）

編著者紹介

山内　清郎（やまうち・せいろう）

　1972年　生まれ。
　現　在　立命館大学文学部准教授。
　主　著　『創造現場の臨床教育学』（共著）明石書店，2008年。
　　　　　『「人間と教育」を語り直す』（共著）ミネルヴァ書房，2012年。

原　清治（はら・きよはる）

　1960年　生まれ。
　現　在　佛教大学副学長・教育学部教授。
　主　著　『学力論争とはなんだったのか』（共著）ミネルヴァ書房，2005年。
　　　　　『教育の比較社会学（増補版）』（編著）学文社，2008年。

春日井敏之（かすがい・としゆき）

　1953年　生まれ。
　　　　　立命館大学大学院教職研究科教授。
　主　著　『思春期のゆらぎと不登校支援──子ども・親・教師のつながり方』ミネルヴァ書房，
　　　　　2008年。
　　　　　『ひきこもる子ども・若者の思いと支援──自分を生きるために』（編著）三学出版，
　　　　　2016年。

新しい教職教育講座　教職教育編①

教育原論

2020年2月20日　初版第1刷発行　　　　　　　〈検印省略〉
2021年11月10日　初版第2刷発行

定価はカバーに
表示しています

監修者	原　清治/春日井敏之 篠原正典/森田真樹
編著者	山内清郎/原　清治 春日井敏之
発行者	杉　田　啓　三
印刷者	坂　本　喜　杏

発行所　株式会社　ミネルヴァ書房
607-8494　京都市山科区日ノ岡堤谷町1
電話代表　(075)581-5191
振替口座　01020-0-8076

ISBN 978-4-623-08184-4
Printed in Japan

新しい教職教育講座

原 清治・春日井敏之・篠原正典・森田真樹 監修

全23巻

(A 5 判・並製・各巻平均220頁・各巻2000円（税別））

ミネルヴァ書房
https://www.minervashobo.co.jp/